भारत के जनजातीय क्रान्तिवीर

स्वतन्त्रता संग्राम की 75 अनसुनी कहानियाँ

भारत के जनजातीय क्रान्तिवीर

स्वतन्त्रता संग्राम की 75 अनसुनी कहानियाँ

धवल पटेल

OCCAM | An Imprint of BluOne Ink

Title: Bharat ke Janjatiya Krantiveer:
Swatantrata Sangram ki 75 Unsuni Kahaniyaan

Author: Dhaval Patel

ISBN: 978-93-92209-16-1
Edition: 1

Published by:
BluOne Ink LLP
(**Imprint:** Occam)

Publisher's Address:
306, Tower-I, Assotech Business Cresterra,
Plot No. 22, Sector 135, Noida.

www.bluone.ink
publisher@bluone.ink

Printed in India at Thomson Press (India) Ltd.

शीर्षक: भारत के जनजातीय क्रान्तिवीर:
स्वतन्त्रता संग्राम की 75 अनसुनी कहानियाँ

लेखक: धवल पटेल

आईएसबीएन: 978-93-92209-16-1
संस्करण: 1

प्रकाशक:
ब्लूवन इंक एल एल पी
(**इम्प्रिंट:** ओक्काम)

प्रकाशक का पता:
306, टावर-I, एसोटेक बिजनेस क्रेस्टररा,
प्लॉट नंबर 22, सेक्टर 135, नोएडा

भारत में थॉमसन प्रेस (इंडिया) लिमिटेड द्वारा मुद्रित

सभी जनजातीय स्वतन्त्रता सेनानियों, समाज सुधारकों और जनजातीय समाज के अधिकारों की रक्षा करने वाले वीर महापुरुषों को समर्पित

शुभकामना सन्देश

पुण्यभूमि भारत की संस्कृति, विरासत एवं परम्परा अक्षुण्ण रही है। समय-समय पर हमारे पूर्वजों ने अपना सर्वस्व न्योछावर कर भारत माता का मस्तक ऊँचा रखा है। स्वतन्त्रता संग्राम में भारत के अनेकों वीर सेनानियों ने त्याग एवं बलिदान की पराकाष्ठा के रूप में अपना योगदान दिया है। इस लड़ाई में जनजातीय समुदाय की महत्त्वपूर्ण भूमिका रही है।

यशस्वी प्रधानमन्त्री श्री नरेन्द्र मोदी जी ने आज़ादी के 75 वर्ष पूर्ण होने के उपलक्ष्य में, भारत की सांस्कृतिक विरासत के संरक्षण और राष्ट्रीय गौरव तथा भारतीय मूल्यों को बढ़ावा देने में आदिवासी समाज के प्रयासों को मान्यता देने हेतु प्रतिवर्ष जनजातीय समाज के महान् नायक भगवान् बिरसा मुण्डा जी की जयन्ती 15 नवम्बर को 'जनजातीय गौरव दिवस' के रूप में मनाने की घोषणा की है।

देश के सर्वोच्च संवैधानिक पद पर पहली आदिवासी महिला राष्ट्रपति के रूप में माननीय द्रौपदी मुर्मू जी का निर्वाचन, जनजातीय कल्याण के प्रति प्रधानमन्त्री मोदी जी की अटूट प्रतिबद्धता का प्रतीक है। साथ ही जनजातीय लोगों द्वारा स्वाधीनता संग्राम में उनके बलिदान एवं योगदान को उचित सम्मान देने के लिए सरकार ने देश में कुल 10 'जनजातीय स्वतन्त्रता सेनानी संग्रहालयों' की स्थापना को भी स्वीकृति दी है।

आज़ादी के 75 वर्ष पूर्ण होने पर देश आज 'आज़ादी का अमृत महोत्सव' मना रहा है। इस उत्सव काल में यह पुस्तक, हमारे आदिवासी समाज से आने वाले उन 75 वीर योद्धाओं की जीवनी है जिन्होंने इतिहास में अविस्मरणीय योगदान दिया है।

हमारे देश में जनजातीय समाज का इतिहास अत्यन्त ही गौरवशाली रहा है, उसे जीवन्त बनाए रखने की दिशा में यह किताब एक सराहनीय प्रयास है। इस किताब में जनजातीय समाज

से आने वाले योद्धाओं की गाथा संकलित की गई है जिन्होंने देश के लिए अपना सर्वस्व समर्पित किया लेकिन मुख्यधारा में उनकी पहचान गौण है।

समृद्ध विरासत को लेकर चलने वाले जनजातीय समाज के बारे में प्रस्तुत यह पुस्तक समाज को नयी दिशा देने एवं देश की प्रगति में योगदान देने हेतु पीढ़ियों को प्रेरित करने वाली है। मुझे विश्वास है कि इस पुस्तक में संकलित वृत्तान्तों एवं गाथाओं को पढ़कर हम आत्मगौरव का अनुभव करेंगे।

श्रीमती स्मृति ईरानी जी

महिला एवं बाल विकास मन्त्री, भारत सरकार

शुभकामना सन्देश

श्री धवल पटेल जी द्वारा लिखित पुस्तक **'भारत के जनजातीय क्रान्तिवीर: स्वतन्त्रता संग्राम की 75 अनसुनी कहानियाँ'** को पढ़कर मुझे अत्यन्त प्रसन्नता हुई। यह पुस्तक हमारे वीर आदिवासी योद्धाओं की जीवनी और उनके संघर्षों को जीवन्त करने का एक श्रेष्ठ एवं सराहनीय प्रयास है। देश को स्वतन्त्रता दिलाने में अनेक वीरों ने अपने प्राण न्यौछावर किए हैं, और उनमें जनजातीय समाज का योगदान अत्यन्त महत्त्वपूर्ण रहा है।

भारत अपनी आज़ादी के 75 वर्ष पूरे करके 'अमृत काल' में प्रवेश कर चुका है। आज़ादी के 75 वर्ष पूर्ण करने पर 'आज़ादी के अमृत महोत्सव' के अन्तर्गत मोदी सरकार ने जनजातीय समाज के वीर नायक भगवान् बिरसा मुण्डा की जयन्ती 15 नवम्बर को **'जनजातीय गौरव दिवस'** के रूप में मनाने की घोषणा की है। यह जनजातीय समाज के लिए बेहद गौरव की बात है। जनजातीय समाज के स्वतन्त्रता संग्राम में दिए योगदान व बलिदान को सच्ची श्रद्धांजलि के रूप में मोदी सरकार ने देश में 10 **'जनजातीय स्वतन्त्रता सेनानी संग्रहालयों'** को स्वीकृति दी है।

प्रधानमन्त्री नरेन्द्र मोदी जी के नेतृत्व में संस्कृति व पर्यटन मन्त्रालय देश की सांस्कृतिक जड़ों को मज़बूत करने, समृद्ध प्राचीन विरासत को बढ़ावा देने और हमारे गौरवशाली इतिहास का परिचय दुनिया से कराने की दिशा में काम कर रहा है। हमारे देश में स्वतन्त्रता संग्राम से लेकर देश की आज़ादी तक जनजातीय समाज का योगदान बहुत महत्त्वपूर्ण रहा है। उनके योगदान और बलिदान से हमारी युवा पीढ़ी प्रेरणा ले सके, इस दिशा में यह पुस्तक उन सभी वीर योद्धाओं को हमारे बीच जीवन्त करने का एक अच्छा प्रयास है।

मुझे विश्वास है कि आप सभी को इस पुस्तक के माध्यम से कई अपरिचित, अनकहे, अनसुने जनजाति वीर योद्धाओं के बारे में जानकारी प्राप्त होगी, और देश के लिए इन योद्धाओं के योगदान, संघर्ष और बलिदान को जानकर आप गौरवान्वित होंगे।

श्री जी. किशन रेड्डी जी
केन्द्रीय पर्यटन मन्त्री, भारत सरकार

शुभकामना सन्देश

औपनिवेशिक काल के बाद के इतिहास का विवरण करने में एक बड़ी ख़ामी रही है। यह सिर्फ़ ख़ामीयुक्त नहीं बल्कि त्रुटिपूर्ण भी रहा है। कोई भी राष्ट्र अपने सच्चे नायकों को भूलकर अपनी वास्तविक क्षमता को न आगे बढ़ा सकता है और न ही उसे प्राप्त कर सकता है। लेकिन 1947 के बाद भारत की यह कहानी नहीं थी। पर अब भारत ने अपने सच्चे या उपेक्षित नायकों की खोज शुरू कर दी है। 'बिना खड्ग, बिना ढाल के ली आज़ादी' (बिना तलवार और ढाल के हमने आज़ादी प्राप्त की) यह वाक्य आज़ादी के बाद छह दशकों तक एक प्रभावी लेकिन झूठा आख्यान बना रहा। इसने कांग्रेस या गांधीवादी विचार को बढ़ाया और क्रान्तिकारियों के योगदान को बौना बना दिया। यह नारा उन हज़ारों-लाखों भारतीयों का अपमान था जिन्होंने देश के लिए अपने जीवन और रक्त का बलिदान दिया था।

हालाँकि, दिलचस्प बात यह है कि कम-से-कम अनौपचारिक रूप से ही सही, ब्रिटेन ने ही हमें स्वतन्त्रता देने के बाद भारत के वास्तविक इतिहास को उसके स्थान पर रखने की कोशिश की थी। इसका उदाहरण 1956 की उस बातचीत से समझा जा सकता है जो पश्चिम बंगाल के तत्कालीन कार्यवाहक राज्यपाल पी.बी. चक्रवर्ती और क्लेमेण्ट एटली के बीच हुई थी। एटली कोलकाता की यात्रा पर थे और पी.बी. चक्रवर्ती के निवास पर रुके थे। यह तब की बात है जब एटली ब्रिटेन के प्रधानमन्त्री नहीं थे। चक्रवर्ती ने एटली से पूछा कि वे कौन से कारण थे जिन्होंने 1947 में ब्रिटेन को हमें आज़ादी देने के लिए मजबूर किया, जबकि कांग्रेस 1942 के 'भारत छोड़ो आन्दोलन' के बाद भी अंग्रेज़ों पर कोई दबाव बनाने में विफल रही थी। कुछ झिझक के बाद आया एटली का जवाब चौंकाने वाला था। उन्होंने कहा कि ब्रिटेन को तीन मुख्य कारणों की वजह से पीछे हटने के लिए मजबूर होना पड़ा। पहला: सुभाष चन्द्र बोस की आज़ाद हिन्द फ़ौज

(INA) द्वारा बनाया गया दबाव, दूसरा: द्वितीय विश्वयुद्ध से लौटने वाले भारतीय सैनिकों का आह्वान कि उन्होंने सम्बद्ध शक्तियों के लिए युद्ध लड़ा था और अब ब्रिटेन को भारत को स्वतन्त्रता देनी चाहिए और तीसरा: 1946 का 'नौसेना विद्रोह', जो मुम्बई से शुरू हुआ और कई बन्दरगाहों तक फैल गया। जब चक्रवर्ती ने एटली से पूछा कि ब्रिटेन के भारत छोड़ने में कांग्रेस और गांधीजी की क्या भूमिका थी, तो उन्होंने जो जवाब दिया वह और भी चौंकाने वाला था। एटली ने सिर्फ़ एक शब्द बोला - 'मिनिमल' (यानी बेहद कम)। यह बातचीत महान इतिहासकार आर. सी. मजूमदार द्वारा लिखी गई किताब 'हिस्ट्री ऑफ़ बंगाल' में दर्ज है।

गौरतलब है कि स्वतन्त्रता संग्राम के अन्तिम वर्षों में वीर सावरकर ने यह कहकर अपनी प्राथमिकताओं को स्पष्ट कर दिया था कि वे भारत के स्वतन्त्रता संग्राम में सभी के योगदान को मान्यता देने में विश्वास करते हैं- मतलब हथियारों के साथ-साथ अहिंसात्मक संघर्ष करने वालों को भी। अगर 1948 के बाद गांधीजी जीवित रहते तो सभी के योगदान को सावरकर जैसे मान्यता देते या नहीं, यह कहना मुश्किल है। लेकिन उनके अधिकांश अनुयायियों ने उनकी दुर्भाग्यपूर्ण और निन्दनीय मौत को भुनाते हुए, राष्ट्र पर अपनी चुनिन्दा कहानी थोपते हुए और क्रान्तिकारियों की भूमिका को दबाने के साथ-साथ अल्पसंख्यक तुष्टीकरण पर आधारित संस्कृति के पोषण को प्रोत्साहित किया।

इतिहास के साथ इस नकारात्मक खेल ने भारत के आत्मसम्मान को भारी नुकसान पहुँचाया, क्योंकि इसने आत्म-शान्ति की संस्कृति को पोषित किया, जिसने बदले में भारत को पाकिस्तान और चीन जैसे शत्रुतापूर्ण राष्ट्रों के ख़िलाफ़ जवाबी कार्यवाही करने से रोका। इस वजह से देश ने अपनी मूल सुरक्षा की कीमत पर शान्तिप्रिय बने रहने का महिमामण्डन किया। यही कारण था कि भारत ने 1965 के युद्ध में युद्धविराम स्वीकार कर लिया था जबकि भारतीय सेना लाहौर से महज 13 किमी दूर थी, और फिर अगले साल ताशकन्द सन्धि में उस युद्ध में जीते गए सभी लाभों को गँवा दिया। यही कारण था कि भारत पाकिस्तान को दो भागों में बाँटकर और 93,000 पाक सैनिकों को युद्धबन्दियों के रूप में रखने के बावजूद पाकिस्तान अधिकृत कश्मीर (POK) भारत वापस नहीं ले सका।

हालाँकि, इस आत्म-शान्तिवादी विचारधारा का जो वातावरण बना उसमें से भारत को भगत सिंह जैसे कुछ ही क्रान्तिकारी बाहर ला पाए। लेकिन कई क्रान्तिकारी इस आत्म-शान्तिवादी विचारधारा के कारण दरकिनार हो गए। हमारे सच्चे इतिहास को फिर से लिखने की प्रक्रिया पिछले एक दशक से ही शुरू हुई है। प्रधानमन्त्री नरेन्द्र मोदी जी द्वारा इण्डिया गेट पर नेताजी सुभाष चन्द्र बोस की प्रतिमा के अनावरण ने वास्तव में तलवार और बन्दूक के साथ राष्ट्र के लिए

लड़नेवालों को मान्यता देने की लम्बे समय से चली आ रही प्रक्रिया को तेज़ कर दिया है।

वास्तव में, चयनात्मक इतिहास पर आधारित इस पक्षपातपूर्ण अध्याय ने हमारे स्वतन्त्रता संग्राम के इतिहास के सबसे गौरवशाली अध्यायों में से एक को दरकिनार कर दिया और वह है - हमारे हज़ारों-लाखों जनजातीय नायकों का इतिहास। इन्होंने देश के लगभग हर कोने में देश की स्वतन्त्रता की रक्षा के लिए कई बार विदेशी आक्रमणकारियों के ख़िलाफ़ लड़ाई लड़ी। इसमें से एक थे तान्तिया (टण्ट्या) भील, जिन्हें 1889 में जबलपुर में ब्रिटिश शासकों द्वारा फाँसी दी गई तब उन्हें न्यूयॉर्क टाइम्स में 'भारतीय रॉबिनहुड' के रूप में वर्णित किया गया था। लेकिन ऐसे भी सैकड़ों हैं जिनका राष्ट्र के लिए दिया गया बलिदान अब तक अज्ञात रहा। इस सूची में गोविन्द गुरु जैसे भी ग़ैर-वनवासी नेता हैं, जिन्होंने न केवल आदिवासियों को सुधारा बल्कि पिछली शताब्दी के शुरुआती हिस्से में अंग्रेज़ों के ख़िलाफ़ आदिवासियों के विद्रोह का नेतृत्व भी किया था, जो अन्ततः विद्रोही वनवासियों के 1923 के मानगढ़ नरसंहार का कारण बना। इस अध्याय में ब्रिटिश सेना द्वारा गुजरात-राजस्थान सीमा पर मानगढ़ पहाड़ी पर सैकड़ों वनवासी लोग मारे गए थे। यह घटना गुजरात-राजस्थान सीमा पर स्थित ज़िलों के वनवासी लोगों के अलावा बहुत कम लोगों को पता है। आज भी उन ज़िलों के वनवासी गोविन्द गुरु को नायक के रूप में पूजते हैं। यहाँ उल्लेख करना ज़रूरी है की गुजरात के तत्कालीन मुख्यमन्त्री और वर्तमान प्रधानमन्त्री श्री नरेन्द्र मोदी जी ने गोविन्द गुरु और इन वनवासी स्वतन्त्रता सेनानियों की कहानी बताने के लिए 2013 में अभियान चलाया था। राजस्थान की तत्कालीन मुख्यमन्त्री वसुन्धरा राजे ने भी मातृभूमि की सेवा में वनवासी बलिदान की इस अनसुनी गाथा को लोकप्रिय बनाने के लिए प्रयास किए थे।

1922 में क़रीब-क़रीब उसी क्षेत्र में एक और वनवासी नरसंहार गुजरात के साबरकाँठा ज़िले में हुआ था, जिसे मैंने 1997 में 'इंडिया टुडे' पत्रिका के साथ एक पत्रकार के रूप में काम करते हुए खोजा और जाँचा था, जो काफ़ी हद तक अज्ञात है। एक उच्च जाति के नेता मोतीलाल तेजावत के नेतृत्व में उस क्षेत्र में विद्रोही वनवासियों से निपटने के लिए अंग्रेज़ों द्वारा स्थापित एक मेवाड़ भील कोर्प्स के अर्ध-सैन्य बल के हाथों हुए इस नरसंहार में सैकड़ों वनवासी मारे गए थे।

मैं धवल पटेल को इस अद्भुत पुस्तक के लिए बधाई देता हूँ, जो प्रधानमन्त्री नरेन्द्र मोदी जी के आह्वान से प्रेरित होकर उन गुमनाम स्वतन्त्रता सेनानियों को खोजने और उनकी शहादत को मनाने को प्रेरित करती है जिन्होंने देश के लिए लड़ाई लड़ी, लेकिन उनको यथोचित सम्मान नहीं मिला। उन्होंने यह पुस्तक जनजातीय स्वतन्त्रता सेनानियों या उनका नेतृत्व करने वालों को समर्पित की है, यह कोई छोटी बात नहीं है। यह महत्त्वपूर्ण है क्योंकि भारतीय स्वतन्त्रता आन्दोलन में जनजातीय लोगों के योगदान को काफ़ी हद तक नज़रअन्दाज़ किया गया है। मुझे

इस बात का अति आनन्द है कि इस पुस्तक में हमारे विशाल राष्ट्र के सभी क्षेत्रों के जनजातीय नायकों को शामिल किया गया है, जिसमें पाउना ब्रजबासी जैसे बड़े पैमाने पर उपेक्षित उत्तर-पूर्वी भारत के जनजातीय भी शामिल हैं। पाउना ब्रजबासी ने अंग्रेज़ों के ख़िलाफ़ 19वीं सदी में लड़ाई लड़ी थी और उन्हें मणिपुर में एक महान् व्यक्ति के रूप में पूजा जाता है।

देश को ज्ञात होना चाहिए कि वनवासी सेनानियों ने मुग़लों और उनसे पहले अन्य मुस्लिम आक्रमणकारियों का विरोध करने में भी काफ़ी बड़ी भूमिका निभाई थी। महाराणा प्रताप के स्वतन्त्रता संग्राम में इन वनवासियों का योगदान मेवाड़ रियासत के राजचिह्न पर भील जनजाति के प्रतीक के रूप में अंकित है। लेखक ने बहुत ही कल्पनाशील रूप से इस विषय का विस्तार किया है ताकि मुग़ल काल में भी हमारी स्वतन्त्रता को बनाए रखने में वनवासी योगदान को दर्शाया जा सके। इसी कड़ी में गोंड रानी दुर्गावती पर एक अध्याय शामिल किया गया है, जिन्होंने सम्राट अकबर की मुग़ल सेना से लड़ते हुए अपने जीवन का बलिदान दिया था। कुल मिलाकर धवल पटेल की पुस्तक आज़ादी के अमृत महोत्सव के अन्तर्गत हमारे महान् इतिहास के एक बहुत ही महत्त्वपूर्ण लेकिन काफ़ी हद तक अज्ञात अध्याय पर प्रकाश डालती है। मैं उन्हें उनके वर्तमान और भविष्य के प्रयासों के लिए शुभकामनाएँ देता हूँ।

श्री उदय माहूरकर जी

केन्द्रीय सूचना आयुक्त, लेखक एवं इतिहासकार

पुस्तक परिचय

नमस्कार, मित्रो! जैसा कि आप सभी जानते हैं, आज़ादी के बाद और उससे पहले हमारे देश में अनगिनत ऐसे क्रान्तिवीर हुए हैं, जिन्होंने देश की स्वाधीनता के लिए अपने प्राण न्यौछावर कर दिए थे। कई सेनानी ऐसे भी हुए, जिन्होंने न केवल स्वतन्त्रता प्राप्ति के लिए, अपितु अपने और अपने समाज के अधिकारों के लिए भी लड़ाईयाँ लड़ीं व अनेक आन्दोलन किए। ऐसे वीरों ने, देश और समाज को दिए गए अपने योगदान के माध्यम से, इतिहास में अपना नाम अमर कर दिया है।

इसी कड़ी में, इस पुस्तक के माध्यम से, देश में जनजातीय समुदाय से आने वाले वीर क्रान्तिकारियों ने किस प्रकार से देश के लिए, समाज के लिए, अपने हक़-अधिकारों के लिए लड़ाइयाँ लड़ीं और आन्दोलन किए, उन सबके बारे में आप सबके समक्ष जानकारी रखने का प्रयास किया गया है।

इस पुस्तक में जनजाति समाज के कई ऐसे योद्धाओं का उल्लेख है, जिन्होंने देश के लिए अपना बलिदान तो दे दिया, किन्तु शायद इतिहास में उनको यथोचित स्थान न मिल सका। यह पुस्तक उन सभी क्रान्तिकारियों को समर्पित है, जिन्हें इतिहास ने या तो भुला दिया है या फिर किसी कारणवश उपेक्षित कर उन्हें यथायोग्य सम्मान से वंचित रखा है।

हमारे देश के लोकप्रिय प्रधानमन्त्री श्री नरेन्द्र मोदी जी ने, स्वतन्त्रता के 75वें वर्ष के उपलक्ष्य में आयोजित किए जा रहे 'आज़ादी के अमृत महोत्सव' के अन्तर्गत, जनजातीय समाज के महान् नायक भगवान् श्री बिरसा मुण्डा जी की जन्म-जयन्ती 15 नवम्बर को 'जनजातीय गौरव दिवस' के रूप में मनाने की घोषणा की है। साथ ही, 15 से 22 नवम्बर तक पूरे देश में 'जनजातीय गौरव सप्ताह' मनाया जाएगा।

इसी से प्रेरणा लेते हुए, आज़ादी के 75वें साल में जनजातीय समाज के ऐसे 75 वीर जनजातीय योद्धाओं की जीवनियाँ आप सबके समक्ष इस पुस्तक के माध्यम से रखने का प्रयत्न किया गया है। इस पुस्तक में, जनजातीय समाज से आने वाले इन 75 योद्धाओं ने किस प्रकार अपने देश, समाज तथा अपने हक़-अधिकारों के लिए विषम परिस्थितियों में लड़ाईयाँ लड़ीं व आन्दोलन किए, उसका विवरण दिया गया है। इनमें कई ऐसे क्रान्तिवीर भी हैं, जो भले ही जन्म से जनजाति समाज से न रहे हों, किन्तु उन्होंने जानजातियों के लिए अपनी आवाज़ उठाई, उनके अधिकारों की लड़ाई का नेतृत्व किया और इतिहास में अमर हो गए।

हमारे देश में जनजातीय समाज का इतिहास बहुत ही प्राचीन है, परन्तु इसके बावजूद इस समाज से सम्बन्धित वीर योद्धाओं के विषय में पर्याप्त जानकारी उपलब्ध नहीं है। यह पुस्तक उन सभी क्रान्तिकारियों के प्रेरणादायक जीवन और उनके अदम्य शौर्य को लोगों के बीच जीवन्त रखने का एक प्रयास है।

धन्यवाद ज्ञापन

सर्वप्रथम मैं प्रधानमन्त्री श्री नरेन्द्र मोदी जी, भारतीय जनता पार्टी के राष्ट्रीय अध्यक्ष श्री जगत् प्रकाश नड्डा जी, गृह एवं सहकारिता मन्त्री श्री अमित शाह जी, भाजपा के राष्ट्रीय संगठन महामन्त्री श्री बी. एल. सन्तोष जी, भाजपा के राष्ट्रीय संगठक वी. सतीश जी और भाजपा अनुसूचित जनजाति मोर्चा के राष्ट्रीय अध्यक्ष श्री समीर उराँव जी एवं भारतीय जनता पार्टी के शीर्षस्थ नेतृत्व के प्रति हृदय से आभार व धन्यवाद व्यक्त करता हूँ।

इस पुस्तक का 'प्राक्कथन' लिखने के लिए मैं केन्द्रीय मन्त्री श्रीमती स्मृति ईरानी जी, केन्द्रीय मन्त्री श्री जी. किशन रेड्डी जी और लेखक, इतिहासकार एवं केन्द्रीय सूचना आयुक्त माननीय उदय माहूरकर जी के प्रति धन्यवाद प्रकट करता हूँ।

इस पुस्तक को लिखने के लिए अपना प्रोत्साहन और समय देने के लिए मैं अपनी माताजी श्रीमती रेखाबेन, पिताजी श्री लक्ष्मण पटेल, धर्मपत्नी श्रीमती सुप्रिया पटेल और पुत्र युगम व पुत्री श्रीजा को धन्यवाद करता हूँ।

इसके अतिरिक्त, पुस्तक की रचना हेतु शोध और सामग्री जुटाने में प्रदान की गई सहायता के लिए मैं श्री भावेश लोधा जी को, पुस्तक का सम्पादन करने के लिए श्री नीलाभ श्रीवास्तव जी को, और साथ ही 'पढ़ेगा इण्डिया' की टीम के प्रशान्त जी, भूमिका जी एवं उनकी समस्त प्रबन्धन टीम को भी उनके सहयोग के लिए धन्यवाद देता हूँ।

विषयसूची

अल्लूरी सीताराम राजू

अल्लूरी सीताराम राजू एक महान् स्वतन्त्रता सेनानी थे, जिन्होंने भारतीय स्वतन्त्रता आन्दोलनों में अप्रतिम योगदान दिया था। उन्होंने अपना पूरा जीवन जनजातीय समाज के लोगों को उनके अधिकार दिलाने के लिए समर्पित कर दिया था।

इस महान् विभूति का जन्म 4 जुलाई 1897 को वर्तमान आन्ध्र प्रदेश राज्य (तत्कालीन मद्रास प्रेज़िडेन्सी) के एक तेलुगु भाषी परिवार में हुआ था। हालाँकि, राजू के जन्मस्थान को लेकर अभी भी मत-मतान्तर हैं। कुछ स्रोतों के अनुसार उनका जन्मस्थान भीमावरम् तहसील था, तो एक अन्य स्रोत के अनुसार पश्चिम गोदावरी के माग्गूल गाँव को उनके जन्मस्थान के रूप में चिह्नित किया है, जबकि हाल में प्राप्त की गई एक रिपोर्ट के अनुसार भिमुनिपट्टनम् क्षेत्र के पण्डरंगी गाँव के एक स्थान को उनका सटीक जन्मस्थान बताया गया है।

सीताराम राजू एक क्षत्रिय परिवार से सम्बन्ध रखते थे। उनकी माता सूर्यनारायणाम्मा एक गृहिणी थीं और पिता वेंकट राम राजू एक व्यावसायिक फ़ोटोग्राफ़र थे, जो अपने व्यवसाय के लिए राजमुन्दरी नगर में जाकर बस गए थे। पिता वेंकटराम राजू एक स्वच्छन्द व उत्साही व्यक्ति थे, जिन्हें आत्मसम्मान और स्वतन्त्रता से अत्यधिक प्रेम था। उन्होंने बचपन से ही अल्लूरी सीताराम राजू को क्रान्तिकारी संस्कार दिए थे और अंग्रेज़ो के विरुद्ध आवाज़ उठाने के लिए प्रेरित

किया था। वे कहा करते थे कि—"अंग्रेज़ों ने ही हमें गुलाम बनाया है और वे हमारे देश को लूट रहे हैं।" यह बात अल्लूरी सीताराम राजू के हृदय में घर कर गई। दुर्भाग्यवश, जब सीताराम राजू मात्र 8 वर्ष के थे तब उनके पिता की मृत्यु हो गई, जिसके बाद वह अपने परिवार के साथ टूनी रहने चले गए।

पिता के देहान्त के पश्चात् उनका पालन-पोषण उनके चाचा राम कृष्णम् राजू ने किया, जो पश्चिम गोदावरी जिले के नरसापुर में एक तहसीलदार थे। टेलर हाईस्कूल से अपनी पढ़ाई पूरी करने के बाद, वह अपनी बहन और भाई के साथ विशाखापत्तनम् में अपनी माँ के गृहनगर जाकर बस गए। वहाँ उन्होंने मिसेज ए.वी.एन कॉलेज में पढ़ना शुरू किया, पर पढ़ाई पूरी होने से पहले चौथे ही वर्ष कॉलेज छोड़ दिया। विशाखापत्तनम् में घूमने के दौरान, उनका ध्यान गोदावरी एजेन्सी के आस-पास घूमते हुए आदिवासी लोगों की आवश्यकताओं पर गया। सीताराम राजू के विलक्षण व्यक्तित्व के कारण आदिवासी भी उनकी ओर आकर्षित होने लगे, और उन्हें ऐसा लगा कि सीताराम राजू के पास पवित्र व चमत्कारिक शक्तियाँ हैं। लोग उन्हें अवतारी पुरुष का दर्जा देने लग गए।

क्रान्तिकारी व वीर राजू ने स्कूली शिक्षा के साथ-साथ निजी रुचि से प्रेरित होकर वैधिकी और ज्योतिष-शास्त्र का भी अध्ययन किया और यह अध्ययन उनके व्यावहारिक अभ्यास में भी बना रहा। यही कारण था कि जब राजू ने जनजातीय समाज को अंग्रेज़ों के विरुद्ध संगठित करना शुरू किया तो उनके द्वारा अर्जित इन विधाओं के ज्ञान ने उन्हें अतुलनीय सहायता प्रदान की। इसका आरम्भ उन्होंने जनजातीय लोगों का उपचार करने व उन्हें भविष्य की जानकारियाँ देने से किया।

यही नहीं, इस महान् क्रान्तिकारी ने दो वर्ष तक एक महर्षि की भाँति सीतामाई नामक पहाड़ी की एक गुफा में अध्यात्म साधना व योग क्रियाओं से चिन्तन तथा तप विकसित किया। यही वह समय था, जब राजू ने आदिवासियों की पीड़ा को निकट से जाना।

कहा जाता है कि सीताराम राजू ने दो तीर्थयात्राएँ भी की थीं। पहली तीर्थयात्रा के लिए वे हिमालय की ओर गए। वहाँ उनकी भेंट महान् क्रान्तिकारी पृथ्वी सिंह आज़ाद से हुई। इसी भेंट के दौरान इनको चटगाँव के एक क्रान्तिकारी संगठन का पता चला, जो गुप्त रूप से कार्य करता था। सन् 1919-1920 के दौरान साधु और संन्यासियों के बड़े-बड़े समूह लोगों में राष्ट्रीयता की भावना जगाने व उन्हें संघर्ष हेतु प्रेरित करने के लिए पूरे देश में भ्रमण कर रहे थे। इसी अवसर का लाभ उठाते हुए सीताराम राजू ने मुम्बई, वड़ोदरा, बनारस, हृषीकेश, बद्रीनाथ, असम, बंगाल और नेपाल तक की यात्रा की। इसी दौरान उन्होंने घुड़सवारी, तीरंदाज़ी, योग,

सीताराम राजू के बचपन का चित्र

ज्योतिष व प्राचीन शास्त्रों का अध्ययन व अभ्यास भी किया।

अपनी इस तीर्थयात्रा से वापस आने के बाद सीताराम राजू आश्रम बनाकर ध्यान में लग गए और मात्र अट्ठारह वर्ष की आयु में ही उन्होंने संन्यासी जीवन जीने का निर्णय कर लिया।

जब वह दूसरी बार तीर्थयात्रा करने निकले तब उन्होंने नासिक तक की दूरी पैदल ही चलकर पूरी की। यह ठीक वह समय था जब देश में 'असहयोग आन्दोलन' अपने चरम पर पहुँच चुका था। इस आन्दोलन को गति देने के लिए सीताराम राजू ने पंचायतों की स्थापना की और स्थानीय विवादों को आपस में सुलझाने की शुरूआत की। सीताराम राजू ने लोगों के मन से अंग्रेज़ी शासन के डर को निकाल फेंका और सभी को इस आन्दोलन में हिस्सा लेने के लिए प्रेरित किया।

इस दौरान, सीताराम राजू पर महात्मा गान्धी के विचारों का बहुत प्रभाव पड़ा था। किन्तु जब एक वर्ष में स्वराज्य प्राप्ति का गान्धी जी का स्वप्न साकार नहीं हुआ, तो सीताराम राजू ने अपने अनुयायी आदिवासियों की सहायता से अंग्रेज़ों के विरुद्ध सशस्त्र विद्रोह करके स्वतन्त्र सत्ता स्थापित करने के प्रयत्न आरम्भ कर दिए। कुछ समय बाद, सीताराम राजू ने गान्धी जी के विचारों को त्याग दिया और एक सैन्य संगठन की स्थापना की।

1882 के 'मद्रास वन अधिनियम' के विरुद्ध उन्होंने अंग्रेज़ों का कड़ा प्रतिकार किया। इस दमनकारी अधिनियम के कारण जनजातीय समुदायों को उनके वन आवासों में मुक्त विचरण से प्रभावी रूप से प्रतिबन्धित कर दिया गया था और उन्हें कृषि के अपने पारम्परिक रूप, जिसे 'पोडु' के नाम से जाना जाता था, का अभ्यास करने से रोक दिया गया था।

वास्तव में, राजू का बीरैयादौरा नामक एक क्रान्तिकारी साथी था, जिसका आरम्भ में स्वयं का एक अलग आदिवासी संगठन था। उसने अपने संगठन के साथ मिलकर अंग्रेज़ों के विरुद्ध युद्ध छेड़ रखा था। 1918 में अंग्रेज़ों ने बीरैयादौरा को एक मुठभेड़ में पकड़ लिया। हालाँकि, कुछ समय बाद वह उन्हें चकमा देते हुए जेल की दीवार कूदकर जंगलों में भाग निकला, पर कालान्तर में अंग्रेज़ों ने फिर से उसे पकड़कर जेल भेज दिया। बीरैयादौरा को अंग्रेज़ों ने फाँसी देने का मन बना लिया था। लेकिन ये वह समय था जब सीताराम राजू का संगठन शक्तिशाली हो चुका था। पुलिस भी राजू के संगठन से थर-थर काँपती थी। दूसरी ओर, राजू भी ब्रिटिश सत्ता को डंके की चोट पर चुनौती दे रहे थे।

बीरैयादौरा के लिए भी राजू ने अंग्रेज़ी सत्ता को चेतावनी दी, "मैं बीरैया को रिहा करवाकर रहूँगा, दम हो तो रोक लेना।" आगे चलकर ठीक ऐसा ही हुआ। जब बीरैया को अदालत ले जाया जा रहा था, तब सीताराम राजू ने अपने 300 से अधिक सैनिकों के साथ मिलकर धावा बोल दिया और कृष्णदेवीपेटा क्षेत्र से दिनदहाड़े बीरैयादौरा को छुड़वाकर ले गए।

आदिवासी समाज के विरुद्ध बढ़ते अत्याचारों को देखकर सन् 1922 में अल्लूरी सीताराम राजू ने रम्पा विद्रोह आन्दोलन आरम्भ किया जिसमें स्थानीय आदिवासी लोगों और इस आन्दोलन के समर्थकों ने तत्कालीन मद्रास प्रेसिडेन्सी के पूर्वी गोदावरी और विशाखापत्तनम् क्षेत्रों में ब्रिटिश शासन के विरुद्ध लड़ाई लड़ी। अगस्त 1922 में अल्लूरी सीताराम राजू ने स्थानीय आदिवासी लोगों के समर्थन से चिन्तापल्ले, रामपचोडावरम्, दम्मनपल्ली, कृष्णदेवीपेटा, राजावोम्मंगी, अड्डतीगला, नरसीपट्टनम् और अन्नावरम् जैसे क्षेत्रों के कई पुलिस स्टेशनों पर छापा मारा और वहाँ से बन्दूकें और अन्य हथियार चुरा लिए। इस डकैती की सफलता ने सीताराम राजू को ब्रिटिश पुलिस अधिकारियों को मारने तथा उनके हथियार लूटने हेतु और अधिक पुरुषों की भर्ती करने के लिए प्रोत्साहित किया। 23 सितम्बर 1922 को राजू और उनके साथियों द्वारा दम्मनपल्ली घाट पर दो प्रतिष्ठित ब्रिटिश अधिकारियों की हत्या कर दी गई, जिसने स्थानीय ग्रामीणों के साथ अल्लूरी सीताराम के सम्बन्धों को और भी प्रगाढ़ कर दिया। अंग्रेज़ों ने सीताराम राजू को पकड़वाने के लिए समाचार-पत्रों व विज्ञापनों में 10,000 रुपये के नगद पुरस्कार की घोषणा की। सन् 1922-24 में यह धनराशि एक बड़ा प्रलोभन थी।

सीताराम राजू की सफलता का एक कारण यह भी था कि जनजातीय लोगों में से किसी ने भी अपने नेता के साथ विश्वासघात नहीं किया। आन्ध्र के रम्पा क्षेत्र के सभी आदिवासी राजू को यथाशक्ति आश्रय व समर्थन देते रहते थे। आज भी गोदावरी पार के रम्पा क्षेत्र में कोई व्यक्ति विश्वास नहीं करता कि राजू कभी पकड़े गए थे।

साथी बीरैया को रिहा कराने के बाद दोनों क्रान्तिकारी राजू और बीरैया एकजुट हो गए, जिससे राजू की शक्ति दोगुनी हो गई। दो अन्य क्रान्तिकारी गाम मल्लम् दौरा और गाम गण्टम् दौरा भी राजू के दल में आ मिले। चारों ने मिलकर संयुक्त छापेमारी का ऐसा सिलसिला चलाया कि दमनकारी अंग्रेज़ त्रस्त हो उठे। वे राजू के एक भी व्यक्ति को न तो मार सके न ही गिरफ़्तार कर सके। इस प्रकार, राजू कई वर्षों तक अंग्रेज़ी सत्ता के हाथ नहीं आए।

क्रान्तिकारी सीताराम राजू ने आन्ध्र क्षेत्र के सैकड़ों नौजवानों में क्रान्ति की अलख जगाई थी। राजू के कहने पर नौजवान उनके साथ खड़े हो जाते थे, जिसके ऐतिहासिक प्रमाण 1928 और 1929 के आन्ध्र में तेलुगु में प्रकाशित साप्ताहिक समाचार-पत्र 'कांग्रेस' में उपलब्ध हैं। सम्पादक पदूरि अन्नपूर्णय्या ने लिखा है कि—"आन्ध्र के नौजवानों ने यदि किसी व्यक्ति के निर्देशन में अंग्रेज़ों से लड़ाई जारी रखी तो वह सीताराम राजू ही थे, और आन्ध्र के इतिहास में वह प्रथम स्वाधीनता संग्राम था।"

क्रान्ति का मार्ग बनाकर और स्वयं उसपर चलकर सीताराम राजू ने अपना संगठन खड़ा करने के साथ ही उत्तराखण्ड के क्रान्तिकारियों से भी सम्पर्क किया। गदर पार्टी के नेता बाबा पृथ्वी सिंह को दक्षिणी भारत की राजमहेन्द्री जेल से छुड़ाने का उन्होंने प्रण लिया था। उनकी कार्यक्षमता व संकल्पशक्ति से अंग्रेज़ सरकार परिचित थी। इसलिए आस-पास की जेलों से पुलिस बल मँगवाकर राजमहेन्द्री जेल की सुरक्षा चाक-चौबन्द कर दी गई।

सीताराम राजू गुरिल्ला पद्धति से युद्ध करते और नल्लईमल्लई पहाड़ियों में अन्तर्धान हो जाते। गोदावरी नदी के पास फैली ये पहाड़ियाँ राजू व उसके साथियों की आश्रयदात्री व प्रशिक्षण केन्द्र, दोनों थीं। यहीं वे युद्ध के गुण सीखते, अभ्यास करते व आक्रमण की रणनीति बनाते। इसी स्थान को रम्पा कहा जाता था, इसलिए इस आन्दोलन को 'रम्पा विद्रोह' के नाम से भी जाना जाता है। राजू द्वारा चकमा देकर पहाड़ों में विलुप्त हो जाने के कारण अंग्रेज़ उन्हें 'रम्पा फितूरी' कहते थे। ब्रिटिश अधिकारी राजू से लगातार मात खाते रहे। आन्ध्र की पुलिस राजू के सामने व्यर्थ सिद्ध हो चुकी थी। अन्त में केरल की मलाबार पुलिस के दस्ते राजू के पीछे लगाए गए, क्योंकि उन्हें पर्वतीय क्षेत्रों में छापे मारने का अनुभव था। 12 अक्टूबर 1922 को ये दस्ते नल्लईमल्लई की पहाड़ियों की घाटी में रवाना किए गए। मलाबार पुलिस फ़ोर्स से राजू की कई मुठभेड़ें हुईं, जिनमें मलाबार दस्तों को मुँह की खानी पड़ी। अनथक प्रयासों के बाद भी पुलिस राजू को गिरफ़्तार नहीं कर सकी।

अल्लूरी सीताराम राजू की बढ़ती गतिविधियों से अंग्रेज़ सरकार सतर्क हो गई थी। सरकार जान चुकी थी की राजू कोई सामान्य डाकू नहीं हैं। वे संगठित सैन्य शक्ति के बल पर अंग्रेज़ों

को अपने प्रदेश से बाहर निकाल फेंकना चाहते हैं। उन्हें पकड़वाने के लिए सरकार ने स्कार्ट और आर्थर नाम के दो अधिकारियों को इस काम पर लगा दिया। इसी बीच, सीताराम राजू ने ओजेरी गाँव के पास अपने 80 अनुयायियों के साथ मिलकर दोनों अंग्रेज़ अधिकारियों को मार गिराया। इस मुठभेड़ में ब्रिटिशों के अनेक आधुनिक शस्त्र भी उन्हें मिल गए।

इस विजय से उत्साहित सीताराम राजू ने अंग्रेज़ों को आन्ध्र प्रदेश छोड़ने की धमकी वाले विज्ञापन पूरे क्षेत्र में लगवा दिए। इससे अंग्रेज़ सरकार और भी अधिक सजग हो गई और राजू की गतिविधियों पर अंकुश लगाने के लिए धन पानी की भाँति बहाया जाने लगा। मार्शल लॉ लागू न होते हुए भी क्षेत्र में उसी प्रकार का सैन्य बन्दोबस्त किया गया। फिर भी सीताराम राजू अपने बलबूते पर सरकार की इस कार्यवाही का प्रत्युत्तर देते रहे। ब्रिटिश सरकार लोगों में फूट डालने का प्रयास अनवरत करती रहती थी, परन्तु अल्लूरी राजू की सेना में लोगों के भर्ती होने का सिलसिला पूर्ववत् जारी रहा। उन्होंने अपनी सेना के साथ कई जेलों पर एकसाथ आक्रमण करके अपने शस्त्र-भण्डार में व्यापक वृद्धि कर ली थी।

इन गतिविधियों को आगे बढ़ने से रोकने के लिए सरकार ने असम रायफ़ल्स को राजू की खोज में भेजा। असम रायफ़ल्स की सैन्य टुकड़ी जनवरी, 1924 से लेकर अप्रैल 1924 तक राजू को ढूँढ़ती रही। अन्ततः, 6 मई 1924 को राजू के दल का टकराव सुसज्जित असम रायफ़ल्स से हुआ, जिसमें उनके कई साथी बलिदान हो गए, पर राजू बच निकले। अब ईस्ट कोस्ट स्पेशल पुलिस उन्हें पहाड़ियों के चप्पे-चप्पे में खोज रही थी।

कुछ स्रोतों के अनुसार, 7 मई 1924 को राजू जब अकेले जंगल में भटक रहे थे, तो उनकी खोज में वन पर्वतों की ख़ाक छानते फिर रहे एक सैन्य अधिकारी की दृष्टि राजू पर पड़ गई। उसने छिपकर राजू का पीछा किया। हालाँकि, वह राजू को पहचान नहीं सका था, क्योंकि उस समय राजू ने अपनी दाढ़ी बढ़ाकर लम्बी कर ली थी। पुलिस दल ने राजू पर पीछे से गोली चलाई, और वह घायल होकर वहीं गिर पड़े। तब राजू ने स्वयं अपना परिचय देते हुए कहा कि—"मैं ही सीताराम राजू हूँ।" गिरफ़्तारी के साथ ही यातनाएँ शुरू हुईं। अन्ततः इस महान् क्रान्तिकारी को नदी किनारे ही एक वृक्ष से बाँधकर गोलियों से भून दिया गया।

कुछ अन्य स्रोतों के अनुसार, पहले राजू की गिरफ़्तारी हुई और फिर गोरती नाम के एक सैनिक ने राजू को पेड़ से बाँधकर उन पर गोलियाँ बरसाईं।

इसमें तनिक भी शंका नहीं है कि राजू एक महान् क्रान्तिकारी थे। उनका बलिदान स्थल वर्तमान में कृष्णदेवीपेटा गाँव में स्थित है। इस बलिदान की साक्षी थीं गोदावरी नदी और

नल्लईमल्लई की पहड़ियाँ, जहाँ अल्लूरी सीताराम राजू आज भी आदिवासियों की आत्मा में देवतास्वरूप में और लोकगीतों में लोकनायक के रूप में जीवित हैं। उनके वीरतापूर्ण कृत्यों को देखते हुए स्थानीय ग्रामीणों ने उनका उपनाम 'मन्यम् वीरुडु' (जंगल का नायक) रख दिया था।

गांधी जी ने राजू के लिए कहा था—"उस वीरात्मा का त्याग-बलिदान, कठिनाइयों भरा जीवन, सच्चाई, सेवाभावना, लगन, निष्ठा और अदम्य साहस हमारे लिए प्रेरणास्पद है।" नेताजी सुभाषचन्द्र बोस ने भी राजू के बारे में कहा था—"मैं राष्ट्रीय आन्दोलनों में अल्लूरी सीताराम राजू की सेवाओं के लिए उनकी प्रशंसा करना अपना सौभाग्य मानता हूँ। भारत के युवाओं को उन्हें एक प्रेरणा के स्वरूप में देखना चाहिए।"

अल्लूरी सीताराम राजू के सम्मान में आन्ध्र प्रदेश सरकार हर वर्ष 4 जुलाई को उनके जन्मदिन के उपलक्ष्य पर राज्य-उत्सव मनाती है।

वर्ष 1986 में भारत सरकार द्वारा अल्लूरी सीताराम राजू के चित्र के साथ उनपर एक डाक टिकट जारी किया, जिसमें भारत की स्वतन्त्रता, संघर्ष और योगदान के लिए उन्हें सम्मानित किया गया था।

वर्ष 1986 में भारत सरकार द्वारा अल्लूरी सीताराम राजू के चित्र के साथ उनके नाम पर जारी किया गया डाक टिकट

एलुरु के प्रसिद्ध क्रिकेट स्टेडियम का नाम भी उनके नाम पर रखा गया है।

अल्लूरी सीताराम राजू क्रिकेट स्टेडियम

उनकी एक अन्य प्रसिद्ध प्रतिमा हैदराबाद, तेलंगाना में टैंक बण्ड रोड पर स्थापित है।

हैदरबाद के टैंक बण्ड रोड पर स्थापित अल्लूरी सीताराम राजू की प्रतिमा

4 जुलाई 2022 को अल्लूरी सीताराम राजू की 125वीं जन्म-जयन्ती के अवसर पर प्रधानमन्त्री नरेन्द्र मोदी ने आन्ध्र प्रदेश के भीमावरम् जनपद में उनकी 30-फुट ऊँची कांस्य प्रतिमा का अनावरण किया।

भारतीय स्वतन्त्रता संग्राम में अल्लूरी सीताराम राजू के अतुलनीय योगदान को देश कभी भुला न सकेगा।

सन्दर्भ-स्रोत:

- https://bharatdiscovery.org/india/%E0%A4%85%E0%A4%B2%E0%A5%8D%E0%A4%B2%E0%A5%82%E0%A4%B0%E0%A5%80_%E0%A4%B8%E0%A5%80%E0%A4%A4%E0%A4%BE%E0%A4%B0%E0%A4%BE%E0%A4%AE_%E0%A4%B0%E0%A4%BE%E0%A4%9C%E0%A5%82#gsc.tab=0
- https://www.dilsedeshi.com/biography/alluri-sitarama-raju-biography-hindi/
- https://hindi.starsunfolded.com/alluri-sitarama-raju-hindi/
- https://jivani.org/Biography/557/%E0%A4%85%E0%A4%B2%E0%A5%8D%E0%A4%B2%E0%A5%82%E0%A4%B0%E0%A5%80-%E0%A4%B8%E0%A5%80%E0%A4%A4%E0%A4%BE%E0%A4%B0%E0%A4%BE%E0%A4%AE-%E0%A4%B0%E0%A4%BE%E0%A4%9C%E0%A5%82-%E0%A4%9C%E0%A5%80%E0%A4%B5%E0%A4%A8%E0%A5%80---biography-of-alluri-sitarama-raju-in-hindi-jivani
- https://www.drishtiias.com/hindi/daily-updates/prelims-facts/alluri-sitaram-raju
- https://www.jivaniitihashindi.com/alluri-sitarama-raju-jeevan-parichay-biography/
- https://biography.sabdekho.in/alluri-sitarama-raju/
- https://en.wikipedia.org/wiki/Alluri_Sitarama_Raju
- https://hi.wikipedia.org/wiki/%E0%A4%85%E0%A4%B2%E0%A5%8D%E0%A4%B2%E0%A5%82E0%A4%B0%E0%A5%80_%E0%A4%B8%E0%A5%80%E0%A4%A4%E0%A4%BE%E0%A4%B0%E0%A4%BE%E0%A4%AE_%E0%A4%B0%E0%A4%BE%E0%A4%9C%E0%A5%82
- https://wikibio.in/alluri-sitarama-raju/

बाबुराव शेडमाके

1857 के स्वतन्त्रता संग्राम के दौरान अनेक महान् वीरों ने देश के लिए हँसते-हँसते अपने प्राण न्योछावर कर दिए थे। इन वीरों में चन्द्रपुर के माटीपुत्रों का भी महत्त्वपूर्ण योगदान रहा है। यह बात है शौर्य, पराक्रम और अपनी मिट्टी के लिए जीवन तक न्योछावर कर देने वाले एक जनजातीय योद्धा की; यह बात है गोंडवाना के एक शूरवीर की, जिन्होंने देशी ब्राह्मण व्यवस्था के साथ मिलकर अपना शासन चलाया, अंग्रेज़ों के सामने काभी हार नहीं मानी, और जिन्होंने अपनी धरती की आन-बान-शान को सबसे अग्रणी स्थान पर रखा; यह बात है वीर बाबुराव पुलेश्वर शेडमाके की।

स्वतन्त्रता संग्राम के इतिहास में, 'महाराष्ट्र में क्रान्ति की मशाल' की उपाधि से विभूषित चन्द्रपुर जनपद के अमर हुतात्मा बाबुराव शेडमाके का बलिदान विशेष है। वीर बाबुराव शेडमाके का जन्म गडचिरोली जनपद के अहेरी तहसील के मोल्लमपल्ली में 12 मार्च 1833 को हुआ था। उनके पिताजी का नाम पुल्लेसुर बापू और उनकी माता का नाम जुरजायाल (जुरजा कुँवर) था। पुल्लेसुर बापू महाराष्ट्र के चण्डा ओपी और बेरार जनपद के अन्तर्गत आने वाले घोट के मोलमपल्ली के बड़े ज़मींदार थे।

गोंड परम्परा के अनुसार शेडमाके की प्रारम्भिक शिक्षा घोटुल संस्कार केन्द्र से हुई। बाबुराव

को 3 वर्ष की आयु में घोटुल में डाला गया, जहाँ उन्होंने हिन्दी, गोंडी और तेलुगु के साथ-साथ संगीत और नृत्य भी सीखा। उस समय क्षेत्र के राजा-महाराजा अपने राज्य का कार्य गोंडी भाषा में ही करते थे। इसके अतिरिक्त बाबुराव ने तीर-कमठा, तलवार व भाला चलाने का भी प्रशिक्षण लिया। वह अपने साथियों के साथ जंगल में शिकार पर जाते और शस्त्र चलाने का अभ्यास किया करते।

1857 के स्वतन्त्रता संग्राम क्रान्तिवीर बाबुराव पुलेश्वर शेडमाके

चौदह वर्ष की आयु में घोटुल संस्कार केन्द्र से शिक्षित हो जाने के बाद आगे की शिक्षा के लिए बाबुराव को ब्रिटिश एज्युकेशन सेण्ट्रल इंग्लिश मीडियम रायपुर, छतीसगढ़ भेजा गया। रायपुर से शिक्षा प्राप्त करने के बाद शेडमाके वापस मोल्लमपल्ली आ गए। तब उनकी आयु 18 वर्ष थी। 9 मार्च 1851 को 18 वर्ष की आयु में ही उन्होंने आदिवासी परम्परा के अनुरूप आन्ध्र प्रदेश के आदिलाबाद जनपद के चेनूर की राज कुँवर से विवाह किया।

वापस आकर बाबुराव अपनी ज़मींदारी के गाँवों के लोगों के सम्पर्क में आए और उन्हें साहूकार, ठेकेदारों द्वारा सामान्य जनता पर किए जा रहे अत्याचारों व शोषण की जानकारी मिलने लगी। अंग्रेज़ों द्वारा गाँव के लोगों को दी जानेवाली यातनाओं के बारे में भी बाबुराव को पता चला। उस समय मोलमपल्ली, अडपल्ली, घोट इन तीन विभागों की सत्ता अर्थात् ज़मींदारी शेडमाके कुल वंश के पास थी। अंग्रेज़ों की छत्रछाया में साहूकारों द्वारा जनता के शोषण का समाचार मिलते ही बाबुराव अडपल्ली के ज़मींदार व्यंकटराव शेडमाके से मिलने गए। जनता को

साहूकारों के अन्याय से कैसे बचाया जाए, इसपर दोनों ने विचार किया। ज़मींदारों के परिवार से होने के बावजूद उनमें ज़मींदारी नहीं बल्कि समाज के प्रति सर्मपण का भाव अधिक था, जो समय के साथ और भी परिपक्क होता गया।

उन दिनों चन्द्रपुर, जिसे चाँदागढ़ या चन्दागढ़ के नाम से भी जाना जाता था, और उसके आस-पास के क्षेत्र में गोंड, परधान, हलबी, नागची, माडीया में अधिक संख्या में जनजातीय लोग रहते थे। इसी कारण से उन लोगों पर वैष्णव धर्म तथा इस्लामी व इसाई पन्थों का प्रभाव अधिक था। 18 दिसम्बर 1854 को चन्द्रपुर में आर.एस. एलिस को जिलाधिकारी (कलेक्टर) नियुक्त किया गया, जिसके बाद धीरे-धीरे अंग्रेज़ों ने क्षेत्र में पाँव जमाना आरम्भ कर दिया और उनके द्वारा गरीबों पर किए जाने वाले अत्याचार भी बढ़ने लगे। मिशनरियों द्वारा भोले-भाले आदिवासियों का विकास के नाम पर मत परिवर्तन करवाकर उनको छला जाना सामान्य-सी बात हो गई थी।

जल, जंगल, ज़मीन पर आदिवासियों का सामूहिक अधिकार हुआ करता था, लेकिन बाद में अंग्रेज़ों ने क्षेत्र के जंगलों और खनिज संसाधनों को व्यापक स्तर पर या तो नष्ट कर दिया, या तो उन्हें अपने अधिकार में लेने लग गए। इस कारण से आदिवासी समुदाय और उनकी सांस्कृतिक जीवनशैली को भी हानि होने लगी। इन बातों का बाबुराव शेडमाके पर बहुत प्रभाव पड़ा। वह मानते थे कि ज़मीन और जंगल पर उनका अधिकार है, जो उन्हें मिलना ही चाहिए। आदिवासियों को अपनी शैली और सांस्कृतिक जीवन के अनुरूप जीने की छूट मिलनी चाहिए और बलात् मत-परिवर्तन करवाकर उनकी मूल पहचान को नष्ट नहीं किया जाना चाहिए। इन सब विषयों को लेकर बाबुराव के मन में विद्रोह की ज्वाला प्रज्वलित हो उठी और उन्होंने इस अन्याय के विरुद्ध आवाज़ उठानी शुरू कर दी। उन्होंने अपने जीवन की अन्तिम साँस तक अंग्रेज़ों के विरुद्ध लड़ने का निर्णय किया। इस निर्णय के क्रियान्वयन के लिए 24 सितंबर 1857 को उन्होंने 'जंगोम सेना' (जंगम दल) की स्थापना की।

इसके बाद बाबुराव ने अडपल्ली, मोलमपल्ली, घोट और उसके आसपास के क्षेत्रों से लगभग 500 आदिवासियों की एक सेना सज्ज की, जिनको युद्ध कौशल का विधिवत् प्रशिक्षण दिया गया। इस प्रकार, बाबुराव ने अंग्रेज़ों के विरुद्ध युद्ध की घोषणा कर दी।

कुछ समय बाद, बाबुराव ने अपनी सेना के साथ चन्द्रपुर से सटे राजगढ़ पर आक्रमण कर दिया। राजगढ़ अंग्रेज़ों के अधिकार में था, जिसकी ज़िम्मेदारी अंग्रेज़ों ने रामशाह गेडाम को सौंपी थी। बाबुराव और उनकी जंगोम सेना ने यह आक्रमण 7 मार्च 1858 को किया और सम्पूर्ण राजगढ़ को अपने अधिकार में कर लिया। अंग्रेज़ों ने जिसको राजगढ़ की ज़िम्मेदारी दी

थी, वह रामजी गेडाम भी इस युद्ध में मारा गया। राजगढ़ में हुई इस हार से परेशान कैप्टन डब्ल्यू. एच. क्रिक्टन ने राजगढ़ को वापस पाने के लिए 13 मार्च 1858 को अपनी फ़ौज बाबुराव की सेना को पकड़ने के लिए भेज दी। लेकिन बाबुराव की सेना ने अदम्य साहस व वीरता का परिचय देते हुए राजगढ़ से 4 कि.मी. दूर ही नाँदगाँव (नन्दगाँव) घोसरी के पास अंग्रेज़ों की सेना को परास्त कर दिया।

अंग्रेज़ सैनिक से लोहा लेते बाबुराव शेडमाके

राजगढ़ की इस लड़ाई के बाद अडपल्ली-घोट के ज़मींदार व्यंकटराव राजेश्वर राजगोंड भी आकर बाबुराव के साथ उनके इस विद्रोह में सम्मिलित हो गए। इस बात से परेशान कैप्टन क्रिक्टन ने अपनी फ़ौज को बाबुराव और उसके साथियों के पीछे लगा दिया। परन्तु बाबुराव सतर्क थे और उन्होंने अंग्रेज़ों की इस चाल को भाँप लिया। वह न केवल यह जानते थे कि क्रिक्टन अपनी फ़ौज उन्हें पकड़ने के लिए भेजेगा, पर वह इस बात से भी भली-भाँति परिचित थे कि फ़ौज किस मार्ग से उनतक आएगी। इसीलिए, बाबुराव और उनके सभी साथी गढ़चिरौली की पहाड़ियों पर पहले ही पूरी तैयारी के साथ डटे हुए थे।

जैसा कि अनुमान था, अंग्रेज़ों की फ़ौज ने 20 मार्च 1518 को सुबह-सुबह पूरे पहाड़ को घेर लिया और फ़ायरिंग करते रहे। उधर बाबुराव और उनकी सेना ने भी जवाब में पहाड़ियों से उनपर पत्थर बरसाना आरम्भ कर दिया। अंग्रेज़ों की गोलियाँ समाप्त होने लगीं, किन्तु बाबुराव

की सेना की ओर से पत्थरों की बारिश नहीं रुकी। इस कारण से कई अंग्रेज़ घायल हो गए और उन्हें उस जगह को छोड़कर भागना पड़ा। तत्पश्चात् बाबुराव की जंगोम सेना ने अंग्रेज़ों की बन्दूक व तोपें ज़ब्त कर लीं और अनाज की कोठरी को जनसामान्य के लिए खोल दिया। इस जीत से जंगोम सेना का मनोबल बहुत बढ़ गया, और इसके बाद अन्य आदिवासी लोग भी जंगोम सेना से जुड़ने लगे।

19 अप्रैल 1858 को अंग्रेज़ कैप्टन क्रिक्टन ने जंगोम सेना का विद्रोह समाप्त करने के लिए फिर एक बार चन्द्रनगर से अंग्रेज़ी फ़ौज को भेजा। दोनों सेनाओं के बीच पुनः भीषण युद्ध हुआ और पहले की भाँति ही इस बार भी अंग्रेज़ी सेना की करारी हार हुई।

अपनी सफलताओं से उत्साहित बाबुराव ने 29 अप्रैल 1858 को अहेरी ज़मींदारी के चिचगुडी की अंग्रेज़ी छावनी पर आक्रमण कर दिया। इस हमले में अंग्रेज़ी फ़ौज के टेलिग्राम ऑपरेटर गार्टलड और हॉल मारे गए और अनेक अन्य अग्रेज़ सैनिक घायल हुए, पर उनका एक साथी पीटर बचकर भाग निकलने में सफल रहा और उसके माध्यम से कैप्टन क्रिक्टन को इस घटना की जानकारी मिल गई।

दो फ़ौजियों की हत्या से अंग्रेज़ी फ़ौज में बाबुराव और उनकी सेना की दहशत-सी व्याप्त हो गई। बाबुराव और व्यंकटराव को पकड़ने की अंग्रेज़ों की सारी योजनाएँ एक-के-बाद-एक विफल हो रही थीं। दो-दो टेलिग्राम ऑपरेटर्स की मौत की जानकारी जब इंग्लैण्ड की रानी विक्टोरिया तक पहुँची, तो उसने बाबुराव को जीवित या मृत पकड़ लाने की घोषणा करवा दी। बाबुराव शेडमाके को पकड़ने के लिए नागपुर के कैप्टन शेक्सपियर को नियुक्त किया गया।

वीर बाबुराव शेडमाके को पकड़ने के लिए कैप्टन शेक्सपियर ने उनकी बुआ रानी लक्ष्मीबाई, जो अहेरी की ज़मींदार थी, को अपना हथियार बनाया। बदले में, अंग्रेज़ों ने उन्हें बाबुराव शेडमाके की ज़मींदारी के 24 गाँव और व्यंकटराव राजेश्वर गोंड की ज़मींदारी के 67 गाँव, अर्थात् कुल 91 गाँव भेंट में देने का लालच दिया। साथ ही, मना करने पर अहेरी की ज़मींदारी छीन लेने की धमकी भी दी। बाबुराव की बुआ रानी लक्ष्मीबाई लालच में आ गई और उसने बाबुराव को पकड़ने के लिए अंग्रेज़ों से हाथ मिला लिया।

इस बात से अनभिज्ञ बाबुराव अपने साथियों के साथ घोट गाँव में पेरसापेन पूजा में आए हुए थे। लक्ष्मीबाई ने यह समाचार अंग्रेज़ों तक पहुँचा दिया, और वे बाबुराव को पकड़ने के लिए घोट के पास पहुँचे। पर बाबुराव को इसकी भनक लग गई और वे एक बार फिर अंग्रेज़ी फ़ौज के बीच में से बच निकलने में सफल रहे। हालाँकि, इस अचानक हुए हमले में बाबुराव के कई साथियों को बलिदान देना पड़ा और अनेक घायल हुए। आम लोग भी इस लड़ाई से अछूते न रहे। बाबुराव

के हाथ से निकल जाने के कारण बौखलाए हुए कैप्टन शेक्सपियर ने घोट की ज़मींदारी पर क़ब्ज़ा कर लिया। इस कारण से बाबुराव को थोड़ी अड़चनें आने लगीं और उनकी समस्याएँ बढ़ गईं। उनके और उनके साथियों की ज़मीनें व ज़मींदारी ज़ब्त होने और व्यंकटराव के छिप जाने से जंगोम सेना बिखरने लगी, जिससे बाबुराव भी अकेले पड़ गए।

घोट में मिली असफलता के बाद अंग्रेज़ों ने बाबुराव की बुआ रानी लक्ष्मीबाई पर और दबाव बनाया। बाबुराव का समाचार मिलते ही उन्होंने रोहिलों की सेना को भोपालपटनम् भेज दिया जहाँ बाबुराव कुछ दिनों के लिए रुके हुए थे। रोहिलों ने रात के समय बाबुराव को नींद में ही पकड़ लिया। बाबुराव ने उस समय तो किसी भी प्रकार का विरोध नहीं किया, पर सही समय देखकर वह वहाँ से भी भाग निकले। बाबुराव के बच निकलने का समाचार पाकर कैप्टन आग बबूला हो गया।

इधर, बाबुराव के अहेरी आने का समाचार मिलते ही उनकी बुआ ने उन्हें अपने घर पर आने का निमन्त्रण दिया और साथ ही यह समाचार अंग्रेज़ों तक भी पहुँचा दिया। जब बाबुराव अपनी बुआ के घर पर भोजन कर रहे थे, उसी समय अंग्रेज़ों ने लक्ष्मीबाई के घर पर घेरा डाल दिया और बाबुराव को बन्दी बना लिया। बाबुराव की गिरफ़्तारी का समाचार मिलते ही व्यंकटराव बस्तर चले गए। बाबुराव की गिरफ़्तारी के बाद उनके अन्य साथियों को भी पकड़ लिया गया।

क्रिक्टन की अदालत में बाबुराव और उनके साथियों पर गार्टलड और हॉल की हत्या एवं अंग्रेज़ी सरकार के विरुद्ध विद्रोह करने का अभियोग चलाया गया। 21 अक्टूबर 1858 को क्रिक्टन ने अपना निर्णय देते हुए बाबुराव को फाँसी और उनके साथियों को 14 वर्ष कारावास का दण्ड दिया। 21 तारीख़ को सायंकाल 4 बजे चाँदागढ़ राजमहल, जिसको जेल में परिवर्तित कर दिया गया था, वहाँ स्थित एक पीपल के पेड़ पर उन्हें फाँसी दे दी गई। उस समय कैप्टन क्रिक्टन उनके दाईं ओर और कैप्टन शेक्सपिसर बाईं ओर खड़े थे। बन्दूकों की सलामी के साथ-साथ दोनों कैप्टन्स ने भी उन्हें सलामी दी।

मृत्यु की जाँच-पड़ताल के बाद उन्हें जेल के परिसर में मिट्टी दी गई। जिस पीपल के पेड़ पर वीर बाबुराव को फाँसी दी गई, वह पेड़ आज भी चन्द्रपुर की जेल में ऐतिहासिक विरासत के रूप में खड़ा है। हर वर्ष 21 अक्टूबर को जनता व समाज के लोग उस पीपल के पेड़ के पास एकत्रित होकर वीर बाबुराव को सम्मानपूर्वक श्रद्धांजलि अर्पित करते हैं।

वीर बाबुराव शेडमाके के बारे में एक आश्चर्यजनक घटना का वर्णन हमेशा कहने-सुनने में आता रहा है कि उन्होंने एक बार ताडोबा के जंगल में बाँस के फल, जिसे 'ताडवा' कहा जाता है, का सेवन कर लिया था। वह फल बहुत विषैला होता है, किन्तु मान्यता है कि यदि कोई व्यक्ति

बाबुराव शेडमाके को अहेरी मे गिरफ़्तार करते हुए अंग्रेज़ डेप्युटी कमिश्नर

सफलतापूर्वक उसका पाचन कर लेता है तो उसका शरीर वज्र के समान हो जाता है। बाबुराव ने उस फल को ग्रहण कर लिया था, जिससे वे बेहोश हो गए थे। परन्तु कुछ देर बाद उन्हें होश आ गया, और उसके बाद उनके शरीर में ऐसी अद्भुत शक्ति आ गई कि उनपर किसी भी वार का कोई असर नहीं हो रहा था। इसके अतिरिक्त, वह कई मीलों तक बिना थके तीव्रगति से भाग सकने में सक्षम थे।

कहा जाता है कि बुआ लक्ष्मीबाई के घर जब अंग्रेज़ों ने उन्हें पकड़ा, तो प्रतिकार करने हेतु उन्होंने पानी पीने वाले लोटे से ही कई सैनिकों को घायल कर दिया था, जिसमें एक की मृत्यु हो गई थी। साथ ही, जेल में जब उन्हें फाँसी दी गई तो उनका शरीर पत्थर की भाँति कठोर हो

गया था और गर्दन भी सख़्त हो गई थी, जिससे फाँसी की रस्सी खुल गई। उन्हें फिर से फाँसी पर लटकाया गया, किन्तु रस्सी पुनः खुल गई। ऐसा कुल तीन बार हुआ। चौथी बार फाँसी पर लटकाए जाने के बाद ही उनकी मौत की पुष्टि की गई। परन्तु अंग्रेज़ों में उनका इतना ख़ौफ़ था कि मृत्यु को सुनिश्चित करने के लिए उन्होंने बाबुराव शेडमाके की पार्थिव देह को खौलती चूना-भट्टी में डाल दिया। इस घटना का वर्णन महाराष्ट्र की चाँदा डिस्ट्रिक गैज़ेटीयर्स में भी है।

बाबुराव की फाँसी के दो वर्ष बाद उनके साथी व्यंकटराव को भी अंग्रेज़ों ने पकड़ लिया और और उनपर मुकदमा चलाकर 30 मई 1860 को उन्हें भी आजीवन कारावास की सजा सुनाई गई। बाबुराव की गिरफ़्तारी में सहायता करने वाली लक्ष्मीबाई को अग्रेज़ों ने पुरस्कारस्वरूप बाबुराव और व्यंकटराव की ज़मींदारी दे दी। जिस ज़मींदारी के लालच में लक्ष्मीबाई ने बाबुराव को पकड़वाया था, वह ज़मींदारी भी अन्ततः सन् 1951 में समाप्त कर दी गई। लक्ष्मीबाई ने जो राष्ट्रद्रोही कृत्य कर चन्द्रपुर जनपद को कलंकित किया था, उसके लिए कालान्तर में उनकी घोर निंदा की गई।

इस प्रकार, 25 वर्ष की अल्पायु में बाबुराव शेडमाके अपने शौर्य का प्रदर्शन करते हुए स्वतन्त्रता की यज्ञवेदी पर बलिदान हो गए। उनके शौर्य और साहस के प्रति आदर व्यक्त करते हुए भारत सरकार ने भारतीय डाक द्वारा 12 मार्च सन् 2007 को उनके जन्मदिवस पर उनके नाम का एक स्टाम्प (डाक टिकट) जारी किया।

बाबुराव शेडमाके के जन्मदिवस पर उनके शौर्य और साहस के सम्मान में भारत सरकार द्वारा 12 मार्च सन् 2007 को उनके नाम पर जारी किया गया डाक टिकट

वीर बाबुराव शेडमाके के बलिदान दिवस पर सहस्रों की संख्या में आदिवासी जन चन्द्रपुर जेल में पीपल के पेड़ के पास एकत्रित होकर उन्हें श्रद्धांजलि अर्पित करते हैं।

सन्दर्भ-स्रोत:

- http://adivasiresurgence.com/2018/02/12/%E0%A4%9A%E0%A4%82%E0%A4%A6%E0%A5%8D%E0%A4%B0%E0%A4%AA%E0%A5%81%E0%A4%B0-%E0%A4%95%E0%A5%87-%E0%A4%86%E0%A4%A6%E0%A4%BF%E0%A4%B5%E0%A4%BE%E0%A4%B8%E0%A5%80-%E0%A4%95%E0%A5%8D%E0%A4%B0%E0%A4%BE/
- https://www.adivasitvindia.com/2020/10/Adivasi-veer-krantiveer-baburao-shedmake-chandrapur.html?m=1
- https://hellomaharashtra.in/veer-baburao-shedmake/#
- https://koyapunemgondwana.com/babula-puleshwar-shedmake/
- https://vijayoraon.blogspot.com/2021/03/blog-post.html
- https://www.publicpanchanama.com/2020/10/1857.html
- https://aadivasijagrutimanch.blogspot.com/2019/10/baburao-shedmake.html
- https://www.dalitdastak.com/adiwasi-bahujannayak-baburao-puleshwar-shedmake-martyrs-day-2443/
- https://www.igondi.xyz/2021/10/baburo-shedmake.html
- https://en.wikipedia.org/wiki/Baburao_Shedmake

श्री बादल भोई

जल-जंगल-ज़मीन पर अधिकार को लेकर संघर्ष भारत देश में स्वतन्त्रता के वर्षों पहले से होते आ रहे हैं। यह बात उस समय की है जब भारत में एक ओर राजनैतिक सत्ता अपने हाथ में लेने को संघर्ष चल रहा था, तो दूसरी ओर जंगलों पर आश्रित रहने वाले लोग अपने अस्तित्व को बचाने की लड़ाई लड़ रहे थे। यह भी अपने आप में एक प्रकार का स्वतन्त्रता संग्राम ही था। जंगलवासियों के लिए लड़ने वाले लोगों में एक ऐसा ही नाम है श्री बादल भोई का, जिन्होंने वनों पर अधिकार के लिए अंग्रेज़ी शासन के विरुद्ध संघर्ष किया।

श्री बादल भोई मध्यप्रदेश के एक प्रमुख क्रान्तिकारी जनजातीय नेता थे। उनका जन्म 1845 में मध्यप्रदेश के छिंदवाड़ा जनपद की परासिया तहसील के डुंगरिया ग्राम पंचायत के तीतरा गाँव में एक गोंड परिवार में हुआ था। उनकी माता का नाम विमला परानी और पिता का नाम कल्याण परानी था। बादल भोई की 4 सन्तानें हुईं, जिनमें से दो बेटियाँ अकबरसा और इमरत भोई और दो बेटे बलदेव परानी और रविशंकर परानी हुए।

'परानी' बादल भोई का गोत्र है। गोंड परम्पराओं के अनुसार, यह गोत्र सात देवों में एक माना जाता है। भोई उनका जातिगत उपनाम नहीं था प्रत्युत एक सम्मानजनक उपाधि थी, जिसका अर्थ होता है—'सम्पन्न व्यक्ति'।

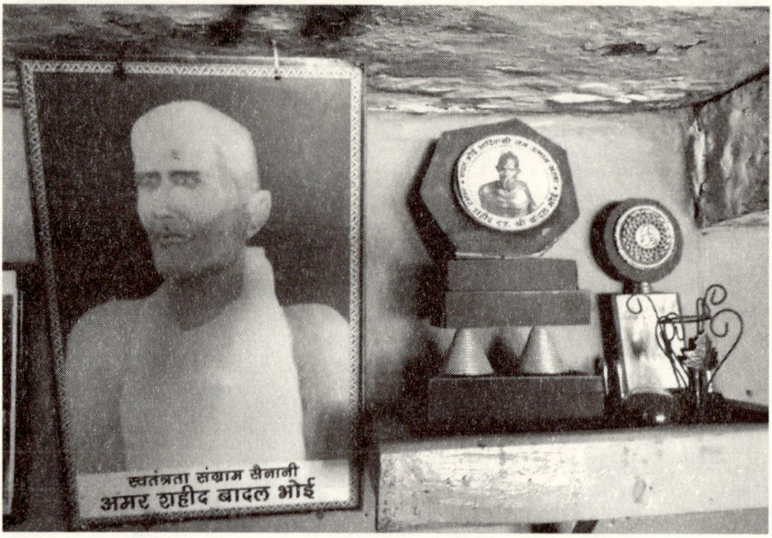

मध्यप्रदेश राज्य के एक प्रमुख क्रांतिकारी जनजातीय नेता श्री बादल भोई

बादल भोई की औपचारिक शिक्षा-दीक्षा नहीं हुई थी, किन्तु इसके बावजूद वह एक कुशल नेतृत्वकर्ता थे। उन दिनों मध्य प्रदेश का छिंदवाड़ा जिला बहुमूल्य लकड़ियों और कोयले के लिए प्रसिद्ध था। अंग्रेज़ों ने इस प्राकृतिक सम्पदा के दोहन के लिए श्रमिक के रूप में स्थानीय लोगों का उपयोग करना आरम्भ किया। वे लोगों पर भाँति-भाँति के अत्याचार करते थे। यह देख बादल भोई ने अंग्रेज़ों के विरुद्ध मुहिम छेड़ दी।

1921 में बादल भाई की भेंट गांधी जी से छिंदवाड़ा में हुई। बादल भाई पहले भी सामाजिक विषयों पर आवाज़ उठाते रहते थे, किन्तु गांधी जी से हुई भेंट के पश्चात् बादल भोई भी स्वतन्त्रता संग्राम की लड़ाई में कूद पड़े।

1923 में हुए असहयोग आन्दोलन के दौरान बादल भाई ने सहस्रों आदिवासियों का नेतृत्व करते हुए उनके साथ कलेक्टर बँगले का घेराव किया था। इस घेराव के दौरान अंग्रेज़ों ने लाठीचार्ज कर दिया। इस लाठीचार्ज में कई लोग घायल हुए, और बादल भोई को गिरफ़्तार कर कई अन्य लोगों के साथ स्थानीय कारागार में डाल दिया गया। उनपर वन अधिनियम तोड़ने का भी आरोप लगाया गया। बाद में, व्यक्तिगत मुचलका और यह लिखित आश्वासन देने पर कि वह या उनके साथी भविष्य में कभी कोई भी आन्दोलन अंग्रेज़ों के विरुद्ध नहीं करेंगे, उन्हें रिहा कर दिया गया।

किन्तु बादल भाई के मन में अंग्रेज़ों के विरुद्ध लगी हुई आग बुझी नहीं। इस घटना के एक

स्वतन्त्रता संग्राम सेनानी बादल भोई

वर्ष बाद ही उन्होंने कई आन्दोलनों का नेतृत्व किया, जिनमें से रेल रोको आन्दोलन भी एक था। उन्होंने बहुमूल्य लकड़ियों, कोयले और अन्य संसाधनों से भरी ट्रेन को रोका था, क्योंकि उनका मानना था कि छिंदवाड़ा की अमूल्य वन-सम्पदा और खनिज को बाहर न भेजा जाए; उनपर पहला हाल स्थानीय लोगों का है।

बादल भाई और उनके साथियों का अंग्रेज़ों के विरुद्ध यह संघर्ष लम्बे समय तक चलता रहा। अंग्रेज़ों द्वारा उन्हें पकड़ने का हर प्रयास विफल हुआ। इस दौरान वह आन्दोलन को आगे बढ़ाते रहे। कुछ अवसरों पर वह परसिया से कुछ दूर स्थित गुफा में छिप जाते और वहीं से आन्दोलन का नेतृत्व करते।

बादल भोई और उनके साथियों ने 21 जून 1930 को छिंदवाड़ा से लगभग 45 किलोमीटर दूर रामकोना नानक स्थान पर अंग्रेज़ों के वनाधिकार कानून का उल्लंघन कर जबरन जंगल में प्रवेश किया और वनोत्पादों को लेकर निकलने लगे, जिस कारण से अंग्रेज़ों ने उन्हें गिरफ़्तार कर बादल भोई से अलग करके चाँदा सेण्ट्रल जेल, चन्द्रपुर, महाराष्ट्र में भेज दिया।

जेल में अंग्रेज़ों ने उन सभी पर बहुत से अत्याचार किए, पर इन सबके बावजूद अंग्रेज़ों के विरुद्ध आन्दोलन थमा नहीं। सन् 1940 में, परेशान होकर अंग्रेज़ी सत्ता ने जेल में बन्द बादल भोई को भोजन में विष देकर मार डाला।

राष्ट्रीय स्वतन्त्रता संग्राम में श्री बादल भोई के योगदान को भुलाया नहीं जा सकेगा।

'बादल भोई आदिवासी संग्रहालय' मध्यप्रदेश के छिंदवाड़ा में स्थित है। इस जनजातीय संग्रहालय का आरम्भ 20 अप्रैल 1954 में हुआ था। इस संग्रहालय को 1975 में 'राज्य संग्रहालय' का नाम दिया गया, किन्तु 8 सितम्बर 1997 को इसका नाम बदलकर 'बादल भोई जनजातीय संग्रहालय' रख दिया गया, क्योंकि बादल भोई इसी जनपद के एक क्रान्तिकारी जनजातीय नेता थे।

श्री बादल भोई राज्य आदिवासी संग्रहालय, छिंदवाड़ा

इस जनजातीय संग्रहालय को 15 अगस्त 2003 में सभी पर्यटकों के लिए खोल दिया गया। संग्रहालय में इस जनपद में रहने वाले जनजातीय लोगों से जुड़े संरक्षित घरों के भण्डार और अनोखी वस्तुएँ देखी जा सकती हैं। साथ ही, यहाँ जनजातीय समुदायों की परम्परा और उनकी प्राचीन संस्कृति की झलकियाँ भी देखने को मिलती हैं।

सन्दर्भ-स्रोत:

- https://careerdestacademy.com/badal-bhoi-mp-janjati-vyaktav/
- https://www.forwardpress.in/2019/06/gond-badal-bhoi-freedom-struggle/
- http://chhindwara-chhavi.blogspot.com/2008/06/traibala.html
- https://www.gondwanasamay.com/2019/06/blog-post_7.html

बख्तर साय और मुण्डल सिंह

महान् वीर स्वतन्त्रता सेनानी मुण्डल सिंह का जन्म पहार पानी के गुमला जनपद में हुआ था, और सेनानी बख्तर साय का जन्म इसी जनपद के नवागढ़ परगना (वर्तमान में रायडीह) में हुआ था।

बख्तर साय और मुण्डल सिंह दोनों रौतिया परिवार में जन्मे थे। बख्तर साय वासुदेव कोना के ज़मींदार थे, और मुण्डल सिंह पहार पनरी के परगनेट थे। बख्तर साय ने 1812 में मुण्डल

वीर बलिदानी बख्तर साय और मुण्डल सिंह

सिंह के साथ मिलकर ईस्ट इण्डिया कम्पनी की सेना के विरुद्ध लड़ाई लड़ी थी; दोनों ने मिलकर अंग्रेज़ों से लोहा लिया और उन्हें पराजय का स्वाद चखाया।

इसके पराजय के उपरान्त ईस्ट इण्डिया कम्पनी अर्थात् ब्रिटिश सरकार ने कूटनैतिक चाल चलते हुए छोटानागपुर के राजा इन्द्रनाथ शाहदेव से सन्धि कर ली। इस सन्धि के अन्तर्गत अंग्रेज़ सरकार महाराजा के माध्यम से नवागढ़ की सामान्य निर्धन जनता से ₹12,000 का कर वसूलने लगी। यह कर वसूलने के लिए सरकार जनता पर अनेक प्रकार के अत्याचार करती थी। इससे ज़मींदार विचलित हो उठे।

इस सन्धि के तहत महाराजा इन्द्रनाथ शाहदेव ने हीराराम को कर वसूली के लिए नवागढ़ भेजा। कर अत्यधिक होने के कारण बख्तर साय ने न केवल नवागढ़ के किसानों की ओर से ईस्ट इण्डिया कम्पनी को कर देने से मना कर दिया, अपितु अंग्रेज़ सरकार के अत्याचार से अत्यधिक आक्रोशित होकर हीराराम का सिर कटवा लिया और उसे थाली में सजाकर महाराजा इन्द्रनाथ शाहदेव को भिजवा दिया।

महाराजा इन्द्रनाथ शाहदेव बख्तर साय के इस कृत्य से क्रोधित हो उठे और उन्होंने ईस्ट इण्डिया कम्पनी को इस बात की जानकारी दी। परिणामस्वरूप, 11 फरवरी 1812 को रामगढ़ के मजिस्ट्रेट ने लेफ़्टिनेंट डोनेल के नेतृत्व में हजारीबाग की एक सैन्य टुकड़ी को नवागढ़ के ज़मींदार बख्तर साय को पकड़ने के लिए भेजा।

इसी बीच रामगढ़ की बटालियन के कमाण्डेण्ट आर मार्ट ने छोटानागपुर ने बख्तर साय को पकड़ने के लिए बरवे क्षेत्र, जशपुर और सरगुजा के राजा को एक पत्र लिखा। इसके साथ ही पूरे क्षेत्र की नाकाबन्दी करने के लिए मदद माँगी। जशपुर राजा के साथ आर मार्ट का अच्छा सम्बन्ध था। इसका लाभ उठाते हुए लेफ़्टिनेंट डोनेल ने सहस्रों सैनिकों के साथ मिलकर नवागढ़ को घेर लिया।

इस घटनाक्रम की जानकारी पहाड़ पनरी के ज़मींदार मुण्डल सिंह को हो गई, और वह बख्तर साय को सहयोग देने के लिए नवागढ़ पहुँच गए। दोनों ने मिलकर अंग्रेज़ों से लड़ाई की। उस समय नवागढ़ के आस-पास घना जंगल था एवं ऊँचे-ऊँचे पहाड़ थे। बख्तर साय और मुण्डल सिंह के लिए यह स्थिति एवं क्षेत्र आदर्श थे, और वे इससे अवगत भी थे। जबकि अंग्रेज़ों को वहाँ की भौगोलिक स्थिति बारे में कुछ अता-पता नहीं था। इस कारण उन्हें मुण्डल और बख्तर तक पहुँचने में समस्या होने लगी।

अंग्रेज़ों ने एक विशेष रणनीति के साथ नवागढ़ को चारों ओर से घेर लिया। बख्तर और मुण्डल एक गुफा में घुस गए। यह लड़ाई दो दिन तक चलती रही। बख्तर साय की सेना में

अधिकांश सैनिक किसान ही थे, फिर भी उन्होंने इस आक्रमण को विफल करते हुए बासुदेव कोना की पहाड़ियों पर अपना ठिकाना बनाया और छापामार युद्धनीति से इस पहाड़ी के नीचे ब्रिटिश सेना की घेराबन्दी पर आक्रमण करते रहे। अंग्रेज़ों को जब इसकी जानकारी हुई, तो उन्होंने गुफा तक जाने वाली नदी की धारा को बन्द कर दिया, ताकि बख्तर, मुण्डल व उनके सैनिक पानी न पी सकें। ब्रिटिश सेना द्वारा अपनाई गई इस कपटपूर्ण रणनीति के कारण बख्तर साय और मुण्डल सिंह को जशपुर शासक रंजीत सिंह यहाँ शरण लेने को बाध्य होना पड़ा। वहाँ से एक दूसरे स्थान पर निकलने के दौरान 23 मार्च 1812 को दोनों पकड़े गए। 4 अप्रैल 1812 को कोलकाता के फ़ोर्ट विलियम स्थल पर दोनों विभूतियों को फाँसी दे दी गई।

इस प्रकार, जनजातीय समाज के दो महान् वीर योद्धाओं के संघर्ष का पटाक्षेप हुआ। आज भी जनजातीय समाज बख्तर साय और मुण्डल सिंह के बलिदान का सम्मानपूर्वक स्मरण करता है।

सन्दर्भ-स्रोत:

- https://www.hmoob.in/wiki/Bakhtar_Say#
- https://www.bhaskar.com/news/JHA-MAT-latest-gumla-news-023003-3199131-NOR.html
- http://routiya.blogspot.com/2017/12/blog-post.html
- http://routiya.blogspot.com/2019/01/freedom-fighter-mundal-singh-and.html

वेगड़ा भील

ठाकोर श्रीवेगड़ाजीभील द्रोणराज्यके राजा थेजोभीलराजवंश के क्षत्रिय तलपड़ा कोली परिवार में जन्मे थे। उनको ठाकोर वेगड़ा जी भील, दादा वेगड़ा जी भील, राजा वेगड़ा जी भील आदि नामों से भी जाना जाता है। द्रोण राज्य सल्तनत काल के दौरान एक समृद्ध और शक्तिशाली राज्य था और राज्य की अपनी मुद्रा चलन में थी। 14वीं शताब्दी के अन्त में, महमूद ग़ज़नी सत्ता में आया और उसने हिन्दुओं का मत-परिवर्तन करवाना आरम्भ कर दिया।

एक अन्य मुस्लिम आक्रान्ता मोहम्मद बेगड़ा ने अपनी गोरिल्ला सेना के साथ सोमनाथ मन्दिर पर आक्रमण कर दिया था। कोली राजा वेगड़ा जी भील ने मोहम्मद बेगड़ा को मारने का निर्णय किया। वेगड़ा जी भील और हमीर जी गोहिल ने अपनी सेनाओं के साथ मुहम्मद बेगड़ा पर आक्रमण कर दिया, लेकिन इस युद्ध में वेगड़ा जी और हमीर जी मोहम्मद बेगड़ा द्वारा मारे गए।

सोमनाथ के प्राचीन मन्दिर पर जब विधर्मी शासक मोहम्मद बेगड़ा ने चढ़ाई की थी, तब मन्दिर के रक्षण के लिए लाठी के राजकुमार हमीर जी गोहिल अपने 200 साथी घुड़सवारों के साथ सोमनाथ मन्दिर के रक्षण के लिए तैयार हो गए थे। आधी रात का समय था और रास्ते सूनसान पड़े हुए थे। मार्ग में पड़ने वाली एक झोपड़ी में एक वृद्धा शोकगीत गा रही थी, उसे रोता देख हमीर जी गोहिल खड़े रह गए और उससे इस शोक का कारण पूछा। वृद्धा ने बताया कि वह

अपने जवान बेटे के लिए विलाप कर रही है, जिसकी 15 दिन पहले ही मृत्यु हुई थी। इस बात पर हमीर जी ने उस लाखबाई नामक वृद्धा से स्वयं के लिए भी शोक गीत गाने को बोला। लाखबाई ने जवाब देते हुए कहा, "आपके लिए शोकगीत गाकर मुझे जो पाप लगेगा उससे मैं कैसे छूटूँगी भला?" उत्तर में हमीर जी बोले, "हम सभी मृत्यु के मार्ग पर चल पड़े हैं, जहाँ से वापस आना अब सम्भव नहीं है।"

बलिदानी वेगड़ा भील की प्रतिमा

हमीर जी ने उस वृद्धा को विस्तार से सारी बात बताई। हमीर जी ने विवाह नहीं किया था, यह बात पता चलने पर लाखबाई ने कहा, "रास्ते में जो भी पहली लड़की मिले, उससे ब्याह कर लेना।" हमीर जी ने शंका व्यक्त करते हुए कहा, "मरने के लिए जा रहे व्यक्ति को कौन अपनी लड़की देगा?" तब लाखबाई बोली, "आपकी शूरवीरता को देखकर यदि कोई प्रसन्नता से अपनी लड़की आपको ब्याह के लिए देने को कहे, तो जैसा मैंने बोला वैसा करना।" इतना बोलकर लाखबाई अपने रास्ते चल पड़ी।

हमीर जी आगे बढ़ चले। रास्ते में द्रोण राज्य आया, जिसके राजा वेगड़ा भील थे। उनके पास सदैव 300 भील तैयार रहते थे, और उनके बुलाने पर 1500 भील तत्काल इकट्ठा हो सकते थे। गीर से लेकर सीहोर के पास वाले सरोड के डूंगर तक वेगड़ा जी की वीरता का बोलबाला था। सभी भील समाज के लोग सोमनाथ को बहुत मानते थे।

वेगड़ा जी की एक जवान बेटी थी, जिसका नाम राजबाई था। एक समय की बात है, एक जेठवा राजपूत तुलसीश्याम की यात्रा पर जा रहे थे। तब वेगड़ा भील ने उनको घेर लिया और भीलों व राजपूतों के बीच घमासान युद्ध हुआ। उस युद्ध में जेठवा राजपूत ने मरते-मरते वेगड़ा भील से एक विनती की, "भाई! मेरे बेटी का पालन-पोषण करके उसे बड़ा करना और विवाह योग्य वय हो जाने पर कोई अच्छा-सा राजपूत लड़का देखकर उसके साथ इसका विवाह करवा देना।" यह बात स्वीकार कर वेगड़ा भील ने राजबाई को अपनी बेटी की तरह बड़ा किया। अब उसकी आयु विवाह योग्य हो चुकी थी।

उसी समय वेगड़ा का सम्पर्क लाखबाई से हुआ, और उन्होंने अपनी लड़की के लिए किसी योग्य राजपूत लड़के का पता पूछा। तब लाखबाई ने कहा, "वेगड़ा, हमीर जी आपको न नहीं बोलेंगे। उसके साथ राजबाई की ब्याह करवा दो। हमीर जी वीर राजपूत हैं।"

लाखबाई के आदेश पर वेगड़ा ने अपने 300 साथियों के साथ गीर में कड़वानेस के पास अपना पड़ाव डाल दिया। हमीर जी आगे बढ़ते-बढ़ते इस स्थान पर आए। कड़वानेस के पास से एक नदी बहती थी, जिसमें हमीर जी और उनके साथी नहाने गए। नहाते-नहाते कुछ लोग चुहल करने लगे और शेष आगे बढ़ गए। जब वे बाहर आए तो उनके घोड़े अदृश्य थे। हमीर जी ने अपने लोगों को पास के डूंगर पर देखने भेजा।

उनके साथियों ने वापस आकर बताया कि उनके घोड़े पास में किसी के पड़ाव में घूम रहे हैं। यह जानकर सभी लोग वहाँ पहुँचे जहाँ भीलों का पड़ाव था। वेगड़ा भील ने उनके आते ही पूछा, "हमीर गोहिल आप ही हैं क्या? हम आप ही की तो प्रतीक्षा कर रहे थे। हमीर जी ने उनसे परिचय पूछा तो सामने से उत्तर आया—वेगड़ा भील। हमीर जी बोल उठे, "अरे! वही वेगड़ा भील, गीर का बाघ? अच्छा काम हुआ कि सोमनाथ जाते समय आपसे मिलना हो गया; जो हुआ बढ़िया हुआ।"

वेगड़ा जी ने आग्रह करके हमीर जी और उनके साथियों को आतिथ्यसत्कार के लिए रोक लिया। उस दौरान उन्होंने राजबाई से हमीर जी के बारे में बात की और उससे कहा कि यदि उसको हमीर जी पसन्द हों, तो वह उनके साथ विवाह कर ले। जेठवा कुल की उस रूपवती कन्या ने अपनी सहमति दे दी। तदुपरान्त वेगड़ा भील ने हमीर जी से इस बारे में बात की, और हमीर जी विवाह के लिए तैयार हो गए।

परन्तु बात कुछ ऐसी थी कि हमीर जी के 200 साथियों ने यह प्रण ले रखा था कि वे सब भी तभी ब्याह करेंगे जब हमीर जी करेंगे। इसीलिए भीलों के साथ शेष कन्याओं के विवाह का भी आयोजन हुआ। इस प्रकार, गिर में भील पुत्रियों के साथ 200 राजपूतों, और राजबाई के साथ हमीर जी गोहिल का सामूहिक विवाह हुआ। ढोल और शहनाईयाँ गूँज उठीं।

मृत्यु को सामने से गले लगाने जाते हुए इन युवाओं के हर्षोल्लास से गीर मतवाला हो उठा। और इस प्रकार हमीर जी का विवाह सोमनाथ जाते-जाते, मार्ग में ही, बिना परिवार के किसी सदस्य की उपस्थिति के सम्पन्न हो गया, जिसका इतिहास आज भी साक्षी है।

विवाह के दूसरे दिन गिर के जंगल से सभी पुनः सोमनाथ के मार्ग पर चल पड़े। उनके साथ वेगड़ा भील और बाकी साथी भीलों ने भी प्रस्थान किया। इन लोगों के साथ मार्ग में कई गाँवों के विभिन्न समुदायों के अनेक लोग जुड़ते गए और अन्ततः सभी लोग सोमनाथ पहुँच गए।

वेगड़ा जी ने अपने गुप्तचरों के माध्यम से पता लगाया था कि ज़फ़र ख़ान की सेना सोरठ की सीमा से आ रही है, और उसके रास्ते में पड़ने वाले सभी राजाओं और ठाकुरों को दण्डित किया जा रहा है।

इस ओर हमीद जी, वेगड़ा जी और उनके साथी सोमनाथ के आँगन में उनकी प्रतीक्षा कर रहे थे। वेगड़ा जी भील ने अपने तीरों और शस्त्रों से सज्ज 300 भीलों के साथ गाँव के बाहर की ओर मोर्चा सँभाला, और हमीर जी गोहिल भीतर विधर्मियों के साथ भयंकर युद्ध लड़ने के लिए तैनात हुए। बादशाह की फ़ौज का स्वागत वेगड़ा भील के तीरों से हुआ।

हाथी पर बैठे ज़फ़र ख़ान ने अपनी सेना का संहार होते देख तोपों को आगे करने का निर्णय लिया, पर भील योद्धाओं को ख़ान के इस आदेश की भनक लग गई। वे लोग झाड़ी में छुपकर ख़ान की सेना पर प्रहार करने लगे। देखते-ही-देखते ख़ान के सैनिक एक-के-बाद-एक धराशायी होते गए। यह देखकर ख़ान ने अपनी सेना की दूसरी टुकड़ी को आगे किया। भील सैनिक भी कम होते जा रहे थे।

कुछ समय के उपरान्त, ज़फ़र ख़ान ने अपने एक विश्वस्त साथी को हाथी के संग आगे करके वेगड़ा भील के साथ युद्ध करने को भेजा। प्रशिक्षित किए हुए हाथी ने वेगड़ा भील को घायल कर दिया और मार डाला। वेगड़ा भील की मृत्यु होते ही ज़फ़र ख़ान ने सोमनाथ के गढ़ पर धावा बोल दिया। अन्त में हमीर जी भी वीरगति को प्राप्त हुए। वीर हमीर जी का मस्तक जहाँ गिरा था वहाँ खांभी और एक छोटा मन्दिर बनवाया गया है।

सन्दर्भ-स्रोत:

- http://medbox.iiab.me/kiwix/wikipedia_hi_all_maxi_2019-12/A/%E0%A4%B5%E0%A5%87%E0%A4%97%E0%A4%A1%E0%A4%BE%E0%A4%9C%E0%A5%80_%E0%A4%AD%E0%A5%80%E0%A4%B2
- https://www.loksansar.in/46901/
- https://kolistan.blogspot.com/2017/03/vegdaji-bhil.html?view=flipcard

भीमा नायक

हमारे देश में मातृभूमि की स्वाधीनता के लिए प्राण न्योछावर करने वाले असंख्य क्रान्तिवीर हैं, जिन्होंने देश को दासता के बन्धन से मुक्त कराने के लिए अपने प्राणों की आहुति दे दी। भारतीय स्वतन्त्रता संग्राम की पहली लड़ाई 1857 में आरम्भ हुई। उस लड़ाई में सैकड़ों क्रान्तिकारियों ने अंग्रेज़ों के विरुद्ध युद्ध का बिगुल फूँका। इस लड़ाई में हम किसानों व आदिवासियों के योगदान की उपेक्षा नहीं कर सकते हैं।

इसी संग्राम में बड़वानी, मध्य प्रदेश में वीर भीमा नायक अंग्रेज़ों के विरुद्ध आदिवासियों का नेतृत्व कर रहे थे। भीमा नायक एक जनजातीय योद्धा थे। उनका जन्म मध्यप्रदेश के बड़वानी जनपद के पंच मोहाली नामक गाँव में हुआ था।

कहा जाता है कि स्वतन्त्रता संग्राम में भीमा नायक ने अकेले दम पर अंग्रेज़ी शासन को हिला दिया था, जिस कारण उन्हें आदिवासियों का 'रॉबिनहुड' भी कहा जाता है। अंग्रेज़ भीमा नायक के नाम से थर-थर काँपते थे। उन्होंने उस समय आदिवासियों को एकजुट किया था, जब बड़े-बड़े राजा-महाराजा अंग्रेज़ों से भय खाकर उनकी अधीनता स्वीकार कर चुके थे। परन्तु आदिवासियों व किसानों ने स्वाधीनता के संग्राम को जारी रखा और अंग्रेज़ों की दासता में रहना एवं उनके अत्याचार सहना कतई स्वीकार नहीं किया। भीमा नायक ने इन सभी का नेतृत्व किया।

हुतात्मा भीमा नायक का कार्यक्षेत्र बड़वानी रियासत से लेकर महाराष्ट्र के खानदेश तक रहा था। भीमा नायक की लोकप्रियता देख एक और जनजातीय नेता खाज्या नायक भी उनसे जा मिले और दोनों ने मिलकर भील-गोंड सेना का निर्माण किया। कहा जाता है कि 1857 क्रान्ति में तात्या टोपे निमाड़ में भीमा नायक से मिले। उस समय अंग्रेज़ी सेना के कर्नल बिस्टन तात्या टोपे के पीछे लगे थे। भीमा नायक ने तात्या टोपे को आश्रय दिया। भीमा के साथियों ने तात्या टोपे को नर्मदा नदी पार करवाकर बचाया था।

1857 की क्रान्ति के स्वतन्त्रता सेनानी भीमा नायक

1857 में हुए अम्बापाणि युद्ध में भीमा की महत्त्वपूर्ण भूमिका थी। इसमें उनके साथी खाज्या नायक, मोवासीया, दौलतसिंह, कालूबाबा, इन वीरों ने वीरगति प्राप्त की, जिसके साक्ष्य आज भी भीमागढ़ी में देखे जा सकते है। कहते हैं, जब अंग्रेज़ भीमा को पकड़ नहीं पाए तो उन्होंने उनके सिर पर बहुत बड़ा इनाम रखा था। किन्तु इसकी चिन्ता किए बिना वीर भीमा नायक निर्भीक होकर घूमते थे और उन्होंने अंग्रेज़ी सेना के नाक में दम कर रखा था। अम्बापाणि के युद्ध के पश्चात् भी अंग्रेज़ जब भीमा को ऐसे नहीं पकड़ पाए, तो उन्हें उनके ही किसी निकटस्थ की मुख़बिरी पर धोखे से पकड़ा था। 2 अप्रैल 1868 को सतपुड़ा के घने जंगल में जब भीमा नायक सो रहे थे, उस समय अंग्रेज़ों ने उन्हें बन्दी बना लिया।

जनजातीय समुदाय के इस योद्धा को 29 दिसंबर 1876 के दिन अण्डमान के काला पानी में फाँसी दे दी गई। मध्य प्रदेश के स्वतन्त्रता आन्दोलनकारियों में भीमा नायक का विशेष स्थान है और आज भी उनका नाम बड़े ही सम्मान व श्रद्धापूर्वक स्मरण किया जाता है।

मध्य प्रदेश के मुख्यमन्त्री शिवराज सिंह चौहान ने 21 जनवरी 2017 को बड़वानी जिले के ग्राम ढाबा बावड़ी में 'भीमा नायक स्मारक' का लोकार्पण किया। भीमा नायक की कर्मस्थली ग्राम दुआवा बावड़ी में भी भीमा नायक का स्मारक बनाया गया है। मध्य प्रदेश में एक सरकारी योजना 'शहीद भीमा नायक परियोजना' का नाम उनके नाम पर रखा गया है।

सन्दर्भ-स्रोत:

- https://www.gkquizlive.com/bhima-nayak/
- https://nayaksamaj.blogspot.com/2021/06/bhima-nayak-history-in-hindi.html
- https://hindi.news18.com/news/madhya-pradesh/bhopal-pm-nrendra-modi-remembers-freedom-fighter-bhima-nayak-mpgp-2005732.html
- https://hi.wikipedia.org/wiki/%E0%A4%AD%E0%A5%80%E0%A4%AE%E0%A4%BE_%E0%A4%A8%E0%A4%BE%E0%A4%AF%E0%A4%95

हुतात्मा भीमबोर देओरी

हुतात्मा भीमबोर देओरी, देओरी समुदाय के प्रसिद्ध स्वतन्त्रता सेनानी और महान् जनजातीय नेता थे। उनका जन्म 16 मई 1903 को रोजबरी बोरगोय गाँव के नीचे पनिदिहिंग मौज़ा, जो उस समय असम के शिवसागर जनपद का दूरस्थ क्षेत्र था, में हुआ था। वह सदिया के तमरेसवारी मन्दिर के प्रधान पुजारी गोराम देओरी के पुत्र थे।

उन्होंने असम के सभी समुदायों को एकजुट करके राज्य के सामाजिक, आर्थिक एवं आर्थिक विकास के लिए संघर्ष किया। वह असम को पूर्वी पाकिस्तान (अब बांग्लादेश) में सम्मिलित किए जाने के प्रस्ताव के विरोध मे खड़े थे; उन्होंने असम के भारत में एकीकरण के लिए लड़ाई लड़ी और सफल भी हुए। वह पेशे से एक वकील और समाजसेवक थे। गोपीनाथ बोरदोलोई ने उन्हे 'जननेता' की उपाधि दी थी; उनके मुताबिक भीमबोर देओरी धरती के पुत्र थे और न केवल जनजातियों, अपितु पूरे असम के सच्चे नेता थे।

एसीएस की परीक्षा पास करने के उपरान्त भीमबोर देओरी अतिरिक्त असिस्टेण्ट कमिश्नर पद के लिए चुन लिए थे गए, परन्तु उन्होंने सरकारी नौकरी नहीं की और डिब्रूगढ़ मे वकालत शुरू कर दी। उनके प्रयासों से सारे जनजातीय समाज के प्रतिनिधि 1993 में असम के रहा में एक सम्मेलन के लिए जमा हुए और असम 'बैक्वर्ड प्लेन्स ट्राइबल लीग' की स्थापना की, जिसका

भीमबोर देओरी प्रेरणा स्थल

जनरल सेक्रेटरी भीमबोर देओरी को चुना गया। उन्होंने असम के जनजातीय समुदाय के लोगों की अनेक समस्याओं को उजागर किया। उनके नेतृत्व में 1935 में ट्राइबल लीग राज्य की 104 विधानसभा सीटों में से 4 सीटों को आदिवासियों के लिए आरक्षित करवाने में सफल रही।

धरतीपुत्र होने के कारण, स्थानान्तर कर रहे लोगों अर्थात् आप्रवासियों के प्रति भी उनका अपना एक दृष्टिकोण था। उन्होंने भूमिहीन आप्रवासियों के प्रति सय्यद मुहम्मद सादुल की सरकार की नीतियों की निन्दा की, जिसको उन्होंने नये आप्रवासियों के लिए 'न्योते की नीति' कहा था। वे सादुल की गुप्त योजना, जो असम को पूर्वी पाकिस्तान मे सम्मिलित कराने की थी, के विरुद्ध थे। भीमबोर देओरी, गोपीनाथ बोरदोलोई और शेष लोगों के साथ गांधी जी से मिलकर उन्हें अपने सहयोग व एकजुटता और असम के विभाजन की बात की सूचना देने गए थे।

भीमबोर देओरी ने गोपीनाथ बोरोदोलोई की सहायता से 'जनजातीय बेल्ट और ब्लॉक्स' को बनाने में एक महत्त्वपूर्ण योगदान दिया, ताकि वह विधानसभा में असम के पिछड़े हुए जनजातीय लोगों की पहचान और संस्कृति को सुरक्षित कर सकें।

भीमबोर देओरी ने अपना जीवन असम के जनजातीय लोगों के लिए समर्पित कर दिया। 30 नवम्बर 1947 को अल्पायु में ही उनकी मृत्यु हो जाने के पश्चात् उनकी अनुपस्थिति की

रिक्तता बहुत लम्बे समय तक अनुभव की जाती रही। उन्होंने न केवल जनजातीय समुदाय के अधिकारों पर बल दिया, प्रत्युत असम के विभिन्न समुदायों के मध्य सद्भाव स्थापित करने के लिए एक समावेशी दृष्टि से काम किया।

सन्दर्भ-स्रोत:

- BJP ST Morcha, Assam

बुद्धू भगत

भारतीय इतिहास में अनेक ऐसे क्रान्तिकारी हैं, जिनका योगदान भारत की स्वाधीनता में महत्त्वपूर्ण रहा है। परन्तु इस सबके बावजूद बहुत-से क्रान्तिकारी ऐसे भी हैं, जिनके योगदान के बारे मे न हमें कहीं पढ़ने को मिलता है और न ही सुनने को। ऐसे ही एक क्रान्तिकारी थे जनजातीय समाज से आने वाले बुद्धू भगत। 1857 के प्रथम स्वतन्त्रता आन्दोलन के सेनानी एवं कोल विद्रोह के नायक बुद्धू भगत का जन्म 17 फरवरी 1792 में राँची के सिलंगाई गाँव (चान्हो), झारखण्ड में हुआ था। वे उराँव जनजाति से थे। उनका परिवार आजीविका के लिए खेती-बारी करता था।

बुद्धू भगत छोटानागपुर के उस जन-आन्दोलन के नायक थे जिसे अंग्रेज़ों ने 'कोल विद्रोह' का नाम दिया। इसे 'लरका आन्दोलन' या 'लरका विद्रोह' भी कहा जाता है, और इसीलिए बुद्धू भगत को 'लरका विद्रोह' के अग्रदूत के रूप में भी जाना जाता है।

अमर हुतात्मा बुद्धू भगत ने सदैव अंग्रेज़ी शासन का खुलकर विरोध किया। 1831-32 के दौरान छोटानागपुर को अंग्रेज़ों से स्वतन्त्र करवाने के लिए उन्होंने यहाँ की जनजातियों से मिलकर आन्दोलन का बिगुल फूँका था। यही आन्दोलन लरका विद्रोह कहलाता है। इसमें मुण्डा, उराँव, हो इत्यादि कई जनजातियाँ सम्मिलित थीं। 1857 के स्वतन्त्रता संग्राम में भी इनका बहुत योगदान रहा था।

अंग्रेज़ी शासन की नींव हिलाकर रख देने वाले वीर बुद्धू भगत

बुद्धू भगत तीर चलाने में निपुण माने जाते थे। वह बचपन में गाँव के आस-पास के जंगलों में बकरियाँ चराने के लिए जाते थे। कुछ लोग तो उन्हें दैवी शक्तियों का स्वामी भी कहते थे, क्योंकि वह सदा अपने साथ एक कुल्हाड़ी प्रतीकस्वरूप रखा करते थे। बुद्धू भगत घण्टों अकेले रहकर तलवार चलाने और धनुर्विद्या का अभ्यास करते थे, जिससे वे इन कलाओं में अत्यन्त निपुण हो गए थे।

बुद्धू भगत के लिए अन्याय सहना असहनीय था। वह बचपन से ही ज़मींदारों और अंग्रेज़ी सेना की क्रूरता देखते आए थे। उन्होंने देखा था कि किस तरह तैयार फ़सल ज़मींदार ज़बरदस्ती उठा ले जाते थे, और इस कारण निर्धन गाँववालों के घर कई-कई दिनों तक चूल्हा नहीं जल पाता था।

बुद्धू भगत ने अंग्रेज़ों और साहूकारों के अन्यायों से तंग आकर उनके विरुद्ध कई आन्दोलन किए। छोटानागपुर के आदिवासी क्षेत्रों में अंग्रेज़ी शासन के दौरान बहुत ही निर्दयता से लोगों की हत्याएँ कर दी जाती थीं, जिसकी वजह से मुण्डा जाति ने ज़मींदार और साहूकारों के विरुद्ध अपना विद्रोह शुरू कर दिया था। इसके अलावा उराँव जनजाति ने भी बाग़ी तेवर अपना लिए थे।

बुद्धू भगत एक ऐसे क्रान्तिकारी थे जिनको गुरिल्ला युद्ध में दक्षता प्राप्त थी। उन्होंने अपने दस्ते को गुरिल्ला युद्ध में प्रशिक्षित किया था।

छोटानागपुर के तत्कालीन संयुक्त आयुक्तों ने 8 फरवरी 1832 के अपने एक पत्र में बुद्धू भगत के विस्तृत प्रभाव एवं कुशल नेतृत्व का उल्लेख किया है। उन्होंने लिखा, "चोरिया, टिक्कू,

कोल विद्रोह के महानायक वीर बुद्धू भगत

सिल्ली एवं अन्य पड़ोसी गाँवों की सघन जनसंख्या अंग्रेज़ों के लिए अत्यन्त त्रासद हो गई है, विशेषकर इसलिए क्योंकि उन्होंने सिलंगाई (चान्हो) गाँव के बुद्धू भगत के रूप में एक ऐसा नेता पा लिया है जिसका उनपर गहरा प्रभाव है।" इस प्रकार अंग्रेज़ अधिकारियों ने भी बुद्धू भगत की लोकप्रियता एवं जनमानस पर उनके प्रभाव को स्वीकारा था।

बुद्धू भगत बहुत ही बुद्धिमान् व चालाक थे। इसी कारण, अंग्रेज़ों द्वारा उन्हें गिरफ़्तार करने के सभी प्रयास असफल हो जाते थे। कभी अंग्रेज़ों को सूचना मिलती कि बुद्धू भगत को कहीं देखा गया है, तो अगले ही पल पता चलता कि वह गाँव में लोगों के मध्य उपस्थित हैं। सूचनाओं के आधार पर अंग्रेज़ अपनी पूरी सैन्यशक्ति लगाकर भी बुद्धू भगत को पकड़ने में अक्षम थे।

अंग्रेज़ यह मानकर संतोष कर जाते थे कि बुद्धू भगत को क्षेत्र के जंगलों व पहाड़ों की अच्छी जानकारी है और इसीलिए वे उन्हें नहीं पकड़ पा रहे हैं। वास्तव में, बुद्धू भगत को बड़ा जनसमर्थन प्राप्त था। गाँव के लोग न केवल उन्हें सुरक्षा देते थे, प्रत्युत हर झोपड़ी, हर मकान में उन्हें प्रश्रय देने के लिए तत्पर भी रहते थे।

छोटा नागपुर के इस प्रथम क्रान्तिकारी बुद्धू भगत को जीवित या मृत पकड़वाने के लिए अंग्रेज़ों ने उनपर ₹1000 के पुरस्कार की घोषणा की थी, परन्तु कोई भी इस पुरस्कार के लालच में आकर उन्हें पकड़वाने को तैयार न था। बुद्धू भगत छोटा नागपुर के पहले ऐसे योद्धा थे जिन्हें पकड़ने के लिए अंग्रेज़ों ने पुरस्कार की घोषणा की थी।

1828-32 के लरका विद्रोह में बुद्धू भगत अपने नेतृत्वकौशल का परिचय दिया था। यह विद्रोह अंग्रेज़ी सत्ता के शोषण व अत्याचार के विरुद्ध किए गए पहले स्वतन्त्रता आन्दोलन का हिस्सा था। इस विद्रोह के बाद अंग्रेज़ों को घुटने टेक देने पड़े थे।

अंग्रेज़ों ने जब सिलंगाई को चारों ओर से घेरने की योजना बनाई, तो बुद्धू भगत को अपने साथियों के माध्यम से इस बात का पता चल चुका था। इसीलिए बुद्धू भगत ने अपने लोगों से मिलकर अंग्रेज़ों पर वार करने की योजना बनाई।

13 फरवरी 1832 को जब अंग्रेज़ों की सेना ने सिलंगाई पर आक्रमण किया, तब उन्हें बुद्धू भगत के नेतृत्व में सैकड़ों आदिवासियों के तीव्र विरोध का सामना करना पड़ा। आदिवासी आन्दोलनकारियों ने उन पर तीरों की वर्षा शुरू कर दी। लोगों ने तलवार और परम्परागत हथियारों से अंग्रेज़ों का सामना किया। इस विद्रोह को कुचलने के लिए अंग्रेज़ों ने कई अमानवीय युक्तियाँ अपनाईं, जिस कारण बहुत-से जनजातीय क्रान्तिकारियों को अपने प्राणों की आहुति देनी पड़ी। इनमें बुद्धू भगत के दो बेटे हलधर और गिरधर भी सम्मिलित थे।

बुद्धू भगत की लोकप्रियता इस स्तर की थी कि वह सदैव चारों ओर से लोगों द्वारा घिरे रहते थे। ऐसा भी कहा जाता है कि बुद्धू भगत को जब अंग्रेज़ों ने घेरा, तब उन्हें बचाने के लिए 300 लोगों ने मिलकर उनके आस-पास घेरा डाल दिया था। इस घेरे में खड़े लोग बुद्धू भगत की ओर आनेवाली गोलियों को झेलते हुए गिरते जा रहे थे, और दूसरी तरफ बुद्धू भगत अग्रेज़ी सेना की पहुँच से बाहर होते जा रहे थे। अपने सर्वलोकप्रिय नेता के लिए शरीर पर गोलियों की बौछार झेलने की और अपने प्राणों की आहुति देने की यह स्पर्धा अपने आप में अकल्पनीय थी।

बुद्धू भगत के नेतृत्व में आन्दोलन की ज्वाला बड़ी तेज़ी-से फैलती देख बौखलाए अंग्रेज़ अधिकारियों ने आस-पास के स्थानों से सैनिकों, घुड़सवारों की अतिरिक्त टुकड़ियाँ मँगवा लीं। साथ ही, एक अंग्रेज़ कप्तान केम्पे को बुद्धू भगत को पकड़ने की जिम्मेदारी सौंपी गई।

केम्पे ने अपनी विशाल सेना लेकर गाँव पर आक्रमण कर दिया। तब भी बुद्धू भगत अंग्रेज़ों के हाथ न लगे, और इस बात से हतप्रभ होकर अंग्रेज़ों ने नरसंहार व आगजनी के बीच 4000 ग्रामीणों को बन्दी बना लिया।

तभी, आकाश में काले बादल उमड़ आए और आँधी-पानी के भयंकर तूफ़ान की चपेट में आकर अंग्रेज़ सैनिक टूटे हुए पत्तों की तरह बिखरने लगे। ऐसी परिस्थितियों में ग्रामीणों ने जंगल की राह ली और वे अंग्रेज़ों के घेरे से मुक्त हो गए।

तूफ़ान रुकने के बाद, केम्पे के नेतृत्व में अंग्रेज़ी सैनिकों ने गाँव को चारों ओर से घेर लिया। उस समय केम्पे के पास सेना की चार कम्पनियाँ एवं घुड़सवारों का एक दल था। शाम होते-होते

सिलंगाई की धरती अंग्रेज़ी सैनिकों के हाथों मारे गए शवों से पट गई थी।

महान् क्रान्तिकारी बुद्धू भगत के वीरगति को प्राप्त होते ही आन्दोलन की समस्त कड़ियाँ बिखर गईं। बुद्धू भगत के पतन का परिणाम यह हुआ कि अनेक गाँवो के कोल मुण्डाओं ने छोटानागपुर के आयुक्त के सम्मुख पहुँचकर आत्मसमर्पण कर दिया, और इसके फलस्वरूप छोटानागपुर की धरती से अंग्रेज़ों के उखड़ते पाँव पुनः जमने लगे।

छोटानागपुर में अबतक हुए आन्दोलनों में यद्यपि अनेक क्रान्तिकारी नेताओं एवं बलिदानियों का नाम आदिवासियों के बीच उभरा एवं चमका है, किन्तु बुद्धू भगत इन सबमें सर्वश्रेष्ठ और शीर्षस्थ माने जा सकते हैं। बुद्धू भगत की शक्ति व संगठन की अद्भुत क्षमता का अनुमान संयुक्त आयुक्तों के उपर्युक्त पत्र से लगाया जा सकता है।

सन्दर्भ-स्रोत:

- https://hi.vikaspedia.in/education/91d93e93091692394d921-93093e91c94d-92f/91d93e93091692394d921-915947-936939940926/90592e930-93894792893e928940-92c941927942-92d917924
- https://www.prabhatkhabar.com/vishesh-aalekh/1123768
- https://jivanihindi.com/budhu-bhagat-ki-jivani/
- https://www.sirfsach.in/brave-hearts/story-of-freedom-fighter-budhu-bhagat-bravery/10032/
- https://gajipur.blogspot.com/2019/09/blog-post_30.html
- https://www.news11.live/veer-budhu-bhagat-did-not-accept-the-slavery-of-the-british-while-he-alive/news11-special/news/15727.html
- https://www.jagran.com/jharkhand/ranchi-know-who-was-the-hero-of-kol-rebellion-veer-budhu-bhagat-from-whom-the-british-and-landlords-used-to-tremble-22474922.html

गुजरात में देवी आन्दोलन
(1922-23)

1920 के दशक का देवी आन्दोलन एक वास्तविक जनजातीय विद्रोह का प्रतिनिधित्व करता है, जो इस क्षेत्र में दर्ज़ किया गया अपने प्रकार का पहला विद्रोह था। यह आन्दोलन उस समय के सबसे अधिक अत्याचार करने वाले शासक—पारसियों—के विरुद्ध आत्म-पुष्टि और आत्मरक्षा का एक प्रयास था। हालाँकि, इस आन्दोलन को गांधीवादियों द्वारा राष्ट्रीय आन्दोलन में सम्मिलित कर लिया गया था, जो उस समय पूरे क्षेत्र में हावी रहा था। अंग्रेज़ों ने इसे सरकार के विरुद्ध विद्रोह मानकर क़ानून और व्यवस्था की समस्या के रूप में निर्दयता से दबा दिया। देवी आन्दोलन आरम्भ में एक सामाजिक आन्दोलन था, जो 1922-23 में दक्षिण गुजरात से प्रारम्भ हुआ था।

इस आन्दोलन का आरम्भ चेचक रोग से जुड़ी देवी माँ के प्रति प्रायश्चित समारोह के रूप में हुआ था। यह आन्दोलन महाराष्ट्र के पालघर तालुक़े में आरम्भ हुआ और फिर उत्तर में दहानू और उम्बारगाँव से होते हुए गुजरात और डांग में फैल गया, जहाँ इसने अपना सबसे व्यापक स्वरूप लिया। महाराष्ट्र में इसका बहुत कम प्रभाव था। यह अलौकिक शक्ति से सम्बन्धित एक धार्मिक आन्दोलन था। हालाँकि, बड़ी संख्या में लोगों ने इसे बहुत अलग अर्थ के रूप में भी लिया और इसे जनजातीय समुदाय के लिए अपनी तात्कालिक जीवनशैली को बदलने और नये

सामाजिक मूल्यों के एक समूह को अपनाने के लिए एक आह्वान के रूप में देखा। उनके लिए देवी जीवन जीने की एक शैली की अग्रदूत थीं।

यह एक ऐसा आन्दोलन था, जिसमें यह माना जाता था कि देवी सलाबाई (सलाबाई अर्थात् सलाह देनेवाली देवी) आदिवासियों को मांस न खाने, शराब या ताड़ी पीने से परहेज करने, प्रतिदिन स्नान करने, शौच के बाद सफ़ाई के लिए पत्ते के स्थान पर पानी का उपयोग करने, घरों को स्वच्छ रखने, बकरियों और मुर्गियों को (जिन्हें खाने या बलिदान के लिए रखा गया था) छोड़ देने या बेच देने और पारसी शराब के सौदागरों और ज़मींदारों का बहिष्कार करने की आज्ञा दे रही थीं। यह मान्यता थी कि जो लोग इन दैवी आदेशों का पालन करने में विफल रहते हैं, वे दुर्भाग्य से पीड़ित होते हैं या पागल हो जाते हैं या कभी-कभार तो मर भी जाते हैं।

दिसम्बर 1922 तक इस आन्दोलन ने सूरत शहर के साथ-साथ आदिवासियों के निवास वाले पूरे क्षेत्र को अपनी चपेट में ले लिया था। इस आन्दोलन ने उन वर्गों को अपना लक्ष्य बनाया जो जनजातियों का शोषण करते थे और जो शराब के व्यापार से जुड़े थे। इन वर्गों में पारसी साहूकार और ज़मींदार सम्मिलित थे, जो शराब बेचने का व्यवसाय भी करते थे। आदिवासियों ने पारसियों और मुसलमानों का बहिष्कार करने का और शराब के धन्धे से जुड़े किसी व्यक्ति के साथ काम नहीं करने का निर्णय लिया। "पारसियों की परछाई से पार होने पर भी नहा लेना चाहिए", उनके मध्य यह कहावत प्राचलित हो गई थी।

जैसा कि बताया गया, यह आन्दोलन आरम्भ में एक धार्मिक आन्दोलन था किन्तु दिसम्बर 1922 के अन्त तक यह असहयोग आन्दोलन का एक हिस्सा बन गया। जनजातीय समुदाय ने विदेशी कपड़ों को जलाने और सरकारी स्कूलों के बहिष्कार की वकालत करना आरम्भ कर दिया। कहा जाता है कि जलालपुर तालुक़ा में आदिवासियों ने एक पारसी ताड़ी की दुकान के मालिक से एक राष्ट्रवादी स्कूल के लिए 120 रुपये का जुर्माना भरवाने के लिए दैवी माध्यम का प्रयोग किया।

गांधीवादी लोग 1921 से बारडोली तालुक़ा और महल के आदिवासियों के बीच काम कर रहे थे। गांधी जी ने अपने क्षेत्र में सविनय अवज्ञा का अभियान आरम्भ होने से पहले ही राष्ट्रीय आन्दोलन में आदिवासियों की भागीदारी पर जोर दिया था। तब तक आदिवासियों ने राष्ट्रीय आन्दोलन में कोई विशेष रुचि नहीं दिखाई थी। आदिवासियों के बीच काम करने वाले एक कांग्रेसी नेता कुनरावजी मेहता के कारण आदिवासी गांधी के नाम से परिचित हो गए, और इसके बाद वे राष्ट्रीय आन्दोलन के प्रति कहीं अधिक सहानुभूति रखने लगे। बाद के वर्षों में, गांधी का नाम देवी के नाम के साथ जोड़ दिया गया।

तत्पश्चात् कांग्रेस नेताओं ने बारडोली का दौरा किया और कुछ देवी सभाओं में भाग लिया। उन्होंने आदिवासियों को सुझाव दिया कि खादी पहनकर देवी की आज्ञा का पालन और दृढ़ किया जा सकता है। कांग्रेस ने कालीपराज सम्मेलन का आयोजन किया, जिसकी अध्यक्षता सरदार वल्लभभाई पटेल ने 21 जनवरी 1923 को की थी। इस सम्मेलन में लगभग 20,000 आदिवासियों ने भाग लिया था। सम्मेलन में ताड़ी के पेड़ों को काटने, शराब की दुकानों को बन्द करने और खादी के प्रचार-प्रसार की वकालत करने का संकल्प लिया गया।

अगले दो दशकों में कई अवसरों पर (यथा 1920, 1930-31 और 1942 में) जनजातीय समुदाय के लोग ब्रिटिश शासन के विरुद्ध गांधीवादी आन्दोलन करने और भारतीय राष्ट्रीय कांग्रेस को समर्थन देने की प्रतिबद्धता पर खरे उतरे।

इस देवी आन्दोलन के कारण आदिवासियों को पारसियों से मुक्ति मिल गई और वे अपने प्रमुखों के आधिपत्य में आ गए। इस आन्दोलन के फलस्वरूप आदिवासियों के बीच से कुछ लोग श्रेष्ठजनों के रूप में उभर कर आए, जिन्होंने क्षेत्र में बड़े किसानों के पैर नहीं जमाने दिए। इस सबके कारण आदिवासियों में स्वाभिमान जाग गया। देवी आन्दोलन समाप्त हो जाने के बाद भी इस क्षेत्र के आदिवासियों पर इसका व्यापक प्रभाव रहा।

सन्दर्भ-स्रोत:

- https://core.ac.uk/download/11821765.pdf
- http://www.dspmuranchi.ac.in/pdf/Blog/UG%202%20SEM-%20Hardiman.pdf
- http://www.css.ac.in/download/gujarati/Devi%20Andolan.pdf
- http://www.raijmr.com/ijrsml/wp-content/uploads/2018/04/IJRSML_2018_vol06_issue_3_Eng_02.pdf

धरणीधर नाइक

केन्दुझर (क्योंझर) भारतीय रियासतों में से एक थी, जहाँ के अधिकांश निवासी जनजातीय समुदाय से सम्बन्ध रखते थे। इनमें से मुख्य जनजातियाँ कोल, भुइयाँ और जुआंग थीं। भुइयाँ और कोल एक बड़े क्षेत्र में बिखरे हुए थे, और केन्दुझर, मयूरभंज, गंगपुर बोना, बमरा, रणपुर, बौध, कालाहाँडी, पल्लाहारा, नीलगिरी और ढेंकनाल की सहायक नदी के महलों में पाए जाते थे।

जुआंग वहाँ निवास करने वाली सबसे अनगढ़ व वन्य जनजाति थी, जिनकी जनसंख्या 1901 की जनगणना के अनुसार लगभग 11,159 थी। ये मुख्य रूप से केन्दुझर व ढेंकनाल में रहा करते थे। भुइयाँ की तुलना में यह एक छोटी जनजाति थी। हालाँकि दोनों जनजातियों का सामाजिक व धार्मिक रहन-सहन व परम्पराएँ बहुत सीमा तक एक जैसे थे।

केन्दुझर (क्योंझर) भुइयाँ नेता धनुर्जय भंजा के विरुद्ध धरणीधर नाइक का विद्रोह, ओडिशा में ब्रिटिश शासन के इतिहास का एक और अपमानजनक अध्याय है। धरणीधर नाइक के नेतृत्व में भुइयाँ अधिक संगठित होकर राजा के लिए संकट बन गए थे, और इसी कारण से अंग्रेज़ सरकार ने इस विद्रोह को निर्दयता से कुचल दिया।

धरणीधर नाइक का जन्म 5 मई 1864 को क्योंझर के कुसुमिता गाँव में एक आदिवासी भुइयाँ परिवार में हुआ था। प्राथमिक शिक्षा लेने के उपरान्त वह केन्दुझर के राजा धनुर्जय

नारायण भंजदेव की आर्थिक सहायता से उच्च अध्ययन के लिए कटक गए, जहाँ उन्होंने सर्वे स्कूल में सर्वेक्षक का तकनीकी प्रशिक्षण प्राप्त किया। इसके बाद उन्होंने केन्दुझर राज्य के अन्तर्गत एक उप-पर्यवेक्षक के रूप में काम किया।

धरणीधर नायक (5 मई 1864 – 16 मई 1941)

केन्दुझर राज्य के राजा धनुर्जय भंजा की नीतियाँ उनकी प्रजा के लिए बहुत दमनकारी थीं। बँधुआ मज़दूरी, अनाज की बिक्री का क़ानून, जो किसानों को कम दरों पर राज्य को अनाज बेचने के लिए मजबूर करता था, इन सब दमनकारी नीतियों की वजह से वहाँ की प्रजा राज्य से परेशान थी।

राज्य के सहायक प्रबनधक विचित्रनन्द दास ने राजा के समक्ष धरणीधर के विरुद्ध झूठा आरोप लगाया कि वह राज्य प्राधिकरण के विरुद्ध भुइयों का मेल आयोजित करने में सम्मिलित थे। सहायक प्रबन्धक की सलाह पर राजा ने भुइयों को राज्य के लिए बेठी (बँधुआ मज़दूरी) करने के लिए बाध्य किया, जो धरणीधर को कदापि स्वीकार नहीं था। उन्होंने अपनी नौकरी छोड़ दी और राज्य प्रशासन के विरुद्ध भुइयों के सम्मेलन का आयोजन किया।

इस असन्तोष कारण 1891 में केन्दुझर में विद्रोह हुआ, जिसमें कोल, भुइयाँ और जुआंग जनजातियों ने सक्रिय रूप से भाग लिया। धरणीधर नाइक इस विद्रोह के नेता थे। यह विद्रोह 1891 से 1893 अर्थात् लगभग तीन वर्षों तक जारी रहा। कुछ प्रारम्भिक सफलताओं के बाद विद्रोहियों ने राज्य के अनाज भण्डार और शस्त्रागार को लूट लिया। तत्पश्चात् विद्रोहियों ने राज्य के दीवान फ़कीरमोहन व सेनापति को पकड़ लिया, पर राजा कटक भाग निकलने में सफल

रहा। जानकारी होने पर अंग्रेज़ों ने अपनी सेना भेजी और अन्ततः विद्रोह को कुचल दिया गया। धरणीधर नाइक भी पकड़े गए और अंग्रेज़ों ने उन्हे 1897 तक कटक जेल में बन्दी रखा गया।

धरणीधर नायक की प्रतिमा

अपनी रिहाई के बाद वह वापिस केन्दुझर नहीं लौटे। 1912 में उन्होंने कटक के अली में एक मठ का निर्माण किया और अपना शेष जीवन एक संन्यासी के रूप में वहीं बिताया। 1914 में उनकी मृत्यु हो गई। इसके साथ ही केन्दुझर में ब्रिटिश राज के विरुद्ध विद्रोह का एक अध्याय समाप्त हो गया। धरणीधर के विद्रोह ने ब्रिटिश अधिकारियों की आँखें खोल दी थीं, जिन्होंने आगे चलकर प्रजा की समस्याओं को हल करने में गहरी दिलचस्पी ली।

सन्दर्भ-स्रोत:

- https://en.wikipedia.org/wiki/Dharanidhar_Naik
- https://www.google.co.in/books/edition/People_s_Revolt_in_Orissa/W8GXSR-0SiF8C?hl=en&gbpv=1&pg=PA210&printsec=frontcover
- https://historyofodisha.in/bhuyan-rising-under-dharani-dhar-naik/

दिवा सोरेन व किसुन सोरेन

झारखण्ड के वीर स्वतन्त्रता सेनानी दिवा सोरेन का जन्म वर्ष 1820 में पश्चिम सिंहभूम के राजनगर थाने अन्तर्गत आने वाले मातकोम बेड़ा गाँव में हुआ था। इनके पिता का नाम देवी सोरेन था। वहीं, किसुन सोरेन का जन्म राजनगर थाना क्षेत्र के गुमिदपुर में हुआ था। किसुन सोरेन व दीवा सोरेन रिश्ते में मामा-भांजे थे। इन दोनों के गुरु का नाम रघुनाथ भुइया था।

पोड़हाट के राजा अभिराम सिंह द्वारा अंग्रेजों की स्वाधीनता स्वीकार करने के पश्चात् उस क्षेत्र में रहने वाले जनजातीय समुदाय के लोगों पर शोषण व अत्याचार की घटनाओं में तीव्र वृद्धि हुई। क्षेत्र के निवासियों में इस शोषण व अत्याचार के विरुद्ध विद्रोह की ज्वाला प्रज्वलित हो उठी, जिसका नेतृत्व दिवा व किसुन कर रहे थे। इन दोनों के आह्वान पर सभी लोग इकट्ठा होने लगे।

दिवा-किसुन ने डाँडो एवं घुड़ापहाड़ में अनेक जनसभाएँ कीं और लोगों को पोड़हाट के राजा अभिराम सिंह एवं ब्रिटिश प्रशासन के ख़िलाफ़ विद्रोह करने के लिए प्रेरित किया। 1872 में दिवा-किसुन के नेतृत्व में विद्रोह का बिगुल बज उठा; यही कारण है कि इसे इस विद्रोह को 'दिवा-किसुन विद्रोह' के नाम से भी जाना जाता है।

इस विद्रोह में सभी मत-पन्थ के लोगों ने संगठित होकर भाग लिया। विद्रोह का प्रभाव पोड़हाट के सभी क्षेत्रों में पड़ा। यह विद्रोह बहुत दिनों तक चलता रहा, लेकिन धन के लालच में

बिरसा मुण्डा म्यूज़ियम और मेमोरियल पार्क मे स्थित दीव किसुन की प्रतिमा

कुछ स्थानीय लोगों ने दिवा-किसुन के पहाड़ में छिपे होने की सूचना ब्रिटिश प्रशासन को दे दी।

सूचना पाकर, ब्रिटिश प्रशासन एवं राजा अभिराम सिंह के सैनिकों ने दिवा-किसुन को गिरफ़्तार कर लिया गया, और अन्ततः दोनों महान् क्रान्तिकारियों को सरायकेला जेल में फाँसी दे दी गई।

दिवा और किसुन के योगदान को ध्यान में रखते हुए सोरेन के गाँवों को 'शहीद ग्राम योजना' के अन्तर्गत सम्मिलित किया गया है।

सन्दर्भ-स्रोत:

- https://theindiantribal.com/wp-content/uploads/2021/11/24-1.jpg
- https://byjusexamprep.com/liveData/f/2021/7/jhar_en_61.pdf
- https://www.simoticlasses.com/2021/02/vibhuti-of-jharkhand.html

गंजन सिंह कोरकू

मध्य भारत में अनेक जनजातियाँ निवास करती हैं। सामान्यतः इन सभी जनजातियों को आदिवासी कहा जाता है। अपुष्ट मान्यता है कि ये आदिवासी भारतीय उपमहाद्वीप के सबसे प्राचीन निवासी हैं।

'कोरकू' मध्य प्रदेश और महाराष्ट्र में फैली एक जनजाति है। वे अपने आप को रावण का वंशज कहते हैं और मानते हैं कि महादेव ने उनका संसार बनाया। 'कोर' या 'कोरो' का अर्थ है 'मानव' और 'कू' इसका बहुवचन है। इस प्रकार कोरकू का अर्थ है—मनुष्यों का समूह।

कोरकुओं की उत्पत्ति की कई कहानियाँ प्रचलित हैं। ऐसी ही एक कहानी के अनुसार, रावण जंगलों में घूमते हुए विन्ध्य और सतपुड़ा पर्वत शृंखलाओं के सुन्दर किन्तु निर्जन वनों में जा पहुँचा और उसने अपने इष्ट-देवता महादेव से इन जंगलों में लोगों को बसाने की प्रार्थना की। उसकी प्रार्थना से प्रसन्न होकर देवाधिदेव महादेव ने अपने दूत कौवे कागेश्वर को भँवरगढ़ और सावलीगढ़ के बीच के पहाड़ी क्षेत्र से लाल मिट्टी एकत्र करने का निर्देश दिया। वह क्षेत्र वर्तमान में बैतूल जनपद में स्थित है।

इसी कोरकू जनजाति से आने वाले और स्वतन्त्रता संग्राम के महान् नायक गंजन सिंह कोरकू का जन्म मध्य प्रदेश के बैतूल जनपद के घोड़ाडोंगरी के पास छतरपुर गाँव में हुआ था।

गंजन सिंह कोरकू मध्यप्रदेश के प्रमुख जनजातीय विभूतियों में से एक हैं।

वह गांधीवादी विचारधारा से प्रेरित थे। गांधी जी के कहने पर 1930 में गंजन सिंह कोरकू ने घोड़ाडोंगरी जंगल सत्याग्रह में आदिवासियों का नेतृत्व किया। इस जंगल सत्याग्रह को 'दुरिया जंगल सत्याग्रह' भी कहा जाता है। सन् 1930 में अंग्रेज़ों ने इनके ऊपर ₹500 का इनाम रखा था।

वैसे तो, पहले के समय में अधिकांश आदिवासी आन्दोलन हिंसक ही हुआ करते थे, लेकिन गांधी जी की अहिंसावादी नीतियों से प्रभावित होकर इसबार आदिवासी लोग निहत्थे ही जंगल का क़ानून तोड़ने के लिए तैयार हो गए। बैतूल जिले के घोड़ाडोंगरी तहसील के बंजारीढाल ग्राम में जंगल सत्याग्रह की नींव रखी गई, जिसका नेतृत्व गंजन सिंह कोरकू और विष्णु सिंह ने किया।

इस सत्याग्रह के अन्तर्गत 22 अगस्त 1930 को गंजन सिंह ने बंजारीढाल में लगभग 500 पुरुषों व महिलाओं की भीड़ को सम्बोधित किया। जब शाहपुर की पुलिस ने उन्हें गिरफ़्तार करने का प्रयास किया तो पुलिस और भीड़ के बीच संघर्ष छिड़ गया, जिसमें कई पुलिसकर्मी गम्भीर रूप से घायल हो गए।

बाद में, पुलिस अधीक्षक अतिरिक्त बल लेकर वहाँ पहुँचे और अगले दिन पुलिस और 800 व्यक्तियों की भीड़ के बीच पुनः मुठभेड़ हुई। इसका नेतृत्व भी गंजन कोरकू ही कर रहे थे। इस गोलीबारी में उनके साथी कोवा गोंड शहीद हो गए जबकि गंजन सिंह बचकर भाग निकलने में सफल रहे। उनकी गिरफ़्तारी के लिए ₹500 का पुरस्कार घोषित किया गया। एक मास बाद

पंचमढ़ी की पुलिस ने उनको गिरफ़्तार कर लिया। उन्हे पाँच वर्ष के कठोर कारावास का दण्ड दिया गया।

गंजन सिंह स्वतन्त्रता के पश्चात् भी जनजातीय समुदाय में गांधी जी के विचारों का प्रचार-प्रसार करते रहे। कहा जाता है कि स्वतन्त्रता के बाद गंजन सिंह बैतूल के जंगलों में तिरंगा लेकर घूमते थे और सभी वनवासियों को स्वतन्त्रता का उत्सव मनाने को भी प्रेरित करते थे।

सन् 1963 में गंजन सिंह कोरकू का देहान्त हो गया।

सन्दर्भ-स्रोत:

- https://www.bhaskar.com/magazine/rasrang/news/korku-considers-him-self-a-descendant-of-ravana-mahadev-had-created-his-world-128938356.html
- https://hindi.news18.com/news/madhya-pradesh/betul-unsung-hero-ism-of-jungle-satyagrah-during-freedam-movement-1078971.html
- https://www.google.co.in/books/edition/Madhya_Bharat_ke_Adivasi_aur_Swatantrata/_DFqEAAAQBAJ?hl=en&gbpv=1&dq=%E0%A4%97%E0%A4%82%E0%A4%9C%E0%A4%A8+%E0%A4%95%E0%A5%8B%E0%A4%B0%E0%A4%95%E0%A5%82&pg=PT195&printsec=frontcover
- https://hindigyankosh.com/madhya-pradesh-ke-pramukh-janjatiya-vyaktitva/
- https://sablog.in/tag/%E0%A4%97%E0%A4%82%E0%A4%9C%E0%A4%A8-%E0%A4%B8%E0%A4%BF%E0%A4%82%E0%A4%B9-%E0%A4%95%E0%A5%8B%E0%A4%B0%E0%A4%95%E0%A5%82/
- https://careerdestacademy.com/ganjan-sing-korkoo-mp-janjati-vyaktav/

हैपोऊ जादोनांग

भारत के स्वतन्त्रता संग्राम में सहस्रों योद्धाओं के अदम्य साहस व बलिदान के फलस्वरूप हमें स्वराज्य प्राप्त हुआ है। इन योद्धाओं में पूर्वोत्तर भारत के जनजातीय नेता हैपोऊ जादोनांग का भी महत्त्वपूर्ण स्थान है।

हैपोऊ जादोनांग रोंग्मोई नागा जनजाति के एक अध्यात्मिक व धार्मिक नेता और महान् स्वतन्त्रता सेनानी थे, जिन्होंने ब्रिटिश औपनिवेशिक शासन के चंगुल से देश को स्वाधीन कराने के लिए संघर्ष किया था। हैपोऊ जादोनांग का जन्म 10 जून 1905 को मणिपुर के तामंग्लोंग जिले के पुइलुआन गाँव में हुआ था। वह रोंगमई नागा जनजाति के मलंगमेई क़बीले से आते थे।

जादोनांग बचपन से ही धार्मिक प्रवृति के थे और अपना अधिकतर समय प्रार्थना में बिताया करते थे। उन्होंने भुवन गुफा, ज़ेलियाड झील जैसे कई स्थानों का भ्रमण किया था, जिन्हें नागा समुदाय अपने देवी-देवताओं का निवासस्थान मानता था। वह अपने सपनों व भविष्यकथनों, अपनी अध्यात्मिकता और स्थानीय जड़ी-बूटियों व औषधियों द्वारा उपचार कर पाने की शक्तियों के कारण जेलियांग्रोंग आदिवासियों के बीच लोकप्रिय हो गए थे। यह जनजातीय समुदाय असम, मणिपुर और नागालैण्ड के त्रिकोणीय सन्धि-स्थल पर रहनेवाले महत्त्वपूर्ण नागा समुदायों में से एक था।

हैपोऊ जादोनांग - मणिपुर के एक रोंगमेई नागा नेता (पूर्वोत्तर भारत की प्रमुख स्वदेशी नागा जनजातियों में से एक जनजाति)

अंग्रेज़ों ने किस प्रकार से अपने मज़हब को नागाओं पर थोप दिया था, और वे किस प्रकार से नागाओं को मतान्तरित करवाकर नागा जनजातीय समुदाय के विश्वास, रीति-रिवाजों और परम्पराओं के लिए संकट बन रहे थे, ये सब जादोनांग के संज्ञान में था। जनजातीय समाज के कई लोगों ने किसी-न-किसी कारण अपना मत-परिवर्तन कर ईसाई पन्थ अंगीकार कर लिया था। जादोनांग इन सभी घटनाओं से विचलित हो उठे और नागा संस्कृति के पुनरुद्धार हेतु काम करने के लिए उन्होंने अंग्रेज़ों से लोहा लेने का मन बनाया।

जादोनांग ने ईसाई मिशनरियों द्वारा किए जाने वाले मत-परिवर्तन के विरुद्ध एक धार्मिक आन्दोलन चलाया, जिसे 'हेरका आन्दोलन' नाम से जाना जाता है। जादोनांग ने पारम्परिक नागा विश्वास प्रणालियों और परम्पराओं को बचाने के लिए हेरका पन्थ की सर्वोच्च सत्ता 'टिंगकाओ रगवांग' की पूजा करने पर बल दिया। इस आन्दोलन को नागा जनजाति में धार्मिक सुधार लाने व उनका पुनर्जागरण करने के लिए स्मरण किया जाता है।

जादोनांग महात्मा गांधी से प्रभावित थे। गांधी जी की सिलचर यात्रा के दौरान वह उनसे मिलना भी चाहते थे, परन्तु किसी कारण यात्रा रद्द होने से वह उनसे नहीं मिल सके।

जादोनांग की लोकप्रियता नागा लोगों में बढ़ती जा रही थी, और वह धीरे-धीरे नागाओं के नेता के रूप में स्थापित हो चुके थे। उन्होंने ब्रिटिश राज के विरुद्ध अपना कार्य जारी रखा।

विरोधस्वरूप उन्होंने एक बार अंग्रेज़ अधिकारी की भाँति कपड़े पहन लिए। अंग्रेज़ उप-

मण्डल अधिकारी ने इसपर संज्ञान लेते हुए जादोनांग को टोपी उतारने कहा। अधिकारी की बात न मानने पर उन्हें एक सप्ताह के लिए जेल जाना पड़ा। इस गिरफ़्तारी के कारण सभी समुदायों के मध्य जादोनांग की लोकप्रियता और भी बढ़ गई।

इसके बाद जादोनांग ने अंग्रेज़ों के विरुद्ध एक सेना का निर्माण किया, जिसे 'रिफेन' के नाम से जाना गया। इस सेना में 500 पुरुष और महिलाएँ सम्मिलित थे। सेना को सैन्य रणनीति, बन्दूकों सहित अन्य हथियारों से निपटने और खुफ़िया अभियानों में प्रशिक्षित किया गया। यह सेना प्रायः जादोनांग के साथ यात्रा करती थी और हेरका धार्मिक समारोहों में भाग लेती थी। जादोनांग अपनी सेना के सदस्यों को अलग-अलग जनजातियों के मध्य भेजकर उन्हें भी संघर्ष करने के लिए प्रेरित करते थे, जिसमें उन्हें मिली-जुली सफलता मिली।

जादोनांग ने अंग्रेज़ी शासन के विरुद्ध नागा समुदाय के संघर्ष की प्रशंसा करते हुए अनेक गीतों की रचना भी की, जिससे उनकी सेना व समुदाय में मातृभूमि को स्वाधीन करवाने की भावना व उर्जा का संचार बना रहे।

जनवरी 1931 में जादोनांग ने अंग्रेज़ों के विरुद्ध युद्ध की घोषणा की तैयारी कर ली थी। युद्ध के आह्वान और नागा गाँवों में गुप्त बैठकों का समाचार मिलते ही अंग्रेज़ अधिकारी सक्रिय हो गए, और परिणामस्वरूप 19 फरवरी 1931 को जादोनांग को पकड़कर सिलचर जेल में डाल दिया गया।

इस समाचार से नागा क्षेत्र में व्यापक अशान्ति फैल गई। अंग्रेज़ों ने लोगों के भाले के साथ या बड़े समूहों में चलने पर प्रतिबन्ध लगा दिया। मणिपुर के ब्रिटिश राजनैतिक एजेण्ट जेसी हिगिन्स ने जादोनांग के पैतृक गाँव पुइलुआन में असम राइफ़ल्स की सहायता से पारम्परिक नागा जीववाद की रक्षा करने का दावा करते हुए मन्दिरों को नष्ट करवा दिया। तत्पश्चात् अंग्रेज़ों ने कई गिरफ़्तारियाँ कीं और ग्रामीणों से बन्दूकें ज़ब्त करते हुए उनपर जुर्माना भी लगाया।

जादोनांग को ब्रिटिश अधिकारियों ने देशद्रोह और हत्या के मनगढ़न्त आरोपों में गिरफ़्तार किया था, और 1931 में न्यायालय द्वारा दोषी पाए जाने के बाद उन्हें फाँसी पर लटका दिया गया। जादोनांग मात्र 26 वर्ष की आयु में स्वाधीनता की यज्ञवेदी पर बलिदान हो गए। हालाँकि उनकी विरासत को उनकी शिष्या रानी गेदिन्ल्यू ने आगे बढ़ाया। प्रत्येक वर्ष 29 अगस्त को नागा समुदाय के सदस्य, विशेष रूप से जेलियांग्रोंग, पारम्परिक गीतों, नृत्यों और उत्सवों के साथ उनकी पुण्यतिथि मनाते हैं।

सन्दर्भ-स्रोत:

- https://www.eastmojo.com/news/2019/08/28/haipou-jadonang-the-man-who-envisaged-an-independent-naga-raj/
- https://indianculture.gov.in/node/2797802
- https://www.thebetterindia.com/155188/haipou-jadonang-naga-freedom-fighter-independence/
- https://www.hmoob.in/wiki/Haipou_Jadonang
- https://amritmahotsav.nic.in/unsung-heroes-detail.htm?98

गुरु गोविन्द गिरि

गुरु गोविन्द गिरि (1858-1931), भारत के एक सामाजिक और धार्मिक सुधारक थे। राजस्थान के वागड़ क्षेत्र के डूंगरपुर, बाँसवाड़ा में गोविन्द गुरु ने भीलों के सामाजिक एवं नैतिक उत्थान के लिए अनथक प्रयास किये। गोविन्द गुरु ने ही वर्तमान राजस्थान और गुजरात के आदिवासी बहुल सीमावर्ती क्षेत्रों में 'भगत आन्दोलन' चलाया था। इस भगत आन्दोलन का मुख्य उद्देश्य डूंगरपुर व बाँसवाड़ा में भील जनजाति के मध्य सामाजिक जागृति उत्पन्न करना व भील जनजाति को संगठित करना था।

गोविन्द गिरि का जन्म 20 दिसम्बर 1858 को डूंगरपुर जिले के बाँसिया (बेड़िया) गाँव में गोवारिया जाति के एक बंजारा परिवार में हुआ था। बचपन से ही उनकी रुचि शिक्षा के साथ अध्यात्म में भी थी, पर विवाहित हो जाने के उपरान्त उनकी पत्नी व पुत्रों की मृत्यु ने उन्हें अध्यात्म की दिशा में और भी प्रेरित किया और कालान्तर में वह एक संन्यासी बन गए।

1880 में जब स्वामी दयानन्द सरस्वती उदयपुर आए, तब उनकी प्रेरणा से गोविन्द गुरु ने अपना जीवन देश, धर्म और समाज की सेवा में समर्पित कर दिया। उन्होंने वागड़ क्षेत्र को अपनी गतिविधियों का केन्द्र बनाया। वह कोटा बूँदी अखाड़े के साधु राजगिरि के शिष्य बने और बेडचा गाँव में धूनी स्थापित कर, ध्वज लगाकर उन्होंने आस-पास के क्षेत्र में भीलों को आध्यात्मिक

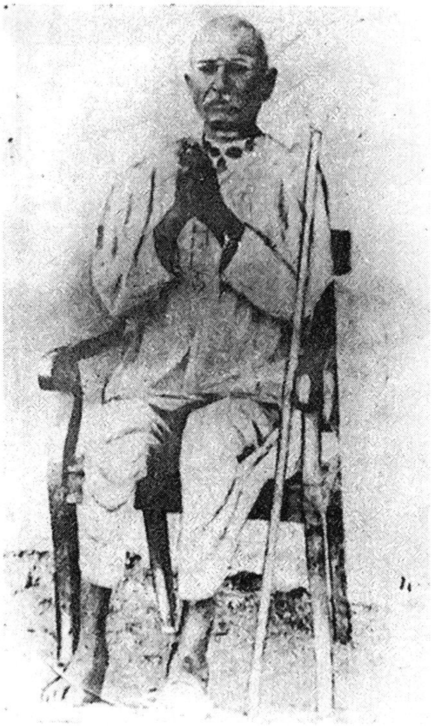

भील जनजाति का सामाजिक एवं नैतिक उत्थान करने वाले महान् समाज सुधारक गोविन्द गुरु

शिक्षा देना प्रारम्भ किया।

गुरु गोविन्द जी ने कभी स्कूल-कॉलेज में शिक्षा नहीं ली थी। अंग्रेज़ी शासन के दिनों में, जब हर व्यक्ति अपनी तरह से भारत की स्वाधीनता के लिए योगदान दे रहा था, तब अशिक्षा और अभावों के बीच, अज्ञान के अन्धकार में भी आदिवासी अंचल के निवासियों में धार्मिक चेतना की चिंगारी से स्वराज्य की अलख जगाने का काम गोविन्द गुरु ने किया। वह ढोल-मँजीरों की ताल और भजन की स्वर लहरियों से आम जनमानस को स्वाधीनता के लिए उद्वेलित किया करते थे।

वह कहते थे, "मैं उन्हें सत्य व धर्म का मार्ग बताया और उन्हें भगवान् की पूजा करने, चोरी न करने, दूसरों के साथ शत्रुता न रखने, सभी को समान पिता की सन्तान मानकर सबका आदर करने तथा अन्यों के साथ शान्तिपूर्वक रहने, अपने जीवनयापन हेतु कृषि करने, वीर, वन्तरा, भोपा आदि में विश्वास न करने, अपितु परित्राण हेतु धूनी व ध्वज स्थापित करने एवं उनकी पूजा करने का उपदेश दिया।"

गोविन्द गुरु ने भगत आन्दोलन 1890 के दशक में आरम्भ किया था। इस आन्दोलन

में अग्नि देवता को प्रतीक माना गया था। अनुयायियों को पवित्र अग्नि के समक्ष खड़े होकर पूजा के साथ-साथ हवन करना होता था।

इसके साथ ही, भीलों को मत-परिवर्तन से बचाने एवं उन्हें हिन्दू धर्म की सीमा में रखने के लिए उन्होंने भगत पन्थ की स्थापना की। जब अंग्रेज़ शासकों द्वारा भीलों के कृषि कार्य में बाधा डालकर उन्हें बेघर करने के लिए बाध्य किया जाने लगा और जंगल में उनके अधिकारों से वंचित किया गया, तो वह आन्दोलन करने के लिए विवश हो गए।

भीलों को सामाजिक दृष्टि से संगठित करने, उन्हें मुख्य धारा में लाने एवं उनमें सामाजिक और राजनैतिक जागृति पैदा करने के लिए गोविन्द गुरु ने 1883 में 'सम्प सभा' की स्थापना की। इस सम्प सभा के माध्यम से इडर, डूंगरपुर, बाँसवाड़ा व गुजरात के भीलों में सामाजिक जागृति का संचार किया गया। इस कारण से स्थानीय प्रशासन को शंका हुई, और भीलों पर भगत पन्थ छोड़ने के लिए दवाब बनाया जाने लगा।

गोविन्द गुरु ने वनवासी बन्धुओं के बीच एक बड़ा स्वाधीनता आन्दोलन शुरू किया। यह आन्दोलन इतना प्रभावशाली था कि इससे अंग्रेज़, राजा-महाराजा, जंगलों में फैले हुए विदेशी पादरी आदि सभी घबरा गए, और उन्होंने भीलों के संगठन को कुचलने के लिए षड्यन्त्र करने आरम्भ कर दिए। किन्तु इसके बावजूद थोड़े समय में ही गोविन्द गुरु का प्रभाव गुजरात के भील क्षेत्रों में फैल गया। उन्होंने भील जीवन के कष्टों के कारणों को उजागर करते हुए उन्हें शोषक एवं उत्पीड़क व्यवस्था के विरुद्ध लड़ने के लिए प्रेरित किया।

सम्प सभा के माध्यम से उन्होंने शराब, मांस, चोरी, व्यभिचार आदि से दूर रहने; परिश्रम कर सादा जीवन जीने; प्रतिदिन स्नान, यज्ञ एवं कीर्तन करने; विद्यालय स्थापित कर बच्चों को पढ़ाने; अपने झगड़े पंचायत में सुलझाने; अन्याय न सहने; अंग्रेज़ों के पिट्ठू जागीरदारों को लगान न देने; बेगार न करने तथा विदेशी वस्तुओं का बहिष्कार कर स्वदेशी का प्रयोग करने जैसे सूत्रों का गाँव-गाँव में प्रचार किया।

कुछ ही समय में लाखों लोग उनके भक्त बन गए। प्रतिवर्ष मार्गशीर्ष पूर्णिमा को सभा का वार्षिक मेला होता था, जिसमें लोग हवन करते हुए घी एवं नारियल की आहुति देते थे। लोग हाथ में घी के बर्तन तथा कन्धे पर अपने परम्परागत शस्त्र लेकर आते थे। मेले में सामाजिक तथा राजनैतिक समस्याओं की चर्चा भी होती थी। इससे वागड़ का यह जनजातीय क्षेत्र धीरे-धीरे ब्रिटिश सरकार तथा स्थानीय सामन्तों के विरोध में उठ खड़ा हुआ।

गोविन्द गुरु ने शिक्षा के प्रसार एवं सामाजिक सुधार का सन्देश दिया। अंग्रेज़ों को यह आशंका थी कि इन सुधारों व संगठन का मुख्य उद्देश्य भील राज्य की स्थापना करना था। इसी

क्रम में, अप्रैल 1913 में डूंगरपुर राज्य द्वारा गोविन्द गुरु को गिरफ़्तार कर लिया गया। हालाँकि, कुछ समय बाद उन्हें रिहा भी कर दिया गया।

रिहा होने के बाद गोविन्द गुरु मानगढ़ पहाड़ी पर चले गए, जो बाँसवाड़ा जनपद की सीमा पर स्थित है। अक्टूबर 1913 में उन्होंने भीलों को पहाड़ी पर पहुँचने का सन्देश भिजवाया। भील भारी संख्या में अस्त्र-शस्त्र लेकर उपस्थित हो गए। मानगढ़ पहाड़ी पर भीलों का पहला सम्मेलन हुआ। इसके बाद प्रतिवर्ष अश्विन शुक्ल पूर्णिमा को सम्प सभा का अधिवेशन होने लगा।

17 नवम्बर 1913 को मार्गशीर्ष पूर्णिमा के दिन मानगढ़ की पहाड़ी पर वार्षिक मेला होने वाला था। इससे पूर्व गोविन्द गुरु ने शासन को पत्र लिखकर अकाल से पीड़ित आदिवासियों से खेती पर लिया जा रहा कर घटाने, उनके धार्मिक परम्पराओं के पालन में बाधा न डालने तथा बेगार (बलपूर्वक करवाया जाने वाला जानलेवा श्रम) के नाम पर उन्हें न सताने का आग्रह किया था।

इतिहास पर ध्यान दें तो पता चलता है कि स्थानीय राजाओं ने ही अंग्रेज़ों से शिकायत की थी कि भील डूंगरपुर के बाँसवाड़ा में अपना एक अलग राज्य स्थापित करने का प्रयास कर रहे हैं, और वे लोग इसी उद्देश्य से सशस्त्र होकर इतनी भारी मात्रा में मानगढ़ में एकत्र हुए हैं। जबकि, वास्तव में, भील मानगढ़ की धूनी पर मार्गशीर्ष पूर्णिमा को नारियल और घी का होम कर रहे थे।

सच चाहे जो भी रहा हो, किन्तु इतनी भारी मात्रा में लोगों को उपस्थित देखकर बाँसवाड़ा इडर, डूंगरपुर की सरकार चौकन्नी हो गई थी। ब्रिटिश सरकार की स्वीकृति के साथ ही 6 से 10 नवम्बर के मध्य मेवाड़ भील कोर की दो कम्पनियाँ, वेलेजली राइफ़ल की एक कम्पनी तथा जाट रेजिमेण्ट पहाड़ी पर पहुँच गई। प्रशासन ने पहाड़ी को घेरकर मशीनगन और तोपें लगा दीं। इसके बाद उन्होंने गोविन्द गुरु को तुरन्त मानगढ़ पहाड़ी छोड़ने का आदेश दिया। उस समय तक वहाँ लाखों भगत आ चुके थे।

पुलिस ने कर्नल शटन के नेतृत्व में गोलीबारी प्रारम्भ कर दी, जिसमें सहस्रों लोग मारे गए। सरकारी आँकड़ों के अनुसार मानगढ़ हत्याकाण्ड में 1500 भीलों की मृत्यु हुई। इस सम्मेलन के पीछे भीलों की कोई बड़ी राजनैतिक महत्त्वाकांक्षा नहीं थी, किन्तु अंग्रेज़ी शासकों ने इसे एक चुनौती माना। उन्हें एक बहाना मिल गया था, और इसप्रकार निर्दोष लोगों को गोलियों से भून दिया गया।

तदनन्तर भगत आन्दोलन को पूर्ण रूप से कुचल दिया गया। गोविन्द गुरु और उनके साथी पुंजा धीर को गिरफ़्तार कर लिया गया। बम्बई सरकार ने बेलगाम के अतिरिक्त सेशन जज फ़्रेड्रिक विलियम एलिसन को, तथा एजीजी राजपूताना ने मेजर ह्यू आगस्टस केप्पेल गफ़ को ट्रिब्यूनल का सदस्य मनोनीत किया।

2 फरवरी 1914 को यह ट्रिब्यूनल गठित किया गया। इस ट्रिब्यूनल ने सन्तरामपुर में अभियोग की सुनवाई की, जिसके अन्त में गोविन्द गिरि को मृत्यदण्ड व पुंजा धीर को आजीवन कारावास की सज़ा दी गई। बाद में, गोविन्द गिरि की सज़ा को आर पी बरो ने आजीवन कारावास में बदल दिया।

प्रथम विश्व युद्ध के बाद 12 जुलाई 1923 को गोविन्द गुरु जेल से छूटे। उन्हें इस शर्त पर रिहा किया गया कि वह सन्तरामपुर, बाँसवाड़ा व डूंगरपुर राज्यों की सीमाओं में प्रवेश नहीं करेंगे। वह भील सेवा सदन, झालोद के माध्यम से लोक सेवा के विभिन्न कार्य करते रहे। गुरु गोविन्द गिरि जेल से छूटने के बाद अहमदाबाद सम्भाग में पंचमहल जनपद के झालोद तालुक़ा के कम्बोई गाँव में रहने लगे।

30 अक्तूबर 1931 को ग्राम कम्बोई ही में उनका देहान्त हुआ। कम्बोई में अब भी उनकी समाधि-स्थल पर एक चबूतरा बना हुआ है। प्रतिवर्ष मार्गशीर्ष पूर्णिमा को उनकी इस समाधि पर आकर लाखों लोग उन्हें श्रद्धासुमन अर्पित करते हैं।

मानगढ़ धाम राजस्थान, गुजरात और मध्यप्रदेश के आदिवासियों में अपार श्रद्धा का केन्द्रस्थल है। मानगढ़ हत्याकाण्ड की यह घटना राजस्थान व गुजरात के इतिहास में जलियाँवाला बाग़ हत्याकाण्ड की भाँति ही स्मरण की जाती है।

गोविन्द गुरु के इस आन्दोलन से भीलों के साथ-साथ समाज के अन्य वर्गों में भी जागृति उत्पन्न हुई, और उन्होंने शासकीय अत्याचार एवं अनावश्यक करों के विरुद्ध आवाज़ उठाना प्रारम्भ कर दिया।

सन्दर्भ-स्रोत:

- https://hi.wikipedia.org/wiki/%E0%A4%97%E0%A5%8B%E0%A4%B5%E0%A4%BF%E0%A4%A8%E0%A5%8D%E0%A4%A6%E0%A4%97%E0%A4%BF%E0%A4%B0%E0%A4%BF
- https://hihindi.com/%E0%A4%97%E0%A5%8B%E0%A4%B5%E0%A4%BF%E0%A4%A8%E0%A5%8D%E0%A4%A6-%E0%A4%97%E0%A5%81%E0%A4%B0%E0%A5%81-introduction-the-life-of-govind-guru/
- https://www.rajasthanstudy.co.in/2011/04/blog-post_10.html
- https://uniinfos.com/biography-of-govind-giri/
- https://www.vskgujarat.com/%E0%A4%85%E0%A4%AE%E0%A4%B0-%E0%A4%AC%E0%A4%B2%E0%A4%B-

F%E0%A4%A6%E0%A4%BE%E0%A4%A8-%E0%A4%95%E0%A4%BE-%E0%A4%B8%E0%A4%BE%E0%A4%95%E0%A5%8D%E0%A4%B7%E0%A5%80-%E0%A4%AE%E0%A4%BE%E0%A4%A8%E0%A4%97/

- https://artandculture.rajasthan.gov.in/content/raj/art-and-culture/en/departments/rajasthan-heritage-protection-promotion-authority/heritage-projects/completed/govindguru.html

हेलेन लेपचा
(सावित्री देवी)

अंग्रेज़ों के शासनकाल में देश के जनजातीय समुदाय ने भारत की स्वतन्त्रता और अपने अधिकारों के लिए ब्रिटिश शासन के विरुद्ध एक लम्बा संघर्ष किया।

अंग्रेज़ों द्वारा उनकी भूमि छीन लिए जाने से जनजातीय जनजीवन पर व्यापक प्रभाव पड़ा, जिसके विरोध में उठे स्वरों में एक नाम हेलेन लेपचा का भी आता है, जो सावित्री देवी के नाम से जन-जन में लोकप्रिय हुईं। बंगाल के दार्जिलिंग और सिक्किम राज्य के कई क्षेत्रों में उनका नाम आज भी स्वतन्त्रता सेनानियों की श्रेणी में सम्मान से लिया जाता है।

हेलेन लेपचा स्वदेशी लेपचा समुदाय से सम्बन्ध रखती थीं, जो सिक्किम, दार्जिलिंग हिल्स, भूटान के दक्षिण-पश्चिमी हिस्सों और नेपाल के इलम जनपद में बिखरा हुआ एक जनजातीय समूह है।

हेलेन का जन्म 14 जनवरी 1902 को दक्षिण सिक्किम के संगमु गाँव में एक विनम्र किसान दम्पती के घर हुआ था। उनके पिता का नाम अचुंग लेपचा था। हेलेन घर के 7 बच्चों में से तीसरी थीं। उनके जन्म के कुछ समय बाद उनका परिवार कुरसेओंग चला गया।

उस समय कुरसेओंग चाय बागानों, कॉफ़ी बागानों और यूरोपीय फलों से लदे बागों के सहारे

हेलेन लेपचा वह स्वतन्त्रता सेनानी थीं जिन्होंने महात्मा गांधी के साथ असहयोग की लड़ाई लड़ी और साथ ही नेताजी बोस को भागने में उनकी सहायता की।

अपने व्यापार के कारण सामाजिक और आर्थिक विकास के केन्द्र के रूप में उभर चुका था। इसके अतिरिक्त कुरसेओंग और दार्जिलिंग के शहरों में 19वीं शताब्दी के आरम्भ में शिक्षा और बुनियादी ढाँचे का भी विकास हुआ था, जिस कारण से सिक्किम की तुलना में यहाँ जीवनयापन के अधिक अवसर उपलब्ध थे। बेहतर आजीविका और जीवन की गुणवत्ता को देखते हुए हेलेन के पिता परिवार समेत कुरसेओंग स्थानान्तरित हो गए।

स्कूल छोड़ने के बाद, मात्र 14-15 साल की आयु में हेलेन महात्मा गांधी द्वारा शुरू किए गए चरखा और खादी आन्दोलनों से जुड़ गईं, जो 1917 में पहाड़ियों में प्रचारित किए जा रहे थे।

उन्हीं दिनों, एक बंगाली सज्जन के भाषण ने हेलेन पर बेहद प्रभाव डाला। उन सज्जन की देशभक्ति की निर्भीक भावना ने मानो हेलेन के उन विचारों व विश्वासों की जड़ें हिला दीं, जिन्हें उन्होंने अपने जीवन में बढ़ावा देने के लिए चुना था। इसके घटना के पश्चात् हेलेन मातृभूमि की मुक्ति के लिए जीवन समर्पित करने हेतु 1918 में कलकत्ता के लिए रवाना हो गईं।

कलकत्ता में पण्डित ईश्वर चन्द्र विद्यासागर की पोती के संरक्षण में उन्होने चरखा कताई और खादी बुनाई सीखी। उनके समर्पण और चातुर्य कौशल के कारण 1927 में उन्हें बिहार के मुजफ्फरपुर में राष्ट्रीय स्तर की खादी और चरखा प्रदर्शनी में कलकत्ता का प्रतिनिधित्व करने का अवसर मिला।

1920 में बिहार में आई बाढ़ के दौरान, हेलेन ने अपने आपको देश के नागरिकों की सेवा में समर्पित करते हुए निःस्वार्थ भाव से बाढ़ प्रभावित लोगों की सहायता की और साथ ही अकाल

से प्रभावित क्षेत्रों का भी सघन दौरा किया। इस दौरान उनकी भेंट गांधी जी से हुई, जो स्वयं बाढ़ से प्रभावित क्षेत्र के दौरे पर थे। गांधी जी ने उनके निःस्वार्थ भाव से किए गए कार्य से प्रभावित होकर हेलेन को साबरमती आश्रम में आमन्त्रित किया।

हेलेन ने गांधी जी के आमन्त्रण पर साबरमती आश्रम की यात्रा की। हेलेन का नाम आन्दोलन की भावना के अनुरूप न होने के कारण, गांधी जी के सुझाव पर उन्होंने अपना नाम बदलकर सावित्री देवी कर लिया। कालान्तर में यह नाम बंगाल और बिहार प्रान्त में स्वतन्त्रता आन्दोलन के दौरान चहुँओर गूँजा।

हेलेन ने उत्तर प्रदेश और बिहार के कुछ हिस्सों में पार्टी के नेता के रूप में कांग्रेस लेबर यूनियन की गतिविधियों में भाग लिया। असहयोग आन्दोलन के दौरान, 1921 में, उन्होंने कलकत्ता के प्रसिद्ध मोहम्मद अली पार्क में अब के झारखण्ड और तब के झरिया कोयल क्षेत्रों के 10,000 से अधिक खदान श्रमिकों के जुलूस का नेतृत्व तिरंगे को धारण करके किया और आदिवासी श्रमिकों के शोषण और उनके प्रतिस्थापन का विरोध किया। इस जुलूस में महात्मा गांधी, चितरंजन दास, मौलाना अबुल कलाम आज़ाद जैसे बड़े स्वतन्त्रता सेनानी उपस्थित थे। इस घटना ने हेलेन को एक जननेता के रूप में प्रस्थापित किया और उनकी लोकप्रियता बढ़ती गई। उपर्युक्त घटना के कारण अंग्रेज़ शासन ने उनके विरुद्ध वारण्ट जारी कर दिया जिसके कारण उनको भूमिगत होना पड़ा।

जब असहयोग आन्दोलन अपने चरम पर था, उस समय अपनी माँ के रोगग्रस्त होने का पता चलने पर हेलेन को कुरसेआंग जाना पड़ा। इस सबके बावजूद हेलेन अपने आपको असहयोग आन्दोलन से दूर नहीं रख सकीं, और उन्होंने कुरसेआंग और बंगाल के सिलीगुड़ी गोरखा स्वयंसेवकों की सहायता से विदेशी सामानों के विरुद्ध घर-घर अभियान चलाया। उन्होंने उस मार्च का भी नेतृत्व किया, जिसमें विदेशी सामानों को एकत्र कर उन्हें विशाल अलाव में जलाया गया था। इन गतिविधियों के चलते अंग्रेज़ सरकार ने कई गोरखा स्वयंसेवकों के साथ सावित्री देवी को हिरासत में ले लिया। सावित्री देवी को 3 महीने दार्जिलिंग की सदर जेल में रखने की सज़ा सुनाई गई। 3 महीने पश्चात् जेल से बाहर आने पर उन्हें कुरसेआंग में ही अगले 3 साल के लिए अपने घर में नज़रबन्द कर लिया गया।

3 साल के बाद जब सावित्री देवी से नज़रबंदी हटाई गई, तो वह पुनः देश के सेवा में जुट गईं। जनता और देश के प्रति समर्पण एवं अपनी लोकप्रियता कर कारण वह 1932 में कुरसेआंग नगरपालिका की पहली महिला आयुक्त बनीं।

स्वतन्त्रता संग्राम में सावित्री देवी का सबसे महत्त्वपूर्ण योगदान नेताजी सुभाषचन्द्र बोस

को भागने में सहायता करना था। 1939-40 में जब नेताजी को कुरसेआंग में उनके घर पर नज़रबन्द कर लिया था, तब हेलेन उनसे लगातार सम्पर्क में थीं। हेलेन पत्रों के माध्यम से नेताजी से संवाद करती थीं, जिन्हें वह ईशान अहमद के हाथों भेजी जाने वाली ब्रेड में छुपाकर रख देती थीं। कहा जाता है कि नेताजी को कुरसेआंग से कलकत्ता और फिर काबुल के रास्ते जर्मनी तक नज़रबन्द होने से बचाने में हेलेन की अपरिहार्य भूमिका रही थी। इसके साथ यह भी कहा जाता है कि नेताजी की पहचान छुपाने के लिए पठानी परिधान, मूँछें और दाढ़ी कुरसेआंग में हेलेन द्वारा ही बनाई गई थीं।

1942 में जब स्वतन्त्रता संग्राम अपने अन्तिम चरण में पहुँचा, तब इस संघर्ष में सावित्री देवी की भूमिका महत्त्वपूर्ण रही। इसके अतिरिक्त, उन्होंने सामाजिक सक्रियता पर ध्यान केन्द्रित किया और शेरपा एसोसिएशन, नगर कांग्रेस, अंजुमन इस्लामिया और लेप्चा एसोसिएशन जैसे विभिन्न संघों के अध्यक्ष के रूप में कार्य किया। बंगाल सरकार ने वर्ष 1958 में उन्हें पहाड़ की जनजाति मुखिया का सम्मान दिया।

स्वतन्त्रता आन्दोलन में उनके समर्पण और अपार योगदान को देखते हुए वर्ष 1972 में उन्हें स्वतन्त्रता सेनानियों को दी जाने वाली पेन्शन के साथ-साथ ताम्रपत्र से सम्मानित किया गया। इसके साथ ही, उन्हें दार्जिलिंग जनपद की स्वतन्त्रता सेनानी पुरस्कार समिति का अध्यक्ष भी बनाया गया। हेलेन के जन्मस्थान सिक्किम राज्य द्वारा उन्हें 'मिट्टी की बेटी' की उपाधि से सम्मानित किया गया है।

18 अगस्त 1980 को 78 वर्ष की आयु में उनका निधन हो गया। भारतीय स्वतन्त्रता आन्दोलन में सावित्री देवी का योगदान सदैव स्मरण किया जाता रहेगा।

सन्दर्भ-स्रोत:

- https://www.thebetterindia.com/256684/helen-lepcha-savitri-devi-mahatma-gandhi-netaji-subash-chandra-bose-darjeeling-west-bengal-teenage-freedom-fighter/
- https://www.womensweb.in/hi/2021/08/helen-lepcha-sabitri-devi-sikkim-freedom-fighter-jeevan-hindi-aug21wk3/
- https://www.utkaltoday.com/helen-lepcha/
- http://employmentnews.gov.in/newemp/MoreContentNew.aspx?n=SpecialContent&k=70388

जतरा भगत

जब भी स्वतन्त्रता आन्दोलन की बात होती है, कई ऐसे नाम हमारे हृदय में उमड़ते हैं जिन्होंने देश को स्वतन्त्र करवाने में अपने प्राण तक न्यौछावर कर दिए। इन महान् आत्माओं के कारण ही हमें स्वतन्त्रता प्राप्त हुई। स्वतन्त्रता के इस आन्दोलन में कई जनजातीय क्रान्तिकारियों ने भी अपनी सभ्यता, संस्कृति और अस्तित्व को बचाने के लिए बढ़-चढ़कर भाग लिया था, जिनमें वीर बुद्धू भगत, बिरसा मुण्डा, शेख भिखारी, जतरा भगत आदि अनेक नाम सम्मिलित हैं।

इनमें से भी बिरसा मुण्डा एक बहुत ही महत्त्वपूर्ण नाम हैं, जिन्होंने स्वतन्त्रता की ज्वाला को जनजातीय समूहों में प्रचलित किया था। अंग्रेज़ों के विरुद्ध इस आन्दोलन में न केवल मुण्डा जनजाति के लोग बल्कि उराँव जनजाति के लोग भी सम्मिलित थे।

9 जून 1900 को राँची जेल में बिरसा मुण्डा जी की संदिग्ध परिस्थितियों में मृत्यु हो गई, जिसके पश्चात् स्वतन्त्रता का आन्दोलन थोड़ा शिथिल पड़ गया। अंग्रेज़ों के अत्याचारों और धार्मिक, आर्थिक व सांस्कृतिक शोषण के कारण उराँव जनजातियों के बीच गहरा असंतोष था। इसी समय, प्रकृति और जीवों से प्रेम करने वाले तथा ताना भगत आन्दोलन की नींव रखने वाले महान् जनजातीय स्वतन्त्रता सेनानी जतरा उराँव का जन्म सितम्बर 1888 में बिहार के गुमला जनपद में बिश्नुपुर प्रखण्ड के चिंगरी (नवाटोली) में हुआ। वह आगे चलकर 'जतरा ताना भगत'

के नाम से विख्यात हुए। इन्होंने कालान्तर में धार्मिक और सामाजिक सुधार ही नहीं किए, अपितु इसके साथ-साथ स्वतन्त्रता आन्दोलन को एक नयी दिशा भी दी।

जतरा उराँव का बचपन साधारण बालकों के जैसे व्यतीत हुआ, लेकिन अपनी उम्र के बच्चों की अपेक्षा उनका स्वभाव कुछ भिन्न था। जब जतरा किशोरावस्था में पहुँचे, तो वह अन्य बालकों की भाँति विद्यालय में पढ़ाई करने की अपेक्षा झाड़-फूँक तथा तन्त्र-मन्त्र की विद्या सीखने में अधिक रुचि रखते थे। इसके लिए वह निकट के ही हेसराग ग्राम में जाकर तन्त्र-मन्त्र की शिक्षा लेने लगे।

इसी क्रम में एक दिन उन्हें एक पक्षी के अण्डे की आवश्यकता हुई, तो वह पेड़ पर चढ़कर पक्षी का अण्डा उतारने लगे। किन्तु किसी कारणवश वह अण्डा पेड़ से नीचे गिरकर टूट गया और उन्हें उस अण्डे के खोल में एक भ्रूण दिखाई दिया। यह देखकर जतरा का मन विचलित हो गया और उन्हें अत्यन्त ग्लानि की अनुभूति हुई। उनके मन में आया कि यह तो जीव हत्या है, और उस दिन से उन्होंने जीव हत्या न करने का संकल्प लिया।

जतरा भगत लोगों के बीच शाकाहार करने, मदिरापान व पशु बलि न करने, परोपकार व जीवों पर दया करने, यज्ञोपवीत धारण करने, भूत-प्रेत में विश्वास न कर घर में तुलसी चौरा की स्थापना करने, गौ सेवा करने तथा संस्कृति का नाश करने वाले अंग्रेज़ों का बहिष्कार करने व प्रेममयी जीवन जीने का संदेश देने लगे। मांस-मदिरा व टोने-टोटकों में अत्यधिक विश्वास रखने वाले उराँव जनजाति के लोगों ने बड़ी ही सुगमता से उनकी इन शिक्षाओं का अनुसरण करना आरम्भ कर दिया और देखते-ही-देखते उनके समर्थकों की संख्या दिन दुगुनी व रात चौगुनी होती चली गई। उनके उपदेशों को मानने वाले लोग आगे चलकर 'ताना भगत' के नाम से विख्यात हुए।

ताना मन्त्र के मुख्यतः दो उद्देश्य थे—अहिंसा तथा असहयोग। ताना भगतों ने अंग्रेज़ों को मालगुजारी और चौकीदारी कर देना पूर्णतः बन्द कर दिया था। इसके कारण अंग्रेज़ों को गहरा आघात लगा और उन्होनें जतरा भगत समेत उनके कई समर्थकों को गिरफ़्तार कर जेल में डाल दिया। न्यायालय ने जतरा भगत को एक वर्ष की सज़ा सुनाई। जेल में अंग्रेज़ अधिकारी जतरा ताना व ताना भगतों को भिन्न-भिन्न प्रकार की यातनाएँ देकर प्रताड़ित किया करते थे, जिसके परिणामस्वरूप जेल से बाहर आने के दो-तीन महीने के भीतर ही जतरा भगत जी का देहान्त हो गया।

जतरा भगत तो इस संसार को छोड़कर चले गए, किन्तु उनके विचार ताना भगतों के हृदय में जीवित रहे। उनके देहान्त के पश्चात् उनके विचारों और उपदेशों का प्रचार-प्रसार करने का भार इन्हीं ताना भगतों ने सँभाला, और जतरा भगत जी द्वारा चलाए इस स्वतन्त्रता के आन्दोलन

को रुकने-थमने नहीं दिया। वे अब भी अंग्रेज़ी शासन का अहिंसापूर्वक विरोध करते थे तथा कोई भी टैक्स और मालगुज़ारी नहीं देते थे। यही आन्दोलन आगे चल कर 'ताना भगत आन्दोलन' के नाम से जाना जाने लगा।

राँची जनपद में स्थापित जतरा भगत की प्रतिमा

1918 में जब गांधी जी राँची आए, तो कांग्रेस के समर्थकों ने उनकी भेंट ताना भगतों से करवाई। पहली भेंट में ही गांधी जी आश्चर्यचकित रह गए, क्योंकि ताना भगतों के अहिंसक और असहयोग आन्दोलन के भाव उनके विचारों से मिलते थे। इस भेंट से स्वतन्त्रता आन्दोलन को बहुत बल मिला, और ताना भगत व गांधी आन्दोलन समान भाव और समरस सामंजस्य के साथ अंग्रेज़ी शासन के विरुद्ध संघर्ष करने लगे।

1920 के पश्चात् ताना भगत आन्दोलन बहुत प्रचलित हुआ। यदि यह कहा जाए कि ताना भगत गांधी जी से भी कहीं अधिक गांधीवादी थे, तो यह अतिशयोक्ति नहीं होगी। यह एक देशज उपज थी जहाँ जनजातियों ने अपनी संस्कृति और स्वाधीनता की रक्षा के लिए कई बड़े निर्णय लिए। ताना भगत आन्दोलन जब शिबू, माया, सुखरा, यदि नेताओं के नेतृत्व में आया तो यह आग की भाँति विभिन्न क्षेत्रों में फैल गया। लातेहार, कुडु, बुड़ो, मन्दार, विशुनपुर, पलामू इत्यादि क्षेत्र इस आन्दोलन से विशेष प्रभावित रहे।

ताना भगत अब खादी वस्त्र पहनने लगे थे। स्वयं का सूत कातने व सिर पर गांधी टोपी पहनने का प्रचलन बहुत सामान्य हो गया था, और वे सभी अपने घर में तुलसी चौरा के पास ही एक बाँस के डण्डे में तिरंगा भी टाँगने लग गए थे। इस तिरंगे को प्रत्येक पर्व-त्योहार में बदलकर नया तिरंगा लगाने की एक परम्परा भी चलने लग पड़ी थी।

विदेशी कपड़ों के बहिष्कार से लेकर सविनय अवज्ञा आन्दोलन व गांधी जी के सत्याग्रह तक में ताना भगतों का योगदान अविस्मरणीय है। ऐसा कोई अन्य जनजातीय समूह नहीं होगा, जिसने इस सीमा तक गांधी जी के स्वतन्त्रता आन्दोलनों में भाग लिया हो। ताना भगत एक ऐसा जनजाति समूह है जिसने अपना सर्वस्व त्यागकर इन आन्दोलनों में पूर्णरूप से सहयोग किया। गांधी जी व ताना भागत दोनों ही स्वतन्त्रता चाहते थे, और दोनों ही शुद्ध, सात्विक, त्यागपूर्ण, परोपकारी व अहिंसक जीवन जीने का सन्देश देते थे।

सन्दर्भ-स्रोत:

- https://hi.vikaspedia.in/education/91d93e93091692394d921-93093e91c94d-92f/91d93e93091692394d921-915947-936939940926/91c92493093e-92d917924-90f935902-91f93e92893e-90692894d92694b932928
- https://www.jagran.com/jharkhand/gumla-10647876.html
- https://hi.wikipedia.org/wiki/%E0%A4%9C%E0%A4%A4%E0%A4%B0%E0%A4%BE_%E0%A4%AD%E0%A4%97%E0%A4%A4

जोरिया भगत

गुजरात के पंचमहल जनपद में रहने वाली एक आदिवासी जाति है 'नायक', जो अपनी स्वेच्छाचारिता और व्यवस्थाविहीन जीवनशैली के लिए जानी जाती थी। नायकों ने 1826 में तत्कालीन ब्रिटिश सरकार और गायकवाड सरकार के विरुद्ध विद्रोह आरम्भ किया, जिसने 1838 और 1858 में भयंकर स्वरूप धारण कर लिया था। 1857 के विप्लव के समानान्तर चल रहे नायकों के विद्रोह का नेतृत्व नायकों के सरदार रूपसिंह नायक ने किया था; वहीं 1868 में, जोरिया भगत ने नायकों में धार्मिक और नैतिक आन्दोलन द्वारा परिवर्तन लाने के प्रयत्न किए थे। जोरिया भगत का यह आन्दोलन बाद में राजकीय गतिविधियों में भी फैल गया, जिसमें उन्हें रूपसिंह नायक का साथ मिला।

सन् 1818 आते-आते गुजरात में अंग्रेज़ी सत्ता की स्थापना हो चुकी थी। अंग्रेज़ वहाँ अनेक राजकीय परिवर्तन लाने का प्रयास कर रहे थे। इस क्रम में उनका संघर्ष देशी रजवाड़ों के साथ हुआ, जिसका प्रभाव नायकों पर भी पड़ा। 1826 में नायकों ने पुनः अपने पक्ष में राजकीय परिवर्तन लाने के प्रयास शुरू किए, जो उस समय देशी रजवाड़ों एवं ब्रिटिश शासन के विरुद्ध थे।

अगला संघर्ष 1838 में आरम्भ हुआ, जिसमें दो मुख्य टोलियाँ थीं। इनमें से प्रथम टोली में बारिया के केवल नायक, उनके भाई जालम रूप नायक और उनका कार्यभारी ओकारसिंह मुख्य

भूमिका में थे, जबकि दूसरी टोली में वीरम् नायक, उनका भाई महादेव नायक और अमरा नायक मुख्य थे। नायकों के इस विद्रोह के बाद ब्रिटिश सरकार ने 1839 में क़ानून और व्यवस्था की स्थापना के लिए नायकों के प्रदेश में एक असिस्टेण्ट कमिश्नर की नियुक्ति कर दी। सन् 1842 में, रीवा किनारे के लिए विशेष पॉलिटिकल एजेण्ट की नियुक्ति की गई और मही किनारे एक कोर्ट की स्थापना की गई। इसके बाद भी, ब्रिटिश सरकार के विरुद्ध नायकों का असन्तोष यथावत् रहा, क्योंकि अंग्रेज़ नायकों का शोषण करने के समर्थन में थे।

नायकों की असन्तोष की चिंगारी को आग में बदलने का काम गायकवाड के भाऊसाहेब पवार ने किया, जिसके परिणामस्वरूप 1858 में संखेड़ा के नायक सरदार रूप नायक और केवल नायक ने विद्रोह का बिगुल फूँका। यह विद्रोह 1858 के संग्राम के समानान्तर चलता रहा। सन् 1859 में, केवल नायक और रूप नायक ने शरणागति स्वीकार ली और नायकों के विद्रोह का अन्त हुआ।

वर्ष 1868 के आरम्भ में, जम्बूघोड़ा राज्य के वेडक गाँव के नायक सरदार जोरिया नायक ने अपने समाज के धार्मिक और नैतिक उत्कर्ष के लिए विशेष प्रयत्न किए थे। उनके इस आन्दोलन ने कालान्तर में राजनैतिक रंग-रूप धारण कर लिया। जोरिया नायक आज लोकमानस में 'जोरिया परमेश्वर' और 'जोरिया भगत' के नाम से पहचाने जाते हैं।

जम्बूघोड़ा से डेढ़ मील दूर स्थित वेडक गाँव के निवासी जोरिया नायक ने अपनी यह यात्रा 1867 के अन्त में एक भक्त की भाँति आरम्भ की। वह स्वयं को परमेश्वर की सर्वोच्च शक्ति के रूप में देखने लग गए थे। जोरिया का आरम्भिक जीवन एक किसान का था। उनके तीन भाई थे। 1867 के नवम्बर माह में उनके भीतर एक ईश्वरीय प्रेरणा जाग्रत हुई, और वह स्थानीय आदिवासियों में 'भगत' के नाम से पहचाने जाने लग गए। वह स्वयं को परमेश्वर का अवतार एवं चमत्कारिक शक्ति का स्वामी बताते थे। जोरिया आदिवासियों को पवित्र नैतिकता का बोध देते और उनके जीवन में सुखद आध्यात्मिक परिवर्तन लाते। जोरिया को हिन्दू पौराणिक कथाओं और धार्मिक अनुष्ठानों का अद्भुत ज्ञान था।

जोरिया आध्यात्मिक सभाएँ बुलाते और स्वयं उनकी अध्यक्षता करते। उन्होंने धार्मिक और नैतिक उत्कर्ष के सिद्धान्तों को अपने जीवन की धुरी बना लिया था। जोरिया अपने अनुयायियों को निम्नलिखित उपदेश दिया करते थे:

- शुद्ध और सदाचारी जीवन जियो
- आलस त्यागकर परिश्रम करो
- चोरी और लूट-पाट न करो
- हत्या जैसे अपराध से दूर रहो

- प्रामाणिकता से जीवन जियो
- अपने अधिकार से अधिक कुछ स्वीकार मत करो
- पशुओं पर हिंसा मत करो, मांसाहार से दूर रहो
- धर्मराज की स्थापना में सहायक बनो

जोरिया भगत ने एक धार्मिक व्यक्ति के रूप में रहना शुरू कर दिया था जिसके बाद वह जोरिया परमेश्वर के नाम से पहचाने जाने लगे थे।

जोरिया भगत के ये उपदेश नायकों के दैनन्दिन जीवन में व्याप्त हो गई बुराइयों को दूर कर उनके नैतिक और सामाजिक उत्कर्ष के प्रति केन्द्रित थे। जोरिया ने अपने उपदेशों का प्रचार-प्रसार अधिक-से-अधिक लोगों में करने की ठानी, जिसके लिए उन्होंने 1867-68 के दौरान हालोल से लेकर वडोदरा तक की यात्राएँ की। जोरिया के प्रभावी व्यक्तित्व कारण लोग उनसे जुड़ते गए और उनके शिष्यों की संख्या बढ़ती गई।

जोरिया भगत ने अपनी जन्मभूमि वेडक में एक आध्यात्मिक न्यायालय की स्थापना की

थी, जहाँ वह अपने वैदिक शास्त्रों के ज्ञान द्वारा लोगों को दण्ड दिया करते थे। अपने धार्मिक मत के प्रचार-प्रसार हेतु उन्होंने अपने अनुयायियों के मध्य योद्धा, कोटवाल, मन्त्री, लक्ष्मण, हनुमान् और गोपी जैसे कई पद सृजित किए। जोरिया तम्बूरा लेकर घूमते और गीत गाते हुए सदाचारी जीवन जीने का बोधपाठ देते। देखते-ही-देखते, जोरिया के यह नया धार्मिक मत दूर-दूर तक फैल गया। मात्र नायक या पिछड़ी जातियों के लोग ही नहीं, अपितु उच्च वर्ग से आने वाले भी जोरिया के अनुयायी बने। जोरिया के सामाजिक और नैतिक सुधार के इस आन्दोलन ने कालान्तर में दाँडियापुर के ज़मींदार रूपसिंह नायक से जुड़कर हिंसक रूप धारण कर लिया।

रूपसिंह नायक ने 1858 में ब्रिटिश सरकार के सामने लड़ाई छेड़ी थी, पर अन्त में सरकार और रूपसिंह में बीच समझौता हो गया। रूपसिंह पढ़े-लिखे नहीं थे, लेकिन वह अपनी चतुराई व कौशल से नायक प्रजा पर शासन करते थे। वह अपने अधिकारों के लिए और अपने पिता की हत्या का प्रतिशोध लेने के लिए जोरिया का साथ चाहते थे, और जोरिया रूपसिंह की सहायता से अपने नैतिक सुधार के आन्दोलन को आगे बढ़ाना चाहते थे।

रूपसिंह की सहायता से जोरिया ने नैतिक सुधार के नाम पर एक संगठन खड़ा किया और अंग्रेज़ों व रजवाड़ों के शासन के समानान्तर एक नयी सरकार चलाने की योजना बनाई। जोरिया ने स्वयं आध्यात्मिक नेतृत्व सँभाला जबकि रूपसिंह को सांसारिक विषयों का मुखिया बनाया। जोरिया की जन्मभूमि वेडक गाँव इस संगठन का केन्द्र बनी। वहाँ पर एक संयुक्त न्यायालय की स्थापना की गई; राजस्व वसूला जाने लगा, जिसमें कर, भेंट-सौगात व दण्ड आदि के माध्यम से आवक प्राप्त होती। इस कारण से स्थानीय लोगों में उत्तेजना फैल गई, किन्तु अधिकारियों ने इस बात को सरकार तक न पहुँचाकर अनदेखा किया।

अधिकारियों की इस लापरवाही से नायकों के सरदार का साहस और भी बढ़ गया। जनवरी 1868 में उन्होंने नाओकोटा पुलिस स्टेशन पर अपना अधिकार जताया और राजगढ़ में राजस्व वसूल करने का दावा पेश कर दिया, जिसे ब्रिटिश अधिकारियों ने नकार दिया। तत्पश्चात्, 2 फरवरी 1868 के दिन जोरिया भगत, रूपसिंह नायक, उनके पुत्र गलालिया नायक सहित 15 लोग पुलिस स्टेशन पहुँचे। वहाँ के अधिकारी गैरिसन और रक्षक को बाहर खड़े प्रसिद्ध व्यक्ति के दर्शन करने को बोला गया। इस दौरान जोरिया की आध्यात्मिक शक्ति को ढोंग घोषित करते हुए एक अधिकारी ने अपना हाथ आगे किया और बोला, “मेरी मुट्ठी में क्या है यह बता दे, तो मैं तेरी चमत्कारिक शक्तियों को मान लूँगा।” रूपसिंह के बेटे गलालिया ने ऊँचे स्वर में उत्तर दिया, “मुट्ठी में तेरी मृत्यु है!” और तलवार निकालकर उस अधिकारी की हत्या कर दी। यह देखकर पुलिस स्टेशन के अधिकारी खिड़की से कूदकर भाग खड़े हुए, और नायकों ने थाने में से ₹800

और अन्य वस्तुएँ लूट लीं। इस सफलता के बाद से नायकों में अपने स्वायत्त राज़ की स्थापना की इच्छा और बलवती हो गई।

राजगढ़ पुलिस स्टेशन पर मिली सफलता से उत्साहित होकर रूपसिंह ने जम्बूघोड़ा पुलिस स्टेशन पर छापा मारने को सोचा। 4 फरवरी 1868 की दोपहर 3 बजे नायकों की टोली ने जम्बूघोड़ा स्टेशन पर धावा बोलकर उसे आग के हवाले कर दिया। इन घटनाओं से भयभीत ब्रिटिश सरकार ने विद्रोह को कुचलने के लिए वडोदरा और अहमदाबाद से सेना बुलाई। भील कोर के 25 सैनिक, नेटिव इन्फ़ैण्ट्री के 200 सैनिक व 200 अन्य सैनिकों ने संयुक्त मोर्चा रचकर नायकों के विद्रोह को कुचलने की योजना बनाई। प्रतिक्रियास्वरूप, नायकों ने खुला युद्ध टालकर छापामार युद्ध का विकल्प चुना।

अन्ततः, 16 फरवरी 1868 को ब्रिटिश सेना की संयुक्त सेनाओं ने वेडक को चारों ओर से घेर लिया। यह देखकर, नायक लोग भागकर जंगलों में छिप गए। 30 दिनों के संघर्ष के बाद 58 नायकों को बन्दी बना लिया गया। उनके ऊपर अभियोग चलाने के लिए 31 मार्च 1868 के दिन जम्बूघोड़ा में एक विशेष न्यायालय की स्थापना की गई। नायकों पर ब्रिटिश राज के विरुद्ध युद्ध छेड़ने के लिए दण्ड संहिता की धारा 121, ब्रिटिश मित्र राज्यों के विरुद्ध युद्ध छेड़ने के लिए धारा 125 और देशी राज्यों में लूट-मार करने के लिए धारा 126 लगाई गई। परिणामस्वरूप, जोरिया भगत, रूपसिंह नायक, गलालिया, चीमन नायक और बाबरिया गल नायक को फाँसी का, 23 व्यक्तियों को आजीवन कारावास का और शेष लोगों को 3 से 7 वर्ष के कारावास का दण्ड दिया गया।

कहा जाता है कि 19वीं सदी में दिशाविहीन और जंगली अवस्था में जी रहे नायकों को धर्म की समझ सबसे पहले जोरिया भगत ने ही दी थी। नायकों के इस आन्दोलन के पश्चात् अंग्रेज़ों ने वहाँ कई क़ानूनी फेरबदल किए। नायक प्रजा के साथ भेदभाव की नहीं अपितु समाधानकारी नीति अपनाकर 1868 के बाद जोरिया भगत के दो बेटों को भील कोर में स्थान दिया।

आज 135 वर्ष पश्चात् भी जोरिया भगत नायक जाति के लिए आदरणीय और देवतुल्य हैं।

सन्दर्भ-स्रोत:

- BJP ST Morcha, Gujarat
- પંચમહાલના નાયકા અને 'નાયક'? | Panchamahal hero and nayka - Divya Bhaskar
- https://www.divyabhaskar.co.in/news/MGUJ-martyr-will-tribute-by-narendra-modi-3062267.html
- https://www.bbc.com/gujarati/india-61392973

खाज्या नाइक

भारतीय स्वतन्त्रता संग्राम के इतिहास की बात करते हुए इस बात को झुठलाया नहीं जा सकता कि स्वाधीनता के इस संघर्ष में देश के जनजातीय व ग्रामीण समाज का बहुत बड़ा योगदान रहा है। भले ही इतिहास में उनके बलिदान की गाथा लिखते समय इतिहासकारों की लेखनी की स्याही बहुत शीघ्र समाप्त हो गई हो, किन्तु सच व इतिहास छुपाए नहीं छुपते। आदिवासियों के विद्रोहों और उनके बलिदान को आज भी स्थानीय क्षेत्रों में यशगाथा के रूप में गाया जाता है। आदिवासी समाज से सम्बन्ध रखने वाले ऐसे ही एक महान् भील वीर योद्धा थे खाज्या नाइक।

खाज्या नाइक अंग्रेज़ों की भील सेना के एक सिपाही थे। उन्हें सेंधवा-जामती चौकी से सिरपुर चेक तक के 24 मील लम्बे मार्ग की निगरानी करने का काम दिया गया था। खाज्या भील अपना काम बड़ी निष्ठा से करते थे। उन्होंने वर्ष 1831 से 1851 तक अंग्रेज़ी सेना में बतौर सैनिक अपनी सेवाएँ उस दिन तक दीं, जब तक कि उन्हें अंग्रेज़ों द्वारा 10 साल की जेल की सज़ा न सुना दी गई।

ऐसा कहा जाता है कि एक बार जब खाज्या नाइक अपनी तैनाती के दौरान गश्त कर रहे थे, उन्होंने एक व्यक्ति को कुछ यात्रियों को लूटते हुए देखा। इस कृत्य पर क्रोधित होकर उन्होंने उस व्यक्ति पर प्रहार कर दिया, और उस लुटेरे की तत्काल ही मृत्यु हो गई। इस कारण से अंग्रेज़ी

खाज्या नाइक – बलिदान दिवस (11 अप्रैल 1858)

शासन ने क़ानून के तहत उन्हें 10 वर्ष की सज़ा सुनाई। जेल में खाज्या का आचरण-व्यवहार बहुत अच्छा था, जिस कारण उनकी सज़ा कम करके 5 वर्ष की कर दी गई। परन्तु उनके भीतर अंग्रेज़ों के प्रति घृणा जन्म ले चुकी थी। जेल से वापस आने के बाद उन्होंने जब पुनः ब्रिटिश सरकार से काम माँगा तो उन्हें मना कर दिया गया।

कुछ समय बीत जाने पर, पूरे देश को अंग्रेज़ों की दासता के बन्धन से स्वतन्त्र करवाने के प्रथम भारतीय स्वतन्त्रता संग्राम 1857 को कुचलने के लिए अनेक लोगों को सेना में भर्ती किया जाने लगा। उस समय खाज्या नाइक को भी वापस बुलाया गया। किन्तु उनके मन में ब्रिटिश हुकूमत के प्रति घृणा का बीज प्रस्फुटित हो चुका था, और भारतीय सैनिकों के साथ किए जाने वाले दुर्व्यवहार से वह और भी आक्रोश में थे। कहा जाता है कि एक बार उनसे एक छोटी-सी भूल हो जाने के कारण अंग्रेज़ अधिकारी कप्तान बर्च ने उन्हें अपमानित किया; उनके रंग-रूप, जातीय अस्मिता पर भद्दी टिप्पणियाँ कीं, जो खाज्या से सहन नहीं हुईं और उन्होंने त्यागपत्र दे दिया।

वह अब अंग्रेज़ों की दासता सहन नहीं कर सकते थे। वह समझ गए थे कि चाहे जितनी भी निष्ठा से काम कर लो, अंग्रेज़ भारतीय लोगों को अपने से तुच्छ समझकर उन्हें अपमानित करना नहीं छोड़ेंगे। इस प्रकार, खाज्या के मन में प्रतिशोध की भावना व दासता से मुक्ति के साथ ही देशभक्ति की ज्वाला भी प्रबल होती गई।

वह आदिवासी नेता भीमा नाइक से मिले। दोनों ने भीलों और गोंडों को एकत्र कर संयुक्त भील-गोंड सेना का निर्माण किया और अंग्रेज़ों के विरुद्ध मोर्चा खोल दिया।

भील व गोंड भले ही शिक्षित या आर्थिक रूप से सशक्त नहीं थे, परन्तु वे मेहनती थे; उनमें स्वाभिमान व साहस कूट-कूटकर भरा था। अब जब एक बार अंग्रेज़ों के विरुद्ध युद्ध की घोषणा कर दी गई थी, तो पीछे हटने का प्रश्न ही नहीं उत्पन्न होता था। खाज्या नाइक ने 1857 की क्रान्ति में निमाड़ में भील-गोंड सेना का नेतृत्व सँभाला।

खाज्या ने निमाड़ के क्षेत्रों में अंग्रेज़ी सेना की टुकड़ियों पर प्रहार करना आरम्भ किया। उन्होंने कई अंग्रेज़ सैनिकों को मार गिराया और उनके ख़ज़ानों को लूट लिया। खाज्या और भीमा ने मिलकर अंग्रेज़ों की नाक में दम कर रखा था। अंग्रेज़ दोनों ओर से हो रहे इन लगातार प्रहारों से सकते में आ गए। ब्रिटिश हुकूमत ने खाज्या नाइक और भीमा नाइक को पकड़ने के बहुत प्रयास किए लेकिन असफल रहे। इन्हें पकड़ने के लिए इनपर ₹1000 का इनाम भी घोषित कर दिया गया। दोनों जानते थे कि इनाम के लालच में कोई भी उनकी सूचना अंग्रेज़ों को दे सकता है, फिर भी दोनों निर्भीक होकर घूमते थे।

11 अप्रैल 1858 को आमाल्यापानी नामक गाँव में अंग्रेज़ी सेना और भील-गोंड सेना के मध्य युद्ध छिड़ गया। अंग्रेज़ सिपाहियों के पास आधुनिक हथियार थे जबकि भील-गोंड सेना के पास परम्परागत शस्त्र ही थे। वे उनकी सहायता से ही यथाशक्ति संघर्ष करते रहे। इस मुठभेड़ में खाज्या नाइक के वीर पुत्र दौलत सिंह सहित कई योद्धा वीरगति को प्राप्त हो गए। अंग्रेज़ कर्नल जेम्स आउट्रम ने खाज्या नाइक को धोखे से बन्दी बना लिया और मार दिया।

आज भी पूरे निमाड़ क्षेत्र में भील नेता खाज्या नाइक का यशोगान होता है और मातृभूमि के प्रति उनके अमर बलिदान का स्मरण किया जाता है।

सन्दर्भ-स्रोत:

- https://www.gkquizlive.com/%E0%A4%96%E0%A4%BE%E0%A4%9C%E0%A5%8D%E0%A4%AF%E0%A4%BE-%E0%A4%A8%E0%A4%BE%E0%A4%AF%E0%A4%95/
- https://koyapunemgondwana.com/khajya-naik/
- https://www.sudarshannews.in/BalidanDiwasoffreedomfighterkhajyanike-ji-224-newsdetails.aspx

लक्ष्मण नायक

'मलकानगिरि का गाँधी' कहे जाने वाले महान् स्वतन्त्रता सेनानी व जनजातीय समाज के अधिनायक लक्ष्मण नायक जी का जन्म 22 नवम्बर 1899 को दक्षिणी ओडिशा राज्य में स्थित कोरापुट में मलकानगिरि के तेण्टुलिगुमा में हुआ था। उनके पिता का नाम पदलाम नायक था, जो भूयान जनजाति से सम्बन्धित थे और इस जनजातीय क़बीले के सरदार थे। महान् स्वतन्त्रता सेनानी बिरसा मुण्डा की भाँति लक्ष्मण नायक ने भी देश की स्वाधीनता तथा जनजातीय समाज की एकता व उनके अधिकारों के लिए संघर्ष किया था।

लक्ष्मण नायक अपने अनुयायियों और सहकर्मियों के लिए साहस, धैर्य और ऊर्जा का महान् स्रोत थे। वह दुर्लभ प्रतिभा के धनी थे। चट्टान की भाँति शक्तिवान् लक्ष्मण नायक का केवल एक लक्ष्य था—मातृभूमि की स्वतन्त्रता। अपने समाज की रक्षा एवं हित के लिए उन्होंने अकेले ही अंग्रेज़ों के विरुद्ध संग्राम छेड़ दिया था।

अंग्रेज़ों की अत्याचारी और क्रूर नीतियाँ अब शहरों से बढ़ कर जंगलों तक पहुँचने लग गई थीं, और जंगल में रहने वाले वनवासियों से भी भूमिकर वसूला जाने लगा था। तब लक्ष्मण नायक ने लोगों के मध्य जाकर उनका नेतृत्व किया और उन्हें एक सूत्र में पिरोने का कार्य प्रारम्भ कर दिया। उन्होंने एक अधिनायक के रूप में जनजातीय समाज का नेतृत्व किया और सम्पूर्ण देश में

अपनी राष्ट्रवादी गतिविधियों के कारण विख्यात हुए।

जब कांग्रेस का स्वाधीनता आन्दोलन कोरापुट तक पहुँचा तब निश्छल से दिखने वाले जनजातीय समाज के अधिनायक लक्ष्मण नायक धीरे-धीरे राष्ट्रीय आन्दोलन की ओर आकर्षित होने लगे। कहा जाता है कि वह गांधी जी से बहुत प्रभावित थे, और गांधी जी ही वह व्यक्ति थे जिन्होंने उनका हृदयपरिवर्तन कर उनमें राष्ट्रवाद की भावना जगाई थी।

सामान्य आदिवासियों के लिए लक्ष्मण नायक एक प्रेरणादायक नेता बनकर उभरे। तत्पश्चात् वह न केवल एक आदिवासी हितैषी अपितु प्रत्येक भारतवासी के हितैषी के रूप में निखरकर सामने आए। उनके प्रेरणादायक कार्यों के कारण पूरे देश में उन्हें जाना जाने लगा। इसी क्रम में वह कांग्रेस के साथ जुड़ गए और 1942 में मथिली की काँग्रेस समिति की शाखा के अध्यक्ष बने।

कांग्रेस के अभियानों में अब आदिवासी समाज भी अपनी बढ़-चढ़कर भागीदारी देने लगा था। लक्ष्मण नायक आदिवासी गाँवों में जाकर गांधी जी के चरखे के साथ-साथ गांधी जी के विचारों का प्रचार-प्रसार भी करने लगे। वह आदिवासी समाज को एकता व शिक्षा के लिए प्रेरित किया करते थे। धीरे-धीरे लोगों ने उन्हें 'मलकानगिरि का गांधी' कहकर सम्बोधित करना प्रारम्भ कर दिया।

बलिदानी लक्ष्मण नायक के सम्मान में उनकी पुण्यतिथि 29 मार्च 1989 को भारत सरकार द्वारा जारी किया गया डाक टिकट

गांधी जी के कहे अनुसार उन्होंने 21 अगस्त 1942 में मलकानगिरि में मथिली पुलिस स्टेशन के समक्ष एक शान्तिपूर्वक प्रदर्शन का नेतृत्व किया। किन्तु अंग्रेज़ों की पुलिस ने जलियाँवाला बाग़ की भाँति ही प्रदर्शनकारियों पर अन्धाधुन्ध गोलियों की वर्षा कर दी, जिसमें 5 क्रान्तिकारियों की मृत्यु हो गई और 17 से भी अधिक लोग घायल हुए।

उनके साहस और शक्ति से घबराकर अंग्रेज़ों ने लक्ष्मण नायक को हत्या के एक झूठे आरोप में गिरफ़्तार कर लिया और उनपर धारा 302 का अभियोग डाल दिया। 16 नवम्बर 1942 तक नायक जेल में ही थे। जो अपराध उन्होंने किया ही नहीं, उस अपराध के लिए न्यायालय ने लक्ष्मण नायक को फाँसी की सज़ा सुना दी। 29 मार्च 1943 को बेरहमपुर जेल में उन्हें फाँसी दे दी गई।

फाँसी से पूर्व अपने लक्ष्मण नायक के अन्तिम शब्द थे—"यदि सूर्य सत्य है और चन्द्रमा भी सत्य है, तो यह भी उतना ही सत्य है कि भारत स्वतन्त्र होगा।"

महान् जननायक शहीद लक्ष्मण नायक के सम्मान में 29 मार्च 1989 को उनकी पुण्यतिथि के अवसर पर भारत सरकार द्वारा श्रद्धांजलिस्वरूप एक डाक टिकट जारी किया गया।

सन्दर्भ-स्रोत:

- http://www.odishahistory.com/freedom_fighters.html
- https://www.nuaodisha.com/Eminet_Personalities/Laxman-Nayak.aspx
- https://hindi.thebetterindia.com/history-pages/laxman-nayak-freedom-fighter-tribal/

मानगढ़ आन्दोलन

जलियाँवाला बाग़ हत्याकाण्ड के विषय में कौन नहीं जानता! प्रत्येक भारतवासी के मस्तिष्क में इस हत्याकाण्ड को लेकर भिन्न-भिन्न स्मृतियाँ हैं। 13 अप्रैल 1919 को जलियाँवाला बाग़ में हुए उस भयावह हत्याकाण्ड में अंग्रेज़ों ने अन्धाधुन्ध गोलियों की वर्षा कर सैकड़ों हिन्दुस्तानियों को मौत के घाट उतार दिया था। गोलियाँ चलने से हुई भगदड़ में सैकड़ों अन्य जाने गईं थी और सहस्रों घायल हुए थे। ठीक इसी प्रकार, राजस्थान और गुजरात की सीमा पर स्थिति मानगढ़ पहाड़ी पर एक और नरसंहार हुआ था जिससे शायद ही कोई परिचित हो, क्योंकि इस नरसंहार की चर्चा को इतिहास की पुस्तकों व गोष्ठियों में दबा दिया गया।

जलियाँवाला बाग़ हत्याकाण्ड के 6 वर्ष पूर्व, 17 नवम्बर 1913 के दिन भील जनजाति के 1500 से अधिक लोगों की हत्या कर दी गई थी, जिसे 'मानगढ़ नरसंहार' कहा जाता है। यह अंग्रेज़ों द्वारा भारत में किया गया प्रथम विध्वंसक हत्याकाण्ड था। गुजरात और राजस्थान की सीमा पर स्थित बाँसवाड़ा जनपद की आनन्दपुरी पंचायत के आमलिया गाँव में एक पहाड़ी है, जहाँ 1000 फुट की ऊँचाई पर स्थित धाम को मानगढ़ धाम के नाम से जाना जाता है।

वस्तुतः, दक्षिणी राजस्थान में आदिवासी जनजातियाँ अधिक पाई जाती हैं, जिनमें से भील एक महत्त्वपूर्ण जनजाति है। इसी क्षेत्र में एक महान् पुरुष ने जन्म लिया, जो आगे चलकर

गोविन्द गुरु या गोविन्द गिरि के नाम से विख्यात हुआ। गोविन्द गुरु एक समाज सुधारक थे। उनका जन्म 20 दिसम्बर 1858 को डूंगरपुर से 23 किलोमीटर दूर बंसिया गाँव के एक बंजारा परिवार में हुआ था। बचपन से ही गोविन्द गुरु एक साधु प्रवृति के मनुष्य थे तथा सात्विक जीवन में विश्वास करते थे।

महर्षि दयानन्द सरस्वती जी की प्रेरणा से उन्होंने अपना सम्पूर्ण जीवन देश, धर्म, और जनकल्याण को समर्पित कर दिया। धीरे-धीरे उनके भगतों की संख्या बढ़ने लगी और लाखों में पहुँच गई। 1890 में उन्होंने एक समाज सुधार आन्दोलन प्रारम्भ किया जिसे भगत आन्दोलन के नाम से जाना जाता है। इस आन्दोलन का उद्देश्य आदिवासी समुदायों को शाकाहार की ओर प्रेरित करना और उनसे नशे की लत छुड़वाना था।

गुरु गोविन्द लम्बाड़ा और भील जनजाति पर हो रहे अत्याचारों से बहुत व्यथित थे। जनजातियों पर अंग्रेज़ों के अत्याचार समय के साथ बढ़ते ही जा रहे थे। उनसे बेगारी करवाई जाती थी तथा अनेकानेक प्रकार से उनका शोषण किया जाता था। समय के साथ यह विषय भी भगत आन्दोलन के साथ जुड़ गया।

आन्दोलन के प्रभाव से धीरे-धीरे जनजातीय समाज के लोग जागरूक होने लग गए तथा अपने अधिकारों की माँग करने लगे। इस घटनाक्रम न केवल अंग्रेज़ बल्कि देशी रजवाड़े भी अधिक प्रसन्न नहीं थे। जनजातीय समाज द्वारा अंग्रेज़ों के समक्ष अपनी 33 माँगें रख दिए जाने के कारण भगत आन्दोलन के सदस्य अंग्रेज़ों और ज़मींदारों की आँखों में रेत की भाँति चुभने लगे।

गोविन्द गुरु लोगों को बहुत सहजता और सरलता के साथ समझाया करते थे कि न तो किसी का शोषण करें, और न ही किसी का शोषण सहें; अपनी मातृभूमि के प्रति सदैव आदर व सम्मान का भाव रखें। इसी उद्देश्य के लिए उन्होंने सम्प सभा का भी गठन किया था। सम्प का अर्थ है: भाईचारा, एकता और प्रेम।

इस सभा के 9 प्रमुख सन्देश थे: 1) मदिरापान व मांसाहार का त्याग करें, 2) चोरी, डकैती व लूट से दूरी बनाएँ, 3) परिश्रम व खेती-मज़दूरी से जीवनयापन करें, 4) गाँव-गाँव में पाठशाला के द्वारा ज्ञान का प्रकाश फैलाएँ, 5) भगवान् में आस्था रखेँ व प्रतिदिन हवन-पूजन इत्यादि करें, 6) अपने बच्चों को संस्कारित करें, 7) न्यायालयों की अपेक्षा पंचायतों में अपने झगड़ों को सुलझाएँ, 8) बेगारी करना बन्द कर दें, 9) स्वदेशी का उपयोग करें एवं विदेशी वस्तुओं का बहिष्कार करें।

इस सभा का पहला अधिवेशन 1903 में हुआ था। गोविन्द गुरु स्वयं ब्रिटिश शासन की अत्याचारी व दमनकारी नीतियों से पीछा छुड़वाने का हल खोज रहे थे। गहन आत्ममन्थन

व चिन्तन कर वह इस निष्कर्ष पर पहुँचे कि एकजुट होकर ही इस शोषण और उत्पीड़न का समाधान किया जा सकता है।

कुछ ही समय में भगत आन्दोलन से लाखों की संख्या में लोग जुड़ गए तथा प्रत्येक वर्ष मार्गशीर्ष की पूर्णिमा को वार्षिक मेला लगने लगा। गुरु गोविन्द के सभी भगत इस दिन विशाल धूनी में घी और नारियल अर्पित किया करते थे। इस मेले में कई प्रकार की सामाजिक समस्याओं पर चर्चा भी की जाती थी।

1913 में मानगढ़ धाम में प्रत्येक वर्ष की भाँति एक बार फिर यह वार्षिक मेला होने ही वाला था कि सन्तरामपुर के राजा को एक बहाना मिल गया। उन्होंने यह अफ़वाह फैला दी कि उनके राज्य पर आक्रमण करने के लिए डेढ़ लाख से अधिक भील मानगढ़ की पहाड़ियों में एकत्रित हुए हैं; इस षड्यन्त्र के लिए भीलों के सेनापति गोविन्द गुरु को गिरफ़्तार किया जाए।

उस समय गुजरात बम्बई राज्य के अधीन था। बम्बई राज्य की सेना का अंग्रेज़ अधिकारी अपनी सेना लेकर 10 नवम्बर 1913 को पहाड़ी के समीप पहुँच गया। सशस्त्र भीलों ने जब बलपूर्वक उस सेना को वापस भेज दिया, तब सेना ने वहाँ से थोड़ी दूरी पर अपना पड़ाव डाला।

मानगढ़ नरसंहार में मारे गए लोगों की स्मृति में बनाया गया स्मारक

12 नवम्बर को एक भील प्रतिनिधि एक माँगपत्र लेकर उस सेना के मुखिया के पास आया, किन्तु उनकी माँगों को अस्वीकार कर दिया गया। तदुपरान्त डूंगरपुर और बाँसवाड़ा के रजवाड़ों ने अहमदाबाद के कमिश्नर को सूचना भिजवाई कि यदि शीघ्र ही सम्प सभा को नष्ट नहीं किया तो भील लोग हमारी रियासत को लूटकर अपनी रियासत की स्थापना कर लेंगे, जिससे अंग्रेज़

सरकार को हानि होगी। अंग्रेज़ों ने इसपर संज्ञान लेते हुए मेवाड़ छावनी से सेना बुला ली, जो 17 नवम्बर 1913 को मानगढ़ धाम पहुँची और चारों ओर से मानगढ़ धाम को घेरकर अन्धाधुन्ध गोलियाँ बरसाना प्रारम्भ कर दिया। इसी क्रम में एक गोली गोविन्द गुरु के पाँव में जा लगी और उन्हें गिरफ़्तार कर लिया गया।

गुजरात सीमा पर स्थित मानगढ़ संग्रहालय में उपलब्ध चित्र

इस घटना में भील जनजाति के 1500 से अधिक लोगों की मृत्यु हो गई और सहस्रों घायल हुए, जिनमें बच्चे, महिला, वृद्धजन सभी सम्मिलित थे। गोविन्द गुरु पर अभियोग चलाया गया और उन्हें पहले फाँसी, फिर आजीवन कारावास की सज़ा सुनाई गई।

जेल में अपने शिष्टाचारपूर्ण व्यवहार के कारण उन्हें 1923 में मुक्त कर दिया गया। गोविन्द गुरु ने अपने जीवन के अन्तिम दिन लोककल्याण में व्यतीत कर दिए, और 1931 में उनकी मृत्यु हो गई।

कहा जाता है कि मानगढ़ जनसंहार में जो लोग बच गए थे, उनमें इतना भय व्याप्त हो गया था कि देश की स्वतन्त्रता के बाद भी कई दशकों तक वे मानगढ़ पहाड़ी पर जाने से घबराते थे। यह जनसंहार जलियाँवाला बाग़ से भी बड़ा था, लेकिन इतिहास में इसे न के बराबर स्थान मिलता है।

1500 से अधिक भीलों का वह बलिदान आज भी मानगढ़ धाम पर्वत पर अंकित है। आज भी मानगढ़ धाम में वह धूनी जल रही है; लोग अब भी उसमें घी और नारियल अर्पित करने आते हैं तथा गोविन्द गुरु की समाधि पर पुष्पार्पण करते हैं।

सन्दर्भ-स्रोत:

- https://koyapunemgondwana.com/mangarh-massacre-history/
- https://bharatkikahani.com/mangarh-fort
- https://arvindsisodiakota.blogspot.com/2012/08/blog-post_31.html?m=1
- https://hi.m.wikipedia.org/wiki/%E0%A4%AE%E0%A4%BE%E0%A4%A8%E0%A4%97%E0%A4%A2%E0%A4%BC_%E0%A4%86%E0%A4%82%E0%A4%A6%E0%A5%8B%E0%A4%B2%E0%A4%A8
- https://www.google.com/amp/s/www.forwardpress.in/2020/04/history-mangarh-bhil-tribes-hindi/%3famp

मंशु ओझा

1942 के ऐतिहासिक भारत छोड़ो आन्दोलन में मध्य प्रदेश के बैतूल के जनजातीय नेता मंशु ओझा ने भी महत्त्वपूर्ण भूमिका निभाई थी। उन्होंने ब्रिटिश शासन के विरुद्ध कई क्रान्तिकारी घटनाओं को अंजाम दिया था।

महान् स्वतन्त्रता संग्राम सेनानी मंशु ओझा के पिता का नाम उमराव ओझा था। उनके पिता का जन्म रातामाटी में हुआ था, किन्तु बाद में वाह घोड़ाडोंगरी, बैतूल में जा बसे। निर्धनता के कारण मंशु ओझा के परिवार की स्थिति संकटमय थी, जिसके परिणामस्वरूप वह शिक्षा से वंचित रह गए।

8 अगस्त 1942 की रात्रि को मुम्बई में भारत छोड़ो आन्दोलन का प्रस्ताव पारित हुआ। किन्तु इस आन्दोलन के आरम्भ होने से पहले ही, 9 अगस्त की रात्रि में अंग्रेज़ सरकार ने महात्मा गांधी सहित मौलाना आज़ाद, सरदार पटेल, जवाहरलाल नेहरू आदि कार्यकारिणी के सदस्यों को बन्दी बनाकर उन सभी को पूना भेज दिया।

इस कार्यवाही से लोग भड़क उठे और एक विशाल जनसमूह सड़कों पर उतर आया। देश भर में हड़तालें, प्रदर्शन व सभाओं के साथ-साथ दिल्ली और मुम्बई जैसे बड़े शहरों में नगर, तहसील व गाँव स्तर पर लोगों ने संगठित होकर आन्दोलन आरम्भ कर दिया। अंग्रेज़ों ने

जननायक मंशु ओझा: वह क्रान्तिकारी जिसने भारत छोड़ो आन्दोलन में क्रान्तिकारी घटनाओं को दिया अंजाम

लाठीचार्ज, गोलीबारी और गिरफ़्तारी के माध्यम से इस आन्दोलन को दबाने का प्रयास किया।

आन्दोलन ने मध्य प्रदेश में भी गति पकड़ ली थी। मध्य प्रदेश में सागर, जबलपुर, मण्डला, बैतूल आदि रियासतों में कई स्थानों पर आन्दोलन ने हिंसक और उग्र रूप ले लिया। 1942 में स्वाधीनता की चिंगारी एक ज्वाला के रूप में पूरे भारत देश में फैल चुकी थी, जिसमें देश के सहस्रों आदिवासियों ने भी भाग लिया। गोंड, कोरकू, ओझा, बैगा, परधान, भील, भिलाला, मुण्डा, मुआसी आदि अनेक जनजातियों के लोग आन्दोलन से जुड़े। कई जनजातीय क्रान्तिकारियों ने मिलकर बैतूल जनपद के घोड़ाडोंगरी क्षेत्र में रेल की पटरी उखाड़ दी ओर पुल बोगदा को भारी नुकसान पहुँचाया; उन्होंने बिजली के तारों को काट दिया और घोड़ाडोंगरी स्थित लकड़ी का डिपो जला दिया।

इस आन्दोलन में वीर क्रान्तिकारी मंशु ओझा अपने साथियों की टुकड़ियों के मध्य ओझा समाज का बाना ढाक को बजाकर देशभक्ति गीत गाते हुए और सभी साथियों का उत्साहवर्द्धन करते हुए स्वयं भी आगे-आगे चलकर नेतृत्व करते रहे। उन्होंने मातृभूमि की स्वतन्त्रता को अपना लक्ष्य बनाकर अंग्रेज़ों को देश से खदेड़ने के लिए बैतूल जनपद में हुए अनेक आन्दोलनों में भाग लिया।

इन आन्दोलनों के कारण बैतूल जनपद में बड़े स्तर पर गिरफ़्तारियाँ हुई। 4 नवंबर 1942

को हुई गिरफ़्तारी में श्री मंशु ओझा, श्री डोमा गोंड, श्री मग्गू गोंड, श्री मान सिंह, श्री लक्ष्मण गोंड, श्री लाट प्रधान, श्री विष्णु गोंड जैसे स्वतन्त्रता सेनानी सम्मिलित थे।

इन सभी को पहले बैतूल जेल में रखा गया, पर गिरफ़्तार स्वतन्त्रता संग्राम सेनानियों की संख्या अधिक होने के कारण कुछ को नागपुर एवं नरसिंहपुर जेल स्थानान्तरित कर दिया गया। नवंबर 1942 से जुलाई 1944 तक मंशु ओझा नरसिंहपुर जेल में बन्द रहे। इस दौरान अंग्रेज़ों ने उन्हें अनेक प्रकार की यातनाएँ दीं और उनपर भरसक अत्याचार किया गया।

15 अगस्त 1972 को स्वतन्त्रता की 25वीं वर्षगाँठ के अवसर पर स्वाधीनता संग्राम में उनके अविस्मरणीय योगदान के लिए मंशु ओझा को राष्ट्र की ओर से पूर्व प्रधानमन्त्री श्रीमती इन्दिरा गांधी द्वारा ताम्रपत्र भेंट किया गया। स्वतन्त्रता संग्राम सेनानी स्मारक, घोड़ाडोंगरी में आज भी मंशु उमराव ओझा का नाम अंकित है।

28 अगस्त 1981 को मंशु ओझा का घोड़ाडोंगरी, जनपद बैतूल में स्वर्गवास हो गया।

सन्दर्भ-स्रोत:

- https://www.gondwanasamay.com/2020/08/blog-post_27.html
- https://hindi.news18.com/news/madhya-pradesh/bhopal-narendra-modi-birsa-munda-janjatiya-gaurav-divas-tribal-freedom-fighter-exhibition-bhopal-hindi-news-mpns-3848084.html
- https://zeenews.india.com/hindi/india/madhya-pradesh-chhattisgarh/mp/tribal-history-top-leaders-birsa-munda-tantya-bheel-shankar-shah-raghunath-shah-know-ngmp/1027566
- https://twitter.com/WelfareTribal/status/1459856850883514370 https://www.mppscexams.com/2021/06/Major-Tribal-Personalities-of-Madhya-Pradesh.html

मतमूर जमोह

अंग्रेज़ों के विरुद्ध हुए भारतीय स्वतन्त्रता आन्दोलन के इतिहास के सुनहरे पन्नों को जब भी पलटा जाएगा, अरुणाचल प्रदेश के अबोर (आदि) समुदाय के बहादुर योद्धाओं को अवश्य स्मरण किया जाएगा, जिनमें मतमूर जमोह का नाम प्रमुख है।

सियांग नदी के बायें किनारे पर एक सुन्दर और शान्त गाँव है—'कोम्सिंग', जो उस समय चर्चा का विषय बना जब मतमूर जमोह ने यहाँ ब्रिटिश सहायक राजनैतिक अधिकारी नोएल विलियम्सन की हत्या कर दी थी। इसके अतिरिक्त, मतमूर जमोह के अनुयायियों के एक अन्य दल ने उसी दिन अर्थात् 31 मार्च 1911 को अरुणाचल प्रदेश के पूर्वी सियांग जनपद के पांगी में एक अंग्रेज़ चिकित्साधिकारी डॉ. ग्रेगर्सन को भी मौत के घाट उतार दिया था। मतमूर जमोह इन घटनाओं के मुख्य नायक थे।

मतमूर जमोह याग्रुंग के ग्राम प्रधान थे। बात कुछ इस प्रकार है कि 1909 में अंग्रेज़ अधिकारी विलियम्सन, कर्नल डी.एम. लम्सडेन और रेव. डब्ल्यू.एल.बी. जैक्सन ने केबांग गाँव का दौरा किया। वापसी के दौरान उन्होंने केमी-टोलोन (जिसे वर्तमान में याग्रुंग के नाम से जाना जाता है) में रुकने की योजना बनाई, और इसी योजना के अन्तर्गत उस स्थान के ग्राम प्रधान अर्थात् मतमूर जमोह को उन सबके ठहरने की यथोचित व्यवस्था करने के लिए सन्देश भेजा गया।

परन्तु जमोह को ब्रिटिश वर्चस्व और अपने स्वतन्त्र जीवन में श्वेत व्यक्तियों का यह हस्तक्षेप पसन्द न था। अतः उन्होंने विलियम्सन व अन्य के लिए किसी भी प्रकार की व्यवस्था करने से मना कर दिया। इससे क्रुद्ध होकर विलियम्सन ने याग्रुंग गाँव के लोगों की उपस्थिति में जमोह का अपमान किया और उनके साथ मारपीट की।

दो वर्ष बाद, 20 मार्च 1911 को, विलियम्सन एक चिकित्साधिकारी डॉ. ग्रेगर्सन के साथ कोम्सिंग के रास्ते पासीघाट जा रहा था, किन्तु कुछ सहयात्रियों के अस्वस्थ हो जाने के कारण ग्रेगर्सन को सीसन नामक स्थान पर रुकना पड़ा, जबकि विलियम्सन आगे बढ़कर कोम्सिंग के निकट पहुँच गया।

इस बात की सूचना मिलते ही जमोह ने युवा योद्धाओं को एकत्र कर योजना बनाई और इन अहंकारी अंग्रेज़ों को सबक सिखाने का निश्चय किया। उन्होंने दो अलग समूह बनाकर कोम्सिंग और सीसन में क्रमशः विलियम्सन और डॉ. ग्रेगर्सन का पीछा किया।

अरुणाचल प्रदेश के महान् योद्धा मतमूर जमोह

31 मार्च 1911 को केबांग, पांगी और सीसेन गाँवों से जमोह द्वारा प्रतिनियुक्त योद्धाओं ने सीसेन में ग्रेगोरसन के शिविर पर धावा बोल दिया और उसे उसके अनुरक्षकों और कुलियों सहित मार डाला। कोम्सिंग में, जामोह के नेतृत्व में एक अन्य समूह ने उसी दिन विलियम्सन को मार डाला। इस प्रकार मतमूर जमोह ने दो वर्ष पहले किए गए अपने अपमान का बदला लिया।

इस घटना से अंग्रेज़ हिल गए और उन्होंने प्रतिशोध लेने का निश्चय किया। उनका प्रतिशोध तीव्र और क्रूर था। अक्टूबर 1911 का वह समय महान् आदि योद्धाओं के लिए अत्यन्त कठिन सिद्ध हुआ। हत्याओं का बदला लेने के लिए मेजर जनरल हैमिल्टन बोवर ने अबोर (आदि) अभियान चलाया। बोवर ने जमोह और उनके साथियों को दण्डित करने के लिए आदि बस्तियों पर आक्रमण कर दिया। जमोह की पत्नी यासी और बेटे मटकेप को प्रताड़ित किया गया। जमोह, जिन्हें यागरंग इलाके में छिपने के लिए बाध्य होना पड़ा था, उनके पास आत्मसमर्पण करने के अतिरिक्त अन्य कोई विकल्प नहीं बचा।

वीर योद्धा मतमूर जमोह को उनके आत्मसमर्पण के पश्चात् सेलुलर जेल भेज दिया गया। उनके अन्तिम दिनों के बहुत कम रिकॉर्ड उपलब्ध हैं। अस्पष्ट स्थितियों में उनकी मृत्यु हो गई जिसका कोई ठोस कारण आज तक पता नहीं चल सका है।

सन्दर्भ-स्रोत:

- https://www.telegraphindia.com/north-east/forgotten-fighter-of-arunachal-work-on-promised-memorial-yet-to-begin/cid/272232
- https://amritmahotsav.nic.in/district-reopsitory-detail.htm?1794

मोतीलाल तेजावत

भारतीय स्वतन्त्रता संग्राम के इतिहास में अंग्रेज़ों व ज़मींदारों के विरुद्ध अपनी-अपनी मातृभूमि, जंगल-ज़मीन को बचाने के लिए तान्त्या भील, बिरसा मुण्डा, वीर नारायण सिंह, सिद्धो-कान्हो आदि महान् जनजातीय नेताओं के नेतृत्व में आदिवासियों ने अनेक विद्रोह किए हैं। इन्हीं नेतृत्वकर्ताओं में से एक हैं राजस्थान और गुजरात में आदिवासियों के मसीहा कहे जाने वाले, एकी आन्दोलन के प्रणेता मोतीलाल तेजावत।

क्रान्तिवीर मोतीलाल तेजावत का जन्म 1888 में उदयपुर झाड़ोल के पास कोल्यारी गाँव में हुआ। शिक्षा समाप्ति के बाद इन्हें झाड़ोल में ही नौकरी मिल गई, किन्तु अपने काम के दौरान अधिकारियों द्वारा भीलों, गरासियों और कृषकों का शोषण होता देखकर उनका मन विचलित हो गया। उन्होंने नौकरी छोड़ दी और आदिवासियों को अपने ऊपर हो रहे अत्याचार के विरुद्ध जागरूक करने का कार्य आरम्भ कर दिया।

तेजावत बिजोलिया आन्दोलन से बहुत प्रभावित थे। अतः उसी की तर्ज़ पर उन्होंने भीलों को इकट्ठा करना आरम्भ किया। उन्होंने गाँव-गाँव जाकर सभाएँ की और जनजातीय किसानों की माँगों का एक माँगपत्र तैयार करना शुरू किया। फलस्वरूप, उनके नेतृत्व में बड़ी संख्या में लोग एकत्रित होकर इस आन्दोलन से जुड़ते चले गए।

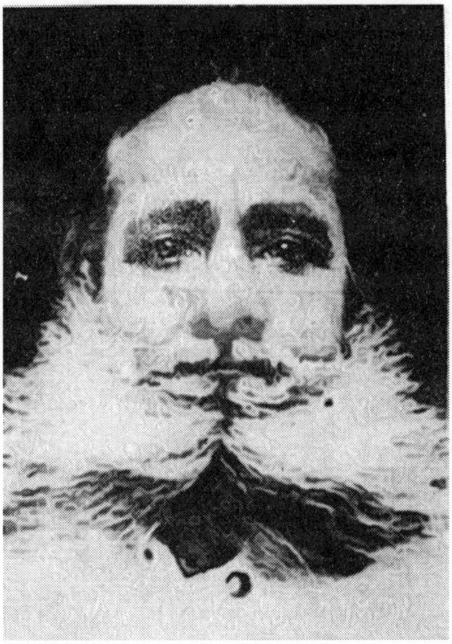

आदिवासियों के मसीहा मोतीलाल तेजावत

तेजावत के प्रयासों से 1921 में मातृकुण्डिया में वैशाखी पूर्णिमा के मेले में आदिवासियों की पंचायत आयोजित हुई, जिसमें बेगार, लगान एवं जागीरदारों के अत्याचारों के विरुद्ध संघर्ष करने तथा अपनी समस्याओं से मेवाड़ के महाराणा को अवगत कराने का निर्णय लिया गया।

इन्हीं सभाओं में मोतीलाल तेजावत ने सभी आदिवासियों को एकता की शपथ दिलाई, जिस कारण यह आन्दोलन 'एकी आन्दोलन' कहलाया। तेजावत के नेतृत्व में आदिवासियों ने अपनी 21-सूत्री माँगों को लेकर उदयपुर में धरना दिया। अन्ततः, महाराणा ने इनकी 18 माँगे मान लीं। यद्यपि तीन प्रमुख माँगे, जो जंगल से लकड़ी काटने, बीहड़ से घास काटने तथा सूअर मारने से सम्बधित थीं, नहीं मानी गईं।

आदिवासियों के जागरूक हो जाने से ज़मींदारों में रोष व्याप्त हो गया, जिसके कारण उन्होंने तेजावत की हत्या का प्रयास किया। इस घटना से उद्विग्न होकर भीलों ने झाड़ोल को घेर लिया और अपराधियों को दण्ड देने के आश्वासन पर ही वे वहाँ से हटे। देखते-ही-देखते, यह आन्दोलन मेवाड़ की सीमा के बाहर भी अपने पंख फैलाने लगा और सिरोही तक पहुँच गया।

आन्दोलनकारियों एवं आस-पास के स्थानीय लोगों में एकी आन्दोलन और तेजावत की बढ़ती लोकप्रियता को देखते हुए मेवाड़ सरकार ने तेजावत की गिरफ़्तारी पर ₹500 का इनाम घोषित कर दिया। बहुत प्रयासों के बावजूद भी सात वर्षों तक तेजावत को बन्दी नही बनाया जा

सका। ज़मींदारों के इन असफल प्रयत्नों व आन्दोलन के बढ़ते प्रभाव को देख अंग्रेज़ी सरकार सकते में आ गई।

7 मार्च 1922 को तेजावत के नेतृत्व में एकी आन्दोलन के अन्तर्गत पाल-चितारिया में आदिवासियों की एक विशाल जनसभा हो रही थी। वहीं, ब्रिटिश अधिकारी मेजर एच. जी. सटन के नेतृत्व में सभा मैं मौजूद सभी लोगो पर अन्धाधुन्ध गोलियाँ बरसाई गईं, जिसमें असंख्य जनों की मृत्यु हो गई। इस आन्दोलन व घटना को दबाने के लिए अंग्रेज़ों ने आस-पास के कई गाँव जला डाले ताकि कोई प्रमाण शेष न बच जाए। इस घटना में तेजावत को भी पाँव में 2 गोलियाँ लगीं। उनके साथी किसी प्रकार उन्हें वहाँ से बचाकर निकाल ले गए।

जलियाँवाला बाग़ के बाद यह अंग्रेज़ों द्वारा किया गया दूसरा बड़ा नरसंहार था। यह घटना जलियाँवाला बाग़ की घटना के ठीक तीन वर्ष बाद हुई थी, लेकिन इसे इतिहास में इसका उचित स्थान कभी नहीं मिला। अंग्रेज़ इस घटना को सामने नहीं आने देना चाहते थे, अतः उन्होंने योजनाबद्ध प्रक्रिया से इस घटना को दबा दिया, ताकि इसकी आग पूरे देश में न फैले।

भले ही मेजर सटन ने मात्र 22 लोगों की मृत्यु का आँकड़ा दिया हो और इस नरसंहार को सरकारी दस्तावेज़ों से मिटा दिया हो, पर जैसा कि कहा जाता है: बलिदानियों के रक्त की एक बूँद भी जिस मिट्टी पर गिरी हो, वह मिट्टी अपने इतिहास का वर्णन स्वयं करती है। एक अनुमान के अनुसार, उस समय वहाँ 1200 निर्दोष लोगों की गोली मारकर हत्या कर दी गई थी, और वहाँ स्थिति दो कुएँ उन बलिदान हुए आदिवासियों से पाट दिए गए थे।

इस दुर्दान्त घटना के बाद भी तेजावत ने राष्ट्रीय आन्दोलनों में भाग लेने का क्रम अटूट रखा और पुनः जेल गए। स्वतन्त्रता के बाद वह पाल-चितारिया गए और पुनः उसी स्थान पर सभा की। वहाँ वीरगति को प्राप्त हुए प्रत्येक वीर को श्रद्धांजलि अर्पित की और इसे वीरभूमि का नाम दिया। इसके अलावा स्थानीय लोगों से हर वर्ष 7 मार्च को इन बलिदानियों के नाम पर मेला लगाने को कहा, जो आज भी आयोजित होता है। स्वाधीनता के बाद भी उन्होंने आदिवासियों के मध्य रचनात्मक कार्य करना जारी रखा। 14 जनवरी 1963 को मोतीलाल तेजावत की मृत्यु हो गई।

पाल-चितारिया में हुए इस नरसंहार में दाधवाव गाँव के लोगों ने भी हिस्सा लिया था, इसलिए इसे 'पाल-दाधवाव नरसंहार' के रूप में भी जाना जाता है। यह स्थान वर्तमान गुजरात के साबरकाँठा जनपद के विजयनगर तालुक़ा में स्थित है। देश के वर्तमान प्रधानमन्त्री श्री नरेन्द्र मोदी जब गुजरात के मुख्यमन्त्री थे, तो उन्होंने साबरकाँठा में नरसंहार स्थल पर मोतीलाल तेजावत का स्मारक बनवाकर इस घटना को विश्व के समक्ष लाने में अपना योगदान दिया।

जनजातीय नेता मोतीलाल तेजावत और अन्य बलिदानियों को श्रद्धांजलि अर्पित करते गुजरात के तत्कालीन मुख्यमन्त्री विजय रुपानी जी

सन्दर्भ-स्रोत:

- https://hihindi.com/biography-of-motilal-tejawat-in-hindi/
- https://jivanisangrah.com/motilal-tejawat-biography-in-hindi/
- https://satyaagrah.com/history/hindu-genocide/1145-the-eki-movement-of-hero-motilal-tejawat-whose-last-wish-is-still-waiting-to-be-fulfilled-100-years-of-palchitaria-massacre-in-gujarat-and-its-cover-up-by-the-british-govt
- https://www.rajras.in/eki-movement-bhomat-bhil-movement-motilal-tejawat
- https://www.drishtiias.com/hindi/daily-updates/prelims-facts/pal-dadh-vav-massacre
- https://www.tripoto.com/trip/viranjali-van-sabarkantha-gujarat-61545cbfc2937
- https://www.hmoob.in/wiki/Eki_Movement

नाना भाई खाँट

भारतीय स्वतन्त्रता संग्राम के दौरान आदिवासियों में चेतना उत्पन्न करने, उनके हितों को स्वर देने और उन्हें शिक्षित करने के लिए जिन-जिन लोगों ने अपना जीवन खपाया है, उनमें से एक हैं अमर सेनानी और वीर शिक्षक नाना भाई खाँट। नाना भाई ने राजस्थान के आदिवासियों को शिक्षित कर उनमें अंग्रेज़ी शासन के विरुद्ध अलख जगाने का कार्य किया। उन्होंने जनजातीय लड़के-लड़कियों की शिक्षा-दीक्षा का कर्त्तव्य अपने सबल कन्धों पर उठाया लिया था।

1947 में राजस्थान के डूंगरपुर प्रजामण्डल में अंग्रेज़ों व रियासती अत्याचारों के विरुद्ध आन्दोलन चलाया गया। इस आन्दोलन को कुचलने के लिए ब्रिटिश सरकार ने आन्दोलनकारियों को गिरफ़्तार कर लिया। साथ-ही-साथ, प्रजामण्डल द्वारा चलाई जा रही पाठशालाओं को बन्द करने का भी आदेश दे दिया गया।

यह आदेश प्राप्त होने पर आन्दोलनकारियों की सभा में इस आन्दोलन के नेतृत्वकर्ता माणिक्यलाल वर्मा ने कहा था कि—"चाहे सरकार कितने ही प्रतिबन्ध लगा दे, पाठशालाएँ बन्द नहीं होनी चाहिए। भले ही इसके लिए हम सबको जेल ही क्यों न जाना पड़े!" यह सुनकर तब रास्तापाल में पाठशाला चलाने वाले शिक्षक नानाभाई खाँट ने प्रतिज्ञा की कि जब तक उनका जीवन शेष रहेगा, तब तक वह अपने गाँव रास्तापाल की पाठशाला बन्द नहीं होने देंगे।

अमर सेनानी और वीर शिक्षक नाना भाई खाँट

अंग्रेज़ी शासन को उनका यह विद्रोह किसी भी परिस्थिति में स्वीकार नहीं था। सरकार ने डूंगरपुर महारावल से शिकायत कर नाना भाई की पाठशाला बन्द करवाने को कहा। महारावल ने पाठशाला को बन्द करने का आदेश दे दिया, मगर पाठशाला संचालक के रूप में नानाभाई ने इस आदेश को मानने से इनकार कर दिया।

देश की स्वतन्त्रता प्राप्ति के दो मास पूर्व, 1 जून 1947 को, सरकार ने अंग्रेज़ पुलिस सुप्रिटेण्डेण्ट और ज़िला मजिस्ट्रेट को रास्तापाल में चल रही पाठशाला को बलपूर्वक बन्द कराने भेजा, जिसका नानाभाई खाँट ने विरोध किया। पुलिस और अंग्रेज़ अधिकारियों के कहने पर भी जब पाठशाला बन्द नहीं की गई, तो पुलिस नाना भाई को डण्डों व बन्दूक के पिछले हिस्से से पीटने लगी। जब उन्होंने इसका प्रतिकार किया तो उन्हें गोली मार दी गई। तत्पश्चात् उनके साथी शिक्षक सेंगा भाई के साथ मारपीट की गई और उन्हें रस्सी द्वारा जीप के साथ बाँधकर घसीटा गया। वहाँ उपस्थित 11 वर्षीय बालिका कालीबाई से यह दृश्य देखा न गया और वह हाथ में दराँती लेकर अंग्रेज़ों से जूझ पड़ी। प्रतिक्रियास्वरूप, ब्रिटिश पुलिस ने कालीबाई समेत वहाँ उपस्थित सभी लोगों को गोलियों से भूनकर उनकी हत्या कर दी। इस दुर्दान्त घटना को रास्तापाल हत्याकांड के नाम से जाना जाता है।

आज भी राजस्थान में एक स्वतन्त्रता सेनानी व शिक्षक के रूप में नाना भाई तथा अपने

असीम शौर्य व साहस के लिए वीरांगना कालीबाई के बलिदानों को याद किया जाता है।

1 जून 2019 को अमर हुतात्मा नाना भाई व साक्षरता की देवी कालीबाई के बलिदान दिवस के अवसर पर राजस्थान सरकार ने इनकी प्रतिमा का अनावरण किया। रास्तापाल में प्रतिवर्ष 1 जून के दिन कालीबाई वीरगति दिवस मनाया जाता है। नाना भाई खाँट की स्मृति में उदयपुर में एक उद्यान का निर्माण भी करवाया गया है।

सन्दर्भ-स्रोत:

- https://hihindi.com/biography-of-nanabhai-khant-in-hindi/
- https://jhalkoindia.com/rajasthan/veer-kalibai-and-nana-bhai-khant-story/4074/
- https://www.pressnote.in/headlines-_News_462127.html

नानक भील

भारत को स्वाधीन करवाने में सैकड़ों क्रान्तिकारियों ने वीरतापूर्वक अपने प्राण न्यौछावर किए हैं। उन्हीं के बलिदानों का परिणाम है कि हम आज स्वयं को स्वतन्त्र भारत का नागरिक कह पाते हैं। स्वतन्त्रता संग्राम के इतिहास के पन्नों में अंकित ऐसे ही क्रान्तिवीरों में से एक हैं नानक भील, जिन्होंने मातृभूमि की रक्षा हेतु राजस्थान में आदिवासियों व किसानों को अंग्रेज़ी शोषण के विरुद्ध एकजुट किया। फिर भी, देश में सम्भवतः ऐसे बहुत ही कम लोग होंगे जिन्हें स्वतन्त्रता के इस यज्ञ में नानक भील के योगदान का ज्ञान होगा।

अमर हुतात्मा नानक भील का जन्म सन् 1890 में राजस्थान के बरड़ के धनेश्वर गाँव में हुआ था। नानक भील बचपन से ही साहसी व निडर प्रकृति के थे। उन्होंने बचपन से ही अंग्रेज़ों की दमनकारी नीतियों द्वारा आदिवासियों और किसानों का शोषण होते देखा था, जिसके कारण अंग्रेज़ी सरकार के प्रति उनके मन में अत्यधिक रोष था। छोटी आयु से ही नानक शिकार करने जाया करते थे, जिसके कारण वह शारीरिक और मानसिक रूप से अत्यन्त निर्भीक एवं शक्तिशाली प्रवृत्ति के थे।

इन्हीं दिनों मोतीलाल तेजावत और गोविन्द गुरु ने अंग्रेज़ों के विरुद्ध मोर्चा खोल रखा था। नानक इन दोनों से प्रभावित हो स्वतन्त्रता संग्राम की यज्ञवेदी में कूद पड़े। कई आन्दोलनों,

क्रान्तिकारी नानक भील

सभाओं में जाने के बाद, अंग्रेज़ों का विरोध कैसे करना है, जन–जन को इस लड़ाई में कैसे सम्मिलित करना है, ये सब उन्हें धीरे-धीरे समझ आने लगा। तदुपरान्त नानक भील अपने स्तर पर गाँव-गाँव जाकर आदिवासियों में दासता के बन्धन को तोड़कर स्वतन्त्र होने की अलख जगाने का कार्य करने लगे।

शीघ्र ही, आस-पास के क्षेत्रों में उनका बहुत नाम हो गया। उन्होंने अंग्रेज़ों का विरोध करने की एक नयी युक्ति निकाली। वह जहाँ-जहाँ सभा किया करते, वहाँ-वहाँ लोगों को उनके अधिकारों और अंग्रेज़ी शोषण के विरुद्ध जागरूक करते। झण्डा गीत गाकर वह लोगों से अंग्रेज़ी शासन को मातृभूमि से सदैव के लिए जड़ से उखाड़ फेंकने का आह्वान करते। जब भी नानक भील किसी सभा में झण्डा गीत का आयोजन करते, वहाँ लोगों का जमावड़ा लग जाता और अपने गीतों के माध्यम से नानक लोगों में उत्साह भर देते। सभा समाप्त होने तक वहाँ उपस्थित सभी जन अपनी स्वाधीनता की लड़ाई के लिए प्रेरित हो चुके होते थे। अंग्रेज़ उनके इस बढ़ते

प्रभाव से अत्यन्त क्षुभित थे।

13 जून 1922 के दिन नानक भील किसानों की एक सभा में अंग्रेज़ों का विरोध कर रहे थे। इस सभा में उनके दर्जनों समर्थक उपस्थित थे, जो अंग्रेज़ी शासन के विरुद्ध उनके साथ कन्धे-से-कन्धा मिलाकर संघर्ष कर रहे थे। इस दौरान, जब नानक खड़े होकर सभा को सम्बोधित करने लगे, तब अंग्रेज़ों ने बिना किसी पूर्वघोषणा के उनपर गोलियों की बौछार कर दी। इस घटना में नानक भील वीरगति को प्राप्त हुए।

अग्रेज़ों ने क्रान्तिवीर नानक भील की हत्या तो कर दी, किन्तु इसके पश्चात् उन्हें अपनी व्यवस्था में व्यापक परिवर्तन लाना पड़ा। अमर हुतात्मा नानक भील के बलिदान से प्रभावित होकर किसानों व जनजातियों के विद्रोह को और बल मिला।

आज भी वीर बलिदानी नानक भील की स्मृति में उनके गाँव में प्रत्येक वर्ष 13 जून को मेले का आयोजन किया जाता है, और उनकी स्मृति में कई स्थानों पर उनकी मूर्तियाँ भी स्थापित हैं।

सन्दर्भ-स्रोत:

- https://hihindi.com/nanak-bhil-biography-in-hindi/
- https://bheelpedia.com/amar-shahid-nanak-bheel-biography-in-hindi/
- https://tribalconnection.in/adivasi_revolutionary_nanak_bhil/
- https://www.klipinterest.com/the-story-of-baraad-nanak-bheel/nanak-bheel-feature/

बिरसा मुण्डा

भारतवर्ष में ऐसे असंख्य योद्धा हुए हैं, जिनके नाम इतिहास के पन्नों मे अंकित हैं और जिनके अदम्य साहस और बलिदान की गाथाएँ पीढ़ियों से कही-सुनी जा रही हैं। ऐसे ही एक विलक्षण योद्धा थे वीर बिरसा मुण्डा, जिन्होंने न केवल जनजातीय समुदाय का नेतृत्व किया बल्कि भारत के स्वाधीनता संग्राम में भी अपना बहुमूल्य योगदान दिया।

बिरसा मुण्डा एक महान् स्वतन्त्रता सेनानी और एक आदिवासी नेता थे, जिन्होंने ब्रिटिश शासन के विरुद्ध 'उलगुलान' (क्रान्ति) का शंखनाद किया था। बिरसा का बचपन जंगल की विषम परिस्थितियों के मध्य बीता था। 1888 में, अंग्रेज़ी सरकार ने एक क़ानून बनाया जिसके अन्तर्गत मुण्डाओं से सारी भूमि और जंगल छीन लेने की योजना बनाई गई। इसी षड्यन्त्र के चलते बिरसा के मन में क्रान्ति की ज्वाला प्रज्वलित हुई।

बिरसा मुण्डा एक दूरदर्शी व्यक्तित्व के स्वामी थे। उन्होंने अपने समुदाय, अर्थात् वे जनजातीय लोग जो ब्रिटिश शोषणकारी नीतियों और अत्याचारों से पीड़ित थे, उनकी मुक्ति में महत्त्वपूर्ण भूमिका निभाई। उन्होंने "अबुआ दिशुम, अबुआ राज" (हमारा देश, हमारा राज) का नारा दिया था।

वर्तमान झारखण्ड के राँची जनपद के मुण्डा जन और लगभग सभी जनजातीय समुदाय

बिरसा मुण्डा को अपना भगवान् मानते हैं। वे उन्हें 'बिरसा भगवान्' कहकर सम्बोधित करते हैं। भगवान् बिरसा ने कैसे अपने साथी सदस्यों के बीच विद्रोह की अग्नि प्रज्वलित की, और कैसे वह एक सच्चे क्रान्तिकारी बने, यह कथा अत्यन्त ही रोचक है।

महान् जनजातीय जननायक भगवान् बिरसा मुण्डा

बिरसा मुण्डा का जन्म राँची शहर से 40 किलोमीटर दूर खूँटी के एक छोटे से गाँव उलिहातु में करमी हातु ओर सुगना हातु के घर 15 नवम्बर 1875 को हुआ था। बिरसा उस मुण्डा जनजाति से आते थे जो भारत की सबसे बड़ी एक जनजातियों में से एक है। वह अपने परिवार के चौथे पुत्र थे। बिरसा के पिता सुगना मुण्डा एक कृषक थे। आजीविका के साधन सीमित होने के कारण उपजी निर्धनता के फलस्वरूप उनका जीवन अत्यन्त अभाव में व्यतीत हुआ, और इसी कारण उन्होंने बिरसा को उनके चाचा के पास पैतृक गाँव अयुभातु भेज दिया।

कुछ समय बाद, बिरसा की मौसी उन्हें खटंगा गाँव ले आईं। कालान्तर में, इसी गाँव में बिरसा का विवाह भी हुआ। गाँव में रहते हुए बिरसा उन मिशनरियों के सम्पर्क में भी आए जो आदिवासी गाँवों में जाया करते थे।

मई 1886 में, बिरसा जर्मन लूथरन मिशन के एक प्रचारक के सम्पर्क में आए। वह उन्हें एक मिशन स्कूल में ले गया, और यहाँ से उन्होंने प्राथमिक शिक्षा प्राप्त की। इसके बाद वह अपनी शिक्षा जारी रखने के लिए चाईबासा मिशन स्कूल आए। शाकाहारी होने के कारण, बिरसा प्रायः मांसाहारी भोजन देखकर क्षुभित हो जाते थे, जो कि मिशन किचन में मुख्य आहार हुआ

करता था। बताया जाता है कि वह कई दिनों तक वहाँ बिना भोजन किए भी रहे। इस सबके बावजूद, उनके उत्साह ने उन्हें अपने शैक्षिक प्रशिक्षण में सफल बनाया और मेधावी बिरसा शीघ्र ही पढ़ना-लिखना सीख गए।

कहा जाता है कि एक बार मवेशियों की देखभाल करते हुए वह पढ़ने में इतना रम गए थे कि उन्हें अपनी बकरियों का ध्यान ही न रहा, और उनकी सभी बकरियों को भेड़िये उठा ले गए। यह पता चलने पर बिरसा को उनके चाचा ने बुरी तरह पीटा। इस घटना के पश्चात् वह उस गाँव को छोड़कर अपने बड़े भाई के साथ रहने आ गए।

अपने प्रारम्भिक वर्षों में बिरसा आनन्द पाण्डेय नामक एक ब्राह्मण से बहुत प्रभावित थे। बिरसा कई अन्य ग्रामीणों के साथ उनके शरणागत हो गए और उन्हें अपना गुरु माना। बिरसा अपना अधिकांश समय अपने गुरु के घर व खेतों में एवं भजन-कीर्तन करने में बिताने लगे। कई युवा मुण्डा उनके भक्तिगीत सुनने को आते थे। इसके अतिरिक्त, उन्होंने हिन्दू महाकाव्यों के बारे में बहुत कुछ सीखा। वह राम, लक्ष्मण, भीम और अर्जुन आदि महान् हिन्दू नायकों की कथाओं से बहुत प्रभावित हुए। इसी समय, वह एक प्रतिष्ठित वैष्णव सन्त के सम्पर्क में आए, जो भक्ति पन्थ पर प्रवचन दिया करते थे। वह इस सन्त से इतने प्रेरित हुए कि उन्होंने शिकार करना और मांसाहारी भोजन करना बिल्कुल ही छोड़ दिया। कीर्तन करने के साथ-साथ अब उन्होंने धर्म पर प्रवचन देना भी आरम्भ कर दिया। उन्होंने अपने लोगों से जनजातीय देवता सिंगबोना और मुण्डाओं के प्रमुख सूर्य देवता की पूजा करने के लिए कहा। बिरसा ने सबसे हिंसा और पशु बलि में सम्मिलित न होने का आग्रह किया। "मनुष्य सहित सभी प्राणी सिंगबोना की सन्तान हैं," यह बिरसा का सन्देश था। मतान्तरित होकर सनातन धर्म त्याग चुके मुण्डा समुदाय के कुछ लोग बिरसा से इतने प्रभावित हुए कि उन्होंने ईसाई पन्थ छोड़ दिया और आदिवासी समाज में वापस प्रवेश कर गए।

बिरसा मुण्डा ब्रिटिश सरकार द्वारा अपने समाज पर किए जाने वाले अत्याचारों के विषय में प्रायः चिन्तन किया करते थे। उन्होंने लोगों को अंग्रेज़ों से मुक्ति दिलाने के लिए नेतृत्व प्रदान किया। बिरसा प्रखरता के साथ वनवासियों के जल, जंगल और ज़मीन पर अधिकार की वकालत करते थे।

1886-87 में, जब सरदारों ने भूमि वापसी का आन्दोलन किया, तब इस आन्दोलन को न केवल दबा दिया गया, बल्कि ईसाई मिशनरियों द्वारा इसकी भर्त्सना की गई। बिरसा ने इसके विरुद्ध विद्रोह किया, जिसके परिणामस्वरूप उनको उनके विद्यालय से निकाल दिया गया। इसके बाद वह 1890 में चाईबासा वापस आ गए।

1886 से 1890 का समय बिरसा के व्यक्तित्व निर्माण का काल था। यह वही दौर था जिसने बिरसा मुण्डा के भीतर प्रतिशोध व स्वाभिमान की ज्वाला उत्पन्न कर दी थी। बिरसा पर सन्थाल विद्रोह, चुआर आन्दोलन, कोल विद्रोह इत्यादि का बहुत प्रभाव पड़ा। अपने समुदाय की दुर्दशा, उसकी सामाजिक, सांस्कृतिक और धार्मिक अस्मिता को संकट में देख उनके मन में क्रान्ति की भावना जाग उठी। उन्होंने मन-ही-मन मुण्डाओं का शासन वापस लाने का संकल्प किया और इस लक्ष्य की प्राप्ति हेतु अपने लोगों में जागृति पैदा करने का निर्णय लिया।

भारत सरकार ने भगवान् बिरसा मुण्डा जी की जन्म-जयन्ती 15 नवम्बर को 'जनजातीय गौरव दिवस' के रूप में मनाने की घोषणा की है।

एक बार की बात है, बिरसा के गाँव में चेचक फैल गया। क्योंकि ग्रामीण भारत के कई हिस्सों में देवी शीतला को प्रसन्न करने के लिए पशु बलि से जुड़े देवता को इस रोग के लिए उत्तरदायी ठहराया जाता है, इसलिए गाँव में चेचक के कारण होने वाली मौतों के लिए बिरसा को उत्तरदायी ठहराया गया। लोगों ने उन्हें गाँव छोड़ने के लिए बाध्य किया, लेकिन उनके जाने

के बाद भी महामारी का प्रसार कम न हुआ। अपने माता-पिता के चेचकग्रस्त होने का समाचार सुनकर बिरसा से रहा न गया और वह अपने गाँव लौट आए। उन्होंने अपने आपको लोगों की निःस्वार्थ सेवा-सुश्रूषा में समर्पित कर दिया। अपने इस कृत्य के कारण उन्होंने अभूतपूर्व सम्मान अर्जित किया और गाँव में अपनी खोई प्रतिष्ठा को पुनः पा लिया। उन्होंने बलि प्रथा का विरोध कर एक नये पन्थ का सृजन किया जिसे 'बिरसाइत धर्म' कहा जाता है।

हालाँकि, इस सबके बावजूद एक समय ऐसा भी आया, जब बिरसा ने अपने जीवन में एक अधर्मी–सा काम किया। कहा जाता है कि गहन निर्धनता से विवश होकर एक बार बिरसा ने एक मुर्दे के साथ गाड़े गए गहने एवं पैसे चुराकर उसे बाज़ार में बेचकर अनाज की व्यवस्था की थी। उनकी चोरी पकड़ी गई और उन्हें समाज से बहिष्कृत कर दिया गया। उन्हें 'बालू बिरसा' अर्थात् पागल बिरसा कहा जाने लगा। किन्तु शीघ्र ही, उनकी पुरानी प्रतिष्ठा वापस आ गई और उनकी धार्मिक अनुभूतियाँ परिपक्व हो गईं।

सन् 1895 में, बरसात के समय एक दिन उन्हें कड़कती बिजली के मध्य सर्वोच्च प्रभु के दर्शन हुए। उन्हें भगवान् का सन्देश मिला। इस सन्देश का सम्बन्ध उनकी अपनी जनता की मुक्ति से था। ईश्वर से उनके साक्षात्कार की बात सुनकर बिरसा के दर्शन के लिए लोगों की भीड़ उमड़ पड़ी। उन्होंने बिरसा को जनेऊ और काठ का खड़ाऊ पहने देखा, उनसे बातें कीं और उनके चमत्कारिक कार्यों को देखकर लोगों को यह अनुभूति हुई कि बिरसा को संसार की सभी शक्तियाँ प्राप्त हो गईं हैं। लोग उनके प्रवचन सुनने आते थे और साथ मिलकर ईश्वर की उपासना करते थे। बिरसा चेचक और महामारी के समय रोगियों एवं पीड़ितों की प्राणपण से सेवा करते थे। बिरसा की प्रार्थना में जिनको विश्वास होता था, वे अच्छे हो जाते थे।

अब तक बिरसा का आन्दोलन केवल सुधारवादी सिद्धान्तों के आधार पर चल रहा था, किन्तु इस आन्दोलन में भीतर-ही-भीतर ईसाई मिशनरियों की अनैतिक गतिविधियों के विरुद्ध विरोध का स्वर भी था। बिरसा का आन्दोलन धीरे-धीरे स्वतन्त्र जनान्दोलन के रूप में विकसित होता जा रहा था।

बिरसा का वास्तविक क्रान्तिकारी व्यक्तित्व तब सामने आया, जब उन्होंने देखा कि आदिवासियों को बाहरी लोगों (दीकू) द्वारा लूटा जा रहा है। इस दौरान आदिवासियों की एकजुटता चरम पर थी। वह इससे बहुत प्रभावित हुए और उन्होंने ईसाई मिशनरियों के बढ़ते प्रभाव और ज़मींदारों और ब्रिटिश प्रशासकों के उत्पीड़न के विरुद्ध स्वर ऊँचा किया। बिरसा का मानना था कि जब तक विदेशी प्रभुत्व को जड़ से नहीं उखाड़ा जाता, आदिवासियों को नहीं बचाया जा सकता। उन्होंने अपने अनुयायियों को एकजुट होने और दीकू सह-शासकों के विरुद्ध

आन्दोलन करने का आह्वान किया। प्रभावशाली ईसाई प्रचारकों ने सरकार से उनके विरुद्ध कार्रवाई करने का अनुरोध किया।

अग्रेज़ों ने अपनी सेना की एक टुकड़ी को इस काम के लिए चालकड भेजा और एक छोटी-सी झड़प के बाद बिरसा के विरुद्ध गिरफ़्तारी वारण्ट जारी कर दिया गया। अन्ततः, उन्हें बन्दी बनाकर राँची ले आया गया और अभियोग चलाने बाद 30 महीने के कारावास की सज़ा सुना दी गई। बिरसा को 1897 में महारानी विक्टोरिया के शासन की हीरक जयन्ती की पूर्व सन्ध्या पर रिहा किया गया था।

मुण्डा क्षेत्र में 1857 और 1899 के बीच की अवधि बहुत दुर्भाग्यपूर्ण थी। अकाल, अभाव और महामारी का प्रकोप फैला हुआ था। बिरसा और उनके साथी कार्यकर्ताओं ने इन परिस्थितियों को समाजसेवा के एक उत्कृष्ट अवसर के रूप में लिया। लोगों की सेवा करते हुए उनका आत्मविश्वास बढ़ता गया। इस बीच, ईसाई मिशनरियों ने तत्कालीन परिस्थितियों का दुरुपयोग करते हुए आदिवासियों की सहायता के नाम पर उनके मतान्तरण की गतिविधियों को तीव्र कर दिया। स्थानीय ज़मींदारों ने भी जनजातियों पर अपना अत्याचार जारी रखा।

अब तक बिरसा लोगों के बीच एक लोकप्रिय चेहरा बन चुके थे। दूर-दूर से लोग उनसे मिलने के लिए उनके घर आते थे। अपने साथियों की सहायता से बिरसा ने एक बार फिर और अधिक उत्साह के साथ लोगों को संगठित करना आरम्भ किया। क्योंकि पुलिस लगातार बिरसा के गुटों पर दृष्टि रखे हुए थी, इसलिए सभी बैठकें रात में गाँव के बाहर आयोजित की जाती थीं। 1897 से आरम्भ कर, बिरसा ने दूर-दराज़ के गाँवों में अपने कई सहकर्मियों को क्रान्तिकारी सन्देश भेजे। होली के त्योहार के आगमन के साथ ही उन्होंने एक खुले विद्रोह का आह्वान किया।

इन परिस्थितियों में, बिरसा ने आस-पास के गाँवों के जनजातीय युवाओं को मिलाकर एक सेना बनानी आरम्भ कर दी। सभी रंगरूटों ने पारम्परिक अस्त्र-शस्त्रों—धनुष-बाण, तलवार, भाले आदि के प्रयोग का प्रशिक्षण प्राप्त किया। गया मुण्डा को बिरसा दल का मन्त्री और सेनानायक बनाया गया। ऐसा कहा जाता है कि इस दौरान बिरसा ने पहाड़ियों और जंगलों की बाधाओं को पार करते हुए खूँटी और चक्रधरपुर के दो दर्जन गाँवों की यात्रा की थी। खूँटी विद्रोही बलों का मुख्यालय बना रहा।

सन् 1899 के क्रिसमस की पूर्व सन्ध्या पर बिरसा के दल ने व्यापक स्तर पर अपना आन्दोलन आरम्भ करने का निर्णय किया। विद्रोहियों ने सरवाड़ा, मुर्हू और बिरजू में मिशन हाउस पर एक पूर्वनियोजित दिन पर हमला किया। गया मुण्डा ने अपने समूह का नेतृत्व किया और सरवाड़ा मिशन पर आक्रमण कर उसे आग के हवाले कर दिया। प्रतिक्रियास्वरूप, बिरजू

के मिशनरियों ने पुलिस को बुला लिया। पुलिस के साथ क्रान्तिकारियों की मुठभेड़ कई घण्टों तक चली और पाँच पुलिसकर्मी मारे गए। बिरसा ने स्वयं 300 हथियारबन्द लोगों के साथ खूँटी पुलिस स्टेशन पर धावा बोल दिया और एक पुलिस सब-इन्स्पेक्टर की हत्या कर दी।

इन सब घटनाओं से घबराकर सरकार ने बिरसा की गिरफ़्तारी के प्रयत्न पुनः तीव्र कर दिए गए, और इसी क्रम में उनपर इनाम की घोषणा भी की गई। उधर राँची के डिप्टी कमिश्नर के लोग बिरसा की खोज में पोड़ाहाट की जंगलों की ख़ाक छान रहे थे, और इधर खूँटी क्षेत्र में बिरसा के अनुयायियों ने नये सिरे से विद्रोह की तैयारियाँ शुरू कर दी थीं। 9 जनवरी के दिन प्रातः 8 बजे साईलरकब पहाड़ी पर विद्रोही मुण्डाओं की एक बड़ी बैठक होनी जा रही थी। यह जगह डुम्बरी से कुछ दूर और सैको से लगभग 3 मील उत्तर की ओर है। बैठक के लिए विद्रोहीजन 25 दिसम्बर 1899 से ही बड़ी संख्या में तीर-धनुष और मशालें लेकर साईलरकब पहाड़ी पहुँचने लगे थे। घमासान युद्ध की तैयारी थी।

कुछ ही समय में यह समाचार राँची की सरकार तक पहुँच गया। आरम्भ में, प्रशासक शान्ति का प्रयास करना चाहते थे, किन्तु बिरसा दल उनकी एक सुनने को तैयार नहीं था। अन्ततः, अस्त्र-शस्त्रों से भली प्रकार सुसज्जित एक पुलिस दल ने डुम्बरी पहाड़ी को घेर लिया, जहाँ विद्रोहियों ने महिलाओं और बच्चों के साथ शरण ली थी। विद्रोहियों की सहायता करने के सन्देह के आरोप में अनेक लोगों को गिरफ़्तार कर लिया गया। मिशनरियों ने इन लोगों से ईसाई मत अपनाने के लिए कहा और उन्हें प्रलोभन दिया गया कि मतान्तरण कर लेने वालों को बरी कर दिया जाएगा। इस प्रकार, मारनघड़ा, सैको और सरवाड़ा में कई मुण्डाओं का मत-परिवर्तन करवा लिया गया।

अग्रेज़ अधिकारी स्ट्रीटफ़ील्ड ने विद्रोहियों को चेतवानी दी कि यदि उन्होंने तुरन्त आत्मसमर्पण न किया तो उनपर गोलियाँ चलाई जाएँगी। किन्तु विद्रोही बिना भयभीत हुए अपने संकल्प पर अड़े रहे। गोलीबारी शुरू हुई। इसका उत्तर विद्रोहियों ने पत्थरों और तीरों से दिया, किन्तु वे आधुनिक हथियारों के विरुद्ध अधिक देर तक खड़े नहीं रह सके और अन्तत: तितर-बितर हो गए। गोलियों की बौछार से अनगिनत लोग मारे गए, जिनमें महिलाएँ एवं बच्चे भी सम्मिलित थे। रक्त की नदियाँ बहीं; बहुत से बच्चे अनाथ हुए; स्त्रियाँ विधवा हुईं; परिवार के परिवार उजड़ गए।

अन्तत:, 3 जनवरी 1900 को बिरसा भी पकड़े गए। उन्हें राँची जेल भेज दिया गया। 9 जून 1900 के दिन प्रातः 9 बजे जेल में अचानक उनकी मृत्यु हो गई। कहा जाता है कि उनकी मृत्यु हैजा की प्रकोप से हुई, किन्तु संभावनाएँ व्यक्त की जाती रही हैं कि उन्हें विष देकर मार

दिया गया। इस प्रकार, छोटानागपुर की धरती के इस वीर सपूत और एक महान् स्वतन्त्रता सेनानी के जीवन का पटाक्षेप हो गया।

बिरसा द्वारा चलाए गए आन्दोलन के ही परिणामस्वरूप 1908 का छोटानागपुर काश्तकारी अधिनियम बना। इस अधिनियम द्वारा एक शताब्दी से चली आ रही भूमि उपद्रवों की काली रात समाप्त हो गई। छोटानागपुर में बिरसा आन्दोलन ने जो बवण्डर खड़ा किया था, वह स्वतन्त्रता प्राप्ति तक वैसे ही गूँजता रहा।

आदिवासियों के हितों के लिए किए गए कार्यों के कारण बिरसा मुण्डा को 'धरती आबा' अर्थात् धरती पुत्र कहकर भी सम्बोधित किया जाता है। इस प्रकार, हम देखते हैं कि बहुत ही कम अवधि (1895-1900) के भीतर बिरसा मुण्डा जनजातीय समाज के बीच सुधार का अवतार बन गए थे।

आज भी झारखण्ड में हर बच्चे को वीर बिरसा की कहानी सुनाई जाती है, और लोग उन्हें भगवान् के रूप में सम्मानित करते हैं। भगवान् बिरसा मुण्डा समय के साथ जनजातीय लोकगीतों और लोककथाओं का विषय बन गए हैं।

भारतवर्ष में सन् 2021 से प्रत्येक वर्ष बिरसा मुण्डा की जन्म-जयन्ती 15 नवम्बर को 'जनजातीय गौरव दिवस' के रूप में मनाने का निर्णय भारत सरकार ने लिया है, जो जनजातीय समाज के लिए बेहद ही गौरव का विषय है। साथ ही, राँची की पुरानी जेल, जहाँ बिरसा मुण्डा ने अन्तिम साँस ली थी, को संग्रहालय के रूप में पुनर्निर्मित किया जा रहा है।

सन्दर्भ-स्रोत:

- https://hi.vikaspedia.in/education/91d93e93091692394d921-93093e91c94d-92f/91d93e93091692394d921-915947-936939940926/92d91793593e928-92c93f93093893e-92e94190292193e
- E-Book-Life-and-Movements-of-Birsa-Munda.pdf
- https://hi.celeb-true.com/birsa-munda-indian-freedom-fighter-radical-tribal-leader-revolted
- http://www.shrirawatpurasarkar.in/2021/11/young-freedom-fighter-birsa-munda-jayanti-today-know-why-god-is-a-form-for-the-tribals/
- https://hindi.webdunia.com/inspiring-personality/birsa-munda-death-anniversary-120060600029_1.html
- https://www.drishtiias.com/hindi/state-pcs-current-affairs/tribal-pride-day

- https://shubhamsirohi.com/birsa-munda-biography-in-hindi/
- https://hindiw.com/birsa-munda-biography/
- https://web.archive.org/web/20190629021330/https://satyagrah.scroll.in/article/107466/birsa-munda-ulgulan-story
- https://ekhoj.net/birsa-munda-biography-in-hindi/
- https://hindi.webdunia.com/inspiring-personality/birsa-munda-114111500018_1.html#:~:text=%E0%A4%AD%E0%A4%BE%E0%A4%B0%E0%A4%A4%E0%A5%80%E0%A4%AF%20%E0%A4%87%E0%A4%A4%E0%A4%BF%E0%A4%B9%E0%A4%BE%E0%A4%B8%20%E0%A4%AE%E0%A5%87%E0%A4%82%20%E0%A4%AC%E0%A4%BF%E0%A4%B0%E0%A4%B8%E0%A4%BE%20%E0%A4%AE%E0%A5%81%E0%A4%82%E0%A4%A1%E0%A4%BE,%E0%A4%95%E0%A5%8B%20%E0%A4%B8%E0%A4%BE%E0%A4%82%E0%A4%B8%E0%A4%A4%20%E0%A4%AE%E0%A5%87%E0%A4%82%20%E0%A4%A1%E0%A4%BE%E0%A4%B2%20%E0%A4%A6%E0%A4%BF%E0%A4%AF%E0%A4%BE%E0%A5%A4

नीलाम्बर-पीताम्बर

नीलाम्बर और पीताम्बर दो भाई थे, जिन्होंने देश के स्वतन्त्रता संग्राम में बढ़-चढ़कर भाग लिया था। इन दोनों का जन्म झारखण्ड राज्य के गढ़वा जनपद में पलामू क्षेत्र में पड़ने वाले चेमो-सेन्या गाँव में हुआ था। इनके पिता का नाम चेमू सिंह था, जो एक जागीरदार थे और भोगता नामक जनजाति समूह से सम्बन्ध रखते थे।

पिता की मृत्यु के पश्चात् बड़े भाई नीलाम्बर ने अपने छोटे भाई पीताम्बर का लालन-पालन किया। दोनों भाइयों के पास जागीरदारी केवल नाममात्र की बची रह गई थी। दोनों ने कठिन परिश्रम के बाद युद्ध कला सीखी, जिसमें उन्होंने धनुष, कुलड़ी, मसाल आदि शस्त्र चलाने का प्रशिक्षण लिया और गोरिल्ला युद्धनीति में दक्षता प्राप्त की।

1857 में चल रहे स्वतन्त्रता संग्राम को दोनों भाइयों ने बड़ी ही गम्भीरता और निकटता के साथ अनुभव किया था। अंग्रेज़ों द्वारा किया जाने वाला अत्याचार, शोषण और भू-राजस्व की अन्धाधुन्ध वसूली जनसाधारण की कमर तोड़ रही थी। इसी समय, उन दोनों पर राँची में हो रहे दोरण्डा विद्रोह का भी प्रभाव पड़ा, जो ठाकुर विश्वनाथ शाहदेव और पाण्डे गणपत राय के नेतृत्व में आगे बढ़ रहा था। इन आन्दोलनों से उद्वेलित दोनों भाइयों ने अंग्रेज़ों के विरुद्ध युद्ध छेड़ने का निर्णय लिया।

सबसे पहले इन भाइयों ने भोगता, खरवार, चेरो और निकट के क्षेत्र में रहने वाली जनजातियों को एकजुट किया और फिर अवसर देखकर आस-पास के उन जागीरदारों पर आक्रमण करना प्रारम्भ कर दिया, जो अंग्रेज़ों का सहयोग किया करते थे।

पलामू के दो वीर भाई नीलाम्बर-पीताम्बर

21 अक्टूबर 1857 को जैनपुर, शाहपुर तथा लेस्लीगंज में 500 लोगों के समूह के साथ उन्होंने अंग्रेज़ों के एक पड़ाव पर आक्रमण कर दिया, किन्तु वे अंग्रेज़ों की ओर से युद्ध कर रहे रघुबर दयाल से पराजित हुए। किन्तु दोनों भाइयों और उनकी सेना ने अंग्रेज़ों को भारी क्षति पहुँचाई, और तदनन्तर यह विद्रोह नयी ऊँचाइयों को छूता चला गया। लेफ़्टिनेण्ट ग्राहम इस विद्रोह पर नियन्त्रण नहीं कर पा रहा था। दिसम्बर 1857 में, दो कम्पनियों को एक अन्य स्वतन्त्रता सेनानी देवी बक्ष राय को गिरफ़्तार करने के लिए मेजर कॉटर की अध्यक्षता में राँची भेजा गया।

16 जनवरी 1858 के दिन, घबराई अंग्रेज़ सरकार ने इस विद्रोह को दबाने के लिए कमिश्नर डाल्टन को मद्रास इन्फ़ैण्ट्री के 140 सैनिक और रामगढ़ घुड़सवार की एक छोटी टुकड़ी

के साथ रवाना किया। 24 फरवरी तक डाल्टन चेमो-सेन्या गाँव पहुँच गया और उसने वहाँ 24 दिनों तक त्राहिमाम मचा दिया। तत्पश्चात्, डाल्टन और ग्राहम दोनों ने मिलकर पलामू के दुर्ग पर आक्रमण कर दिया, जहाँ पर सभी विद्रोही ठहरे हुए थे। इस आक्रमण ने दोनों भाइयों और शेष स्वतन्त्रता सेनानियों को दुर्ग छोड़ने पर विवश कर दिया।

इस घटना के उपरान्त दोनों भाई अपने साथियों के साथ मिलकर जंगलों और गुफाओं में रहने लग गए। इन दोनों भाइयों को खोजने के प्रयास में डाल्टन ने उनके निकटतम मित्रों और सहयोगियों को प्रताड़ित करना आरम्भ कर दिया और उनके घरों में आग लगाकर भारी क्षति पहुँचाई गई।

दोनों भाइयों का पता लगाने के लिए अंग्रेज़ अधिकारियों ने अपने गुप्तचर सभी जगह फैला रखे थे। एक दिन दोनों भाई अपने एक सम्बन्धी से मिलने गाँव आए हुए थे, उसी समय किसी गुप्तचर ने यह सूचना डाल्टन के पास पहुँचा दी, और डाल्टन ने दोनों भाइयों को पकड़ने की नीति तैयार कर उन्हें अपने नियन्त्रण में कर लिया। दोनों भाइयों को गाँव में सभी के सामने आम के पेड़ पर फाँसी दी गई, ताकि जनसामान्य में भय व्याप्त हो जाए और लोग ऐसे कार्य की पुनरावृत्ति करने से पहले कई बार सोचें।

तेनुघाट, राँची में स्थित नीलाम्बर-पीताम्बर की प्रतिमा

मान्यता है कि उन्हें फाँसी देते समय उस पेड़ की डाली टूट गई थी और उन्हें मृत्युदण्ड देने के लिए एकबार फिर फाँसी पर लटकाना पड़ा था। कहते हैं कि वह पेड़ आज भी वहाँ पाया जाता है और स्थानीय लोग उस पेड़ की पूजा करते हैं।

हालाँकि, इन दोनों भाइयों के बलिदान के विषय में अधिक जानकारी प्राप्त नहीं होती और प्राप्त वृत्तान्तों में भी इतिहासकारों के बीच मत-मतान्तर पाए जाते हैं। कुछ स्रोतों के अनुसार, दोनों को गिरफ़्तार कर जेल भेज दिया गया था और उनको वहाँ फाँसी दी गई। कुछ का मानना यह भी है कि पलामू दुर्ग पर आक्रमण के पश्चात् अंग्रेज़ अधिकारियों ने दोनों पर दबाव डालकर उनसे आत्मसमर्पण करवाया। किन्तु एक बात जिसमें कोई मतभेद नहीं है, वह यह कि दोनों भाइयों ने स्वतन्त्रता के लिए मातृभूमि पर अपने प्राणों की आहुति दी थी।

वर्ष 2009 में झारखण्ड सरकार ने दोनों भाइयों के नाम पर मेदिनीनगर डालटेनगंज में नीलाम्बर-पीताम्बर विश्वविद्यालय की स्थापना की। झारखण्ड के रामगढ़ जनपद के दुलमी प्रखण्ड क्षेत्र में आसना टाँड माथागोड़ा में, राँची के मोरहाबादी मैदान में खलारी प्रखण्ड के बड़काटाँड, लातेहार जिला में सदर थाना के कोने गाँव एवं अन्य कई स्थानों पर अमर बलिदानी वीर नीलाम्बर-पीताम्बर की प्रतिमा स्थापित की गई है।

सन्दर्भ-स्रोत:

- https://latehar.nic.in/history/
- https://en.m.wikipedia.org/wiki/Nilamber_and_Pitamber#:~:text=Nilamber%20and%20Pitamber%2C%20freedom%20fighters,%2C%20Chemu%20Singh%2C%20was%20Jagirdar
- https://anokhajharkhand.blogspot.com/2022/01/nilamber-pitamber.html?m=1
- https://www.etvbharat.com/hindi/jharkhand/state/palamu/nilambar-pitambar-fought-against-the-british-in-1857-with-guerrilla-war/jh20210408192813965

पा तोगन संगमा

हम सभी जानते हैं कि 1857 के स्वतन्त्रता संग्राम में भारतीयों को अपेक्षा के अनुरूप सफलता नहीं मिल सकी थी। इसके बावजूद देश में संघर्ष लगातार जारी रहा। भारत का पूर्वोत्तर क्षेत्र यद्यपि शिक्षा और आर्थिक स्थिति में दुर्बल था, फिर भी वहाँ के वीरों और महान् योद्धाओं ने देश के लिए अपना बलिदान दिया और इस संघर्ष की अग्नि को धीमा नहीं पड़ने दिया। ऐसे ही एक अमर बलिदानी थे मेघालय के वीर योद्धा तोगन संगमा।

तोगन संगमा, जिन्हें पा तोगन संगमा या फिर पा तोगन नेगमेइया नाम से भी जाना जाता है, गारो नामक जनजाति से आते थे, जो भारत देश की प्रमुख जनजातियों में से एक है। तोगन की उपजाति 'नेगमेइया' संगमा गारो जनजातियों में श्रेष्ठ मानी जाती थी। गारो जनजाति के लोग विशेषतः उत्तर-पूर्वी भारत के मेघालय राज्य की गारो पहाड़ियों और बांग्लादेश के मयमनसिंह जनपद के निवासी हैं। हालाँकि, गारो जनजाति के लोग असम राज्य में भी रहते है। तोगन संगमा गारो पहाड़ियों में बसने वाली इसी गारो जनजाति के नेता थे।

तोगन संगमा का जन्म जनपद सिंगसान गिरि के गाँव छिद्दुलिबरा में हुआ था। यह स्थान वर्तमान में मेघालय के पूर्वी गारो हिल्स जनपद स्थित विलियम नगर शहर का हिस्सा है। उस समय यह गाँव घने जंगलों और पहाड़ियों से घिरा हुआ था।

गारो जनजाति का नेतृत्व करने वाले पा तोगन संगमा

बचपन से ही, तोगन संगमा में नेतृत्व के गुण दिखाई देने लगे थे। कालान्तर में, स्थानीय जातिगत संघर्षों में प्रमुख भूमिका निभाते-निभाते वह कई गाँवों के मुखिया बन गए। वह एक अत्यन्त कुशल प्रशासक थे। मुखिया होने के नाते, वह गाँव के जिन-जिन लोगों ने विदेशी और विधर्मी अंग्रेज़ों की अधीनता या दासता स्वीकार की थी, उन सभी को कठोर दण्ड देते थे। इस कारण से गाँव के सभी लोगों में तोगन की धाक जम चुकी थी।

1857 के संग्राम के बाद अंग्रेज़ पूरे देश में दमन का चक्र चला रहे थे। उसी के अन्तर्गत अंग्रेज़ मेघालय राज्य में स्थित गारो पहाड़ियों को अपने अधिकार में करना चाहते थे। यह बात तोगन संगम भली-भाँति जानते थे। तोगन संगमा ने अंग्रेज़ों से लोहा लेने के लिए गाँव-गाँव घूमकर लोगों को संघर्ष के लिए तैयार किया। इस कार्य में दालबोट सिरा नाम के वनवासी वीर उनके सहयोगी थे। इन विद्रोही गतिविधियों के कारण संगमा अंग्रेज़ों की आँखों में काँटे की भाँति चुभने लग गए थे।

गारो पहाड़ियों पर अपना अधिकार जमाने के लिए अंग्रेज़ों ने एक साथ तीन दिशाओं

से आक्रमण किया। पहला हमला वर्तमान बांग्लादेश स्थित जनपद मयमनसिंह, दूसरा हमला ग्वालपाड़ा और तीसरा हमला बर्मा की ओर से किया गया। सभी अंग्रेज़ आधुनिक हथियारों से लैस थे, जबकि वनवासियों के पास उनके पारम्परिक तीर-कमान, ढाल आदि ही थे। बांग्लादेश की ओर से आ रहे कैप्टन डली को सबसे कम दूरी तय करनी थी, अतः उसने सोमेश्वरी नदी के तट पर अपनी छावनी बनाई और शेष दोनों दिशाओं से आ रही टुकड़ियों की प्रतीक्षा करने लगा।

कैप्टन डली अपनी टुकड़ी के साथ रुककर शेष सेना की प्रतीक्षा कर रहा है, यह बात तोगन व उनके साथियों को पता चल गई। उन सबने इस टुकड़ी पर पहले ही हमला करने की योजना बनाई। योजनानुसार, तोगन के साथियों ने छावनी में आग लगा दी। परन्तु दुर्भाग्यवश, अंग्रेज़ों के आधुनिक हथियारों और बन्दूकों के आगे वनवासियों के पारम्परिक हथियार निरर्थक सिद्ध हुए, जिस कारण उनका हमला विफल रहा। इसके बावजूद तोगन और उनके साथियों ने हार नहीं मानी। वे सभी साहस के साथ नये संघर्ष की तैयारी करने लगे।

कुछ समय के उपरान्त, कैप्टन केरी और कैप्टन विलियम की टुकड़ियाँ भी आ पहुँचीं, जिससे अंग्रेज़ों की शक्ति और बढ़ गई। उन्होंने गारो पहाड़ी के तूरा क्षेत्र पर नये सिरे से आक्रमण किया। 8 दिसम्बर 1872 को तूरा क्षेत्र पर अधिकार करके अंग्रेज़ों ने वहाँ अपना शिविर स्थापित किया। इस बीच, तोगन व उनके साथियों ने लोहे के गरम तवों को केले के तनों से ढाँपकर ढाल व कवच बनाकर तैयार कर लिए थे। उन्होंने मध्यरात्रि में अंग्रेज़ों के शिविर पर धावा बोल दिया। इस घटना में कई अंग्रेज़ सैनिक व अधिकारी हताहत हुए।

इस घटना के बाद, आश्चर्यचकित और भयाक्रान्त अंग्रेज़ों ने छल का सहारा लेते हुए तोगन संगमा को सूचना भेजकर 12 दिसम्बर 1872 को उन्हें बातचीत के लिए बुलाया। तोगन अंग्रेज़ों की बातों में आकर उनके शिविर में चले गए।

शिविर में पहले से तैयार विश्वासघाती अंग्रेज़ों ने तोगन को गोली मार दी। तोगन की मृत्यु का समाचार मिलते ही उनके सभी साथीगण अंग्रेज़ों पर टूट पड़े; उन स्थानीय वनवासी वीरों ने अपने मुखिया तोगन संगमा की हत्या के प्रतिशोध में अपने साहस का परिचय देते हुए लम्बा संघर्ष किया। अन्त में, वे सभी लोग वीरगति को प्राप्त हुए। अंग्रेज़ों ने गारो पहाड़ियों पर तो अपना अधिकार कर लिया, पर वे तोगन संगमा तथा उनके साथियों के अदम्य शौर्य व पराक्रम पर अन्त तक विजय न पा सके।

आज भी, प्रत्येक वर्ष 12 दिसम्बर को वीर तोगन संगमा की स्मृति में गारो क्षेत्र में 'स्वातन्त्र्य सैनिक दिवस' मनाया जाता है।

पा तोगन संगमा का नाम मेघालय की राजधानी शिलांग में बने शहीद स्तम्भ पर आज भी

अमिट है, जहाँ उनका उल्लेख यू तिरोत सिंग और यू कियांग नोंगबाह के साथ किया गया है, जो अंग्रेज़ों के विरुद्ध स्थानीय जनजातियों के संघर्ष के दो अन्य जननायक हैं।

पा तोगन संगमा का नाम मेघालय की राजधानी शिलांग में बने शहीद स्तम्भ पर आज भी अमर है।

सन्दर्भ-स्रोत:

- https://www.officeholidays.com/holidays/india/meghalaya/pa-togan
- https://hi.wikipedia.org/wiki/%E0%A4%97%E0%A4%BE%E0%A4%B0%E0%A5%8B
- https://en.wikipedia.org/wiki/Pa_Togan_Sangma
- https://web.archive.org/web/20121024162333/http://panchjanya.com/arch/2004/9/19/File16.htm
- https://www.ugtabharat.com/29752/
- https://hi.wikipedia.org/wiki/%E0%A4%A5%E0%A5%8B%E0%A4%97%E0%A4%A8_%E0%A4%B8%E0%A4%82%E0%A4%97%E0%A4%AE%E0%A4%BE

पहाड़िया विद्रोह
(1772-1789)

पहाड़िया आदिवासी विद्रोह 1772-1789 के दौरान 4 चरणों में चला। सभी चरणों में इस विद्रोह के कारण भिन्न-भिन्न थे। पहाड़िया जनजाति सन्थाल परगना प्रमण्डल की प्राचीनतम जनजाति है। कहा जाता है कि वास्तव में यही यहाँ के प्रथम निवासी थे।

पहाड़िया जनजाति की तीन उपजातियाँ हैं:

1. **माल पहाड़िया** मुख्यत: बाँसलोई नदी के दक्षिण में बसे हैं।
2. **सौरिया पहाड़िया** बाँसलोई नदी के उत्तर में स्थित राजमहल, गोड्डा और पाकुड़ क्षेत्र में निवास करते हैं।
3. **कुमारभाग पहाड़िया** बाँसलोई नदी के उत्तरी तट पर बसे हैं।

कहा जाता है कि जब पहाड़िया विद्रोह आरम्भ हुआ, तब इसमें पहाड़िया महिलाओं ने महत्त्वपूर्ण भूमिका निभाई थी। इन सभी महिलाओं में से जिउरी पहाड़िन का नाम मुख्य है। उन्होंने इस विद्रोह में सक्रिय भूमिका निभाई थी और अंग्रेज़ों के विरुद्ध कड़ा संघर्ष किया था। इसी कड़ी में, पहाड़िया विद्रोह के अन्तिम चरण में पाकुड़ अनुमण्डल में महेशपुर की रानी

सर्वेश्वरी ने अंग्रेज़ों के विरुद्ध विद्रोह का शंखनाद किया था। इस विद्रोह में आस-पास के पहाड़िया सरदारों ने भी सहायता की थी।

पहाड़िया जनजाति के लोगों ने अंग्रेज़ों के विरुद्ध लम्बा संघर्ष कर उन्हें यह क्षेत्र छोड़ने पर बाध्य कर दिया था। इस विद्रोह में अनेक वीर-वीरांगनाओं ने अपने प्राणों की आहुति दी थी।

पहाड़िया विद्रोह की शुरुआत 1772 में हुई थी, जिसका मुख्य कारण उस समय पड़ा भीषण अकाल था। अकाल के कारण पहाड़िया लोगों की स्थिति इतनी दयनीय हो गई थी कि उन्हें लूट-पाट करने पर विवश होना पड़ गया। वे पशुओं, फ़सलों, चल-अचल सम्पत्तियों के साथ-साथ राजमहल और तेलियागढ़ी जाने वाले डाक कर्मचारियों को भी लूट लेते थे और उन्हें मार डालते थे।

भागलपुर के तत्कालीन कलेक्टर ऑगस्टस क्लीवलैण्ड के अनुसार यह लूट-पाट करने के लिए पहाड़ियों को उत्तेजित किया जाता था। सुल्तानाबाद, राजशाही और वीरभूम के राज्य एक-दूसरे के गाँवों को लूटने के लिए पहाड़ियों का दुरुपयोग करते थे।

पहाड़िया जन मैदानी भाग के लोगों पर आक्रमण कर उन्हें जला देते थे; उन्हे लगता था कि ये बाहरी लोग उनके आर्थिक संसाधनो पर अधिकार जमाना चाहते हैं। इस कारण क्षेत्र में अशान्ति का वातावरण बन गया था। दूसरी ओर, बाहरी तत्त्वों के साथ अपने इस अनवरत संघर्ष के कारण पहाड़ियों की आर्थिक स्थिति अपेक्षा के विपरीत और भी दुर्बल होती जा रही थी।

इस परिस्थिति में, बिहार-बंगाल के गवर्नर जनरल हेस्टिंग्स ने उस समय लागू द्वैध शासन प्रणाली को रद्द कर 800 सैनिकों का दल तैयार करवाया और उसे कप्तान ब्रुक के नेतृत्व में जंगल की तराई में भेजा। पहाड़ियों को आत्मसमर्पण के लिए बाध्य करने हेतु कप्तान ने तोप से उनपर गोले दागे, जिसमें सूर्य चंगरु साँवरिया, पाचगे डोम्बा पहाड़िया एवं करिया पुलहर वीरगति को प्राप्त हुए। इसके बाद यह आन्दोलन और भी उग्र हो गया। यह देखकर अंग्रेज़ों ने नीति में परिवर्तन करते हुए गिरफ़्तारियाँ करनी शुरू कीं। गिरफ़्तार लोगों से अमानवीय व्यवहार किया गया।

इस घटनाक्रम के बाद, किसी प्रकार अंग्रेज़ों ने पहाड़ियों को विश्वास में लेकर उन्हें पहाड़ से नीचे आकर मैदानी क्षेत्र में रहने के लिए सहमत कर लिया और खेती करने की सलाह दी। वास्तव में, अंग्रेज़ों की मंशा पहाड़ियों को पहाड़ों से हटाना था, ताकि उन पर सरलता से नियन्त्रण रखा जा सके। इसी क्रम में उधवा और बारकोप के बीच पहाड़ियों के 283 गाँव बसाए गए।

इसके बाद आने वालों वर्षो में, 1772 से 1778 तक, पहाड़िया जनजाति के साथ संघर्षो में अंग्रेज़ों को अधिक सफलता नहीं मिली। विवश होकर, अंग्रेज़ों को पहाड़ियों के साथ सहयोग की नीति अपनानी पड़ी। पहाड़ियों को नियन्त्रित करने के लिए कलेक्टर क्लीवलैण्ड ने जेम्स ब्राउन की नीतियों का उपयोग किया।

क्लीवलैण्ड ने अपनी नियुक्ति के 9 महीनों के भीतर 47 पहाड़िया सरदारों को कम्पनी की अधीनता स्वीकार करवाई। उसने 1300 पहाड़ियों को धनुर्धर के रूप में सरकारी नौकरी प्रदान की, जिसमें उन्हें ₹2 से ₹10 तक का वेतन दिया जाता था। अंग्रेज़ों द्वारा इस प्रकार का नकदी भत्ता देने को षड्यन्त्र की संज्ञा देते हुए जगन्नाथ देव ने पहाड़ियों को संगठित करके विद्रोह कर दिया। यह पहाड़िया विद्रोह का दूसरा चरण था।

1779 में हुए तीसरे विद्रोह में छोटे-मोटे संघर्ष हुए थे, जिनमें जन-धन की अधिक हानि नहीं हुई थी।

पहाड़िया विद्रोह के चौथे चरण (1781-82) का नेतृत्व सुल्तानाबाद की रानी सर्वेश्वरी ने किया था। इस विद्रोह का मुख्य कारण अंग्रेज़ों द्वारा की गई 'दामिन-ए-कोह' की घोषणा थी, जिसका मुख्य उद्देश्य उस क्षेत्र को प्रत्यक्ष रूप से अंग्रेज़ों के अधीन लाना था। रानी के विद्रोह का दमन ब्रिटिश अधिकारी क्लीवलैण्ड ने किया और उनपर अभियोग चलाकर उन्हें भागलपुर जेल में बन्द कर दिया, जहाँ 1807 में उनकी मृत्यु हो गई।

1790 से लेकर 1810 तक इस क्षेत्र में अंग्रेज़ों ने सन्थालों को आश्रय दिया, जिस कारण से इस क्षेत्र में पहाड़िया अल्पसंख्यक बन गए। इसके बावजूद उनका विरोध जारी रहा। आगे चलकर, पहाड़ियों के संघर्ष को दबाने हेतु 1824 में इस क्षेत्र को 'दामिन-ए-कोह' नाम देकर इसे सरकारी सम्पत्ति घोषित कर दिया गया।

सन्दर्भ-स्रोत:

- https://www.google.co.in/books/edition/%E0%A4%86%E0%A4%A6%E0%A4%BF%E0%A4%B5%E0%A4%BE%E0%A4%B8%E0%A5%80_%E0%A4%B8%E0%A4%BE%E0%A4%B9%E0%A4%BF%E0%A4%A4%E0%A5%8D/KdMxEAAAQBAJ?hl=en&gbpv=1&dq=%E0%A4%AA%E0%A4%B9%E0%A4%BE%E0%A4%A1%E0%A4%BC%E0%A4%BF%E0%A4%AF%E0%A4%BE+%E0%A4%B5%E0%A4%BF%E0%A4%A6%E0%A5%8D%E0%A4%B0%E0%A5%8B%E0%A4%B9&pg=PA16&printsec=frontcover
- https://www.google.co.in/books/edition/Pahadiya_Janajati_Itihas_Evam_Sanskrti/VAEoEAAAQBAJ?hl=en&gbpv=1&dq=%E0%A4%AA%E0%A4%B9%E0%A4%BE%E0%A4%A1%E0%A4%BC%E0%A4%BF%E0%A4%AF%E0%A4%BE+%E0%A4%B5%E0%A4%BF%E0%A4%A6%E0%A5%8D%E0%A4%B0%E0%A5%8B%E0%A4%B9&pg=PP27&printsec=frontcover
- https://okworldguru.com/paharia-revolt/
- https://ramakantverma.wordpress.com/jharkhand/movements-of-jharkhand/pahadiya-revolt/

पाउना ब्रजबासी

मणिपुर एक मनोरम स्थल है जहाँ पहाड़ियाँ, नदियाँ व झरने अत्यन्त सुन्दरता के साथ मणिपुर को एक मणि की भाँति चमकाते हैं। 700 वर्षों (1110-1819) तक मणिपुर साम्राज्य (प्रारम्भिक नाम कांगलैपाक साम्राज्य) ने बिना किसी ब्राह्य हस्तक्षेप के शासन किया। इस सुव्यवस्थित राज्य का पतन तब आरम्भ हुआ, जब 1819 में बर्मा साम्राज्य ने इसपर आक्रमण किया और मणिपुर पर अपना अधिकार स्थापित कर लिया।

इसी कालखण्ड में बर्मा शासित मणिपुर ने मेइती (मैतेई/मीतेई) जनजातीय समूह के विरुद्ध एक भयावह नरसंहार देखा, जिससे यहाँ की विरल जनसंख्या में 2500 से अधिक की गिरावट आ गई। इस प्रकार, बर्मा साम्राज्य के विस्तार का आरम्भ हुआ और फिर यह धीरे-धीरे असम और ब्रह्मपुत्र घाटी तक फैल गया। इसके आगे बर्मा को अंग्रेज़ों के शासन का सामना करना पड़ा। बर्मा को बंगाल की ओर बढ़ते देख, 5 मार्च 1824 को अंग्रेज़ों ने बर्मा के विरुद्ध युद्ध की घोषणा कर दी। इस युद्ध में मणिपुरी शरणार्थियों ने भी अंग्रेज़ों का साथ दिया। अंग्रेज़ों ने मणिपुर को स्वतन्त्र करवाकर राजकुमार गम्भीर सिंह को सिंहासन पर बिठा दिया। 1826 आते-आते, बर्मा की सारी सेना वहाँ से चली गई, और अंग्रेज़ों ने मणिपुर को मुक्त राज्य की संज्ञा प्रदान की।

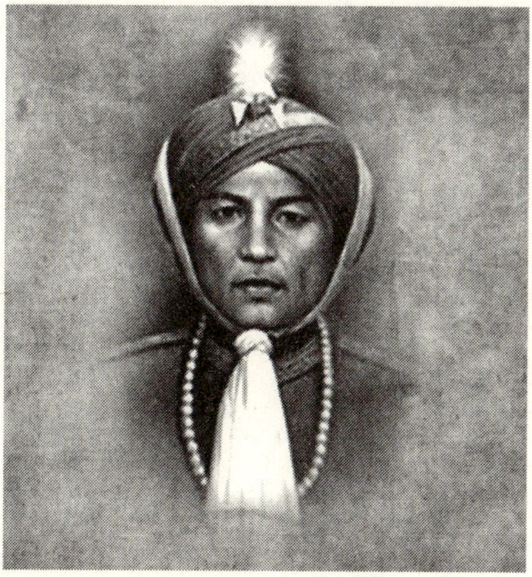

पाउना ब्रजबासी - एक ऐसा मणिपुरी मेजर, जिसने अंग्रेज़ों की दासता के स्थान पर मृत्यु को चुना

महाराज गम्भीर सिंह की मृत्यु 1835 में हुई और वह अपने पीछे अपने 2 वर्ष के पुत्र चन्द्रकीर्ति को छोड़ गए, जिन्होंने आगे चलकर साम्राज्य पर शासन किया।

इसी बीच, पाउनम तुलसीराम सिंह के घर एक शिशु ने जन्म लिया, जिसका नाम पाउनम नाहोल सिंह रखा गया। यही शिशु कालान्तर में 'पाउना ब्रजबासी' के नाम से विख्यात हुआ और 1891 में हुए खोंगजोम के युद्ध में ख्याति प्राप्त की। 7 वर्ष की आयु में तुलसीराम जी उन्हें मेजर लोम सिंह लॉङ्गजम्बा के पास ले गए। मेजर लॉङ्ग मार्शल आर्ट्स और युद्धकला में निपुण थे; उन्होंने बहुत कम समय में पाउना नाहोल को भी इन कलाओं में पारंगत कर दिया। इसके अतिरिक्त, नाहोल सिंह के मामा मेजर हाओबम बिनोदो ने भी युद्ध के सभी प्रकार के रहस्यों से उन्हें अवगत करवाया, जिसके कारण नाहोल सिंह आगे चलकर एक कुशल योद्धा बन पाए।

1850 में नाहोल सिंह के पिता की मृत्यु हो गई। तदनन्तर उनका और उनकी माता का ध्यान उनके मामा मेजर बिनोदो ने रखा। अपने पिता की अन्तिम क्रिया करने नाहोल सिंह वृन्दावन पहुँचे। वृन्दावन के आध्यात्मिक वातावरण ने 17 वर्ष के नाहोल सिंह का मन कुछ इस प्रकार मोह लिया कि उनके साथ गए लोग तो इम्फाल वापस आ गए, किन्तु वह वहीं के होकर रह गए। नाहोल सिंह ने कई वर्षों तक वहाँ के साधु-संन्यासियों के मध्य रहकर आध्यात्मिक ज्ञान प्राप्त किया तथा अनेक धार्मिक स्थलों की यात्रा की। 1856 में वह मणिपुर वापस आ गए।

एक दिन मेजर बिनोदो उन्हें राजा चन्द्रकीर्ति से मिलवाने लेकर गए और नाहोल सिंह का परिचय देते हुए उनकी दीर्घकालिक वृन्दावन यात्रा के बारे में राजा को बताया। यह सुनकर, राजा

चन्द्रकीर्ति जी ने नाहोल सिंह को स्नेहपूर्वक 'ब्रजबासी' कहकर सम्बोधित किया, और 23 वर्ष के पाउनम नाहोल सिंह अब 'पाउना ब्रजबासी' के नाम से पहचाने जाने लगे। राजा चन्द्रकीर्ति ने उन्हें अपनी सेना में सेवा का प्रस्ताव दिया, और नाहोल सिंह ने इसे सहर्ष स्वीकार कर लिया।

सन् 1879 में महाराज चन्द्रकीर्ति को अंग्रेज़ों का एक आग्रह पत्र प्राप्त हुआ, जिसके अन्तर्गत मिस्टर डामन्त के हत्यारों को दण्ड देने के लिए अंगमियों से युद्ध करने को अंग्रेज़ों ने महाराज चन्द्रकीर्ति से मणिपुरी सेना की एक टुकड़ी भेजने की माँग की थी। पूर्व समझौतों से प्रतिबद्ध महाराज चन्द्रकीर्ति ने युवराज सुरचन्द्र के नेतृत्व वाली 2000 सैनिकों की एक टुकड़ी को अंग्रेज़ों की सहायता के लिए भेज दिया। सूबेदार पाउना ब्रजबासी भी इस सैन्य टुकड़ी का हिस्सा थे और उन्होंने इस युद्ध में अपनी वीरता का परिचय भी दिया, जिसके लिए उन्हें महाराज द्वारा पुरस्कृत किया गया।

किन्तु धीरे-धीरे अंग्रेज़ों की वास्तविक नीयत नाहोल सिंह को समझ आने लगी। उन्होंने उत्तरप्रदेश में 7 वर्ष व्यतीत किए और वहाँ जनसाधारण के साथ अंग्रेज़ों का क्रूर व्यवहार देखकर वह शीघ्र ही यह भाँप गए कि अवसर मिलने पर अंग्रेज़ ठीक ऐसा ही मणिपुर के साथ भी कर सकते हैं। अंग्रेज़ों व महाराज के मध्य सम्बन्धों से अपनी असहमति दर्शाते हुए सन् 1886 में उन्होंने महाराज की सेना से त्यागपत्र दे दिया।

सन् 1890 तक राज्य में शान्तिपूर्वक शासन चलता रहा था। परन्तु 1890 में महाराज चन्द्रकीर्ति जी के देहान्त के पश्चात् एक बार पुनः राज्य में सत्ता का संघर्ष उठ खड़ा हुआ, जिससे मणिपुर साम्राज्य में गृहयुद्ध जैसी स्थिति उत्पन्न हो गई। सिंहासन अब महाराज कुलचन्द्र सिंह के नाम हो गया था, किन्तु युवराज सुरचन्द्र को यह रास नहीं आया और उन्होंने महाराज से विद्रोह कर दिया। वह तीर्थयात्रा का बहाना बनाकर निकले और अंग्रेज़ों के साथ जा मिले।

इसपर संज्ञान लेते हुए अंग्रेज़ों ने महाराज कुलचन्द्र के समक्ष दो माँगें रख दीं। पहली माँग यह कि महाराज को राजकुमार युवराज टिकेन्द्रजीत को अंग्रेज़ों को सौंपना होगा, और दूसरी यह कि उन्हें युवराज सुरचन्द्र को राजा के रूप में स्वीकार करना होगा। महाराज कुलचन्द्र ने इन माँगों को मानने से स्पष्ट मना कर दिया।

तत्पश्चात् अंग्रेज़ों ने छल के उद्देश्य से राजदूत के रूप में 400 गुरखों के साथ मिस्टर क्विण्टन को महाराज के पास भेजा। किन्तु उनकी मंशा भाँपकर टिकेन्द्रजीत उस दिन सभा में अनुपस्थित रहे, जिस कारण अंग्रेज़ राजकुमार को बन्दी नहीं बना पाए। सफलता न मिलती देखकर, अंग्रेज़ों ने आधी रात को राजकुमार के अपहरण का षड्यन्त्र रचा, पर वह इसमें भी असफल रहे। इस घटनाक्रम से उद्विग्न महाराज कुलचन्द्र जी ने 24 मार्च 1891 को 5 अंग्रेज़ अधिकारियों के सिर

क़लम करवा दिए। यही वह घटनाक्रम था जिसने खोंगजोम युद्ध (आंग्ल-मणिपुर युद्ध) 1891 का शंखनाद किया।

पाउना ब्रजबासी - खोंगजोम की लड़ाई के नायक

जब पाउना ब्रजबासी को इस घटना के बारे में पता चला, तो वह बिना किसी आदेश या आग्रह के महल आ गए और 400 सैनिकों की टुकड़ी का नेतृत्व करते हुए युद्धक्षेत्र में कूद पड़े, यह जानते हुए कि उनकी सेना के पास अच्छे हथियार नहीं हैं और वह अंग्रेज़ों के सामने टिक नहीं पाएँगे। उन्हें यह किसी भी मूल्य पर स्वीकार नहीं था कि मणिपुर अंग्रेज़ी शासन के अधीन हो।

अदम्य साहस का परिचय देते हुए पाउना ब्रजबासी ने अपने प्राण युद्धक्षेत्र में न्यौछावर कर दिए। दुर्भाग्यवश, इस युद्ध में अंग्रेज़ों की जीत हुई और मणिपुर अंग्रेज़ों के अधीन हो गया। राजकुमार टिकेन्द्रजीत की हत्या कर दी गई और महाराज कुलचन्द्र समेत 21 लोगों को कारावास भेज दिया गया।

अपने शौर्य व पुरुषार्थ के कारण पाउना ब्रजबासी सभी के दृष्टि में एक नायक के रूप में सम्माननीय हो गए और उनके इस बलिदान ने मणिपुर के प्रत्येक निवासी के भीतर मातृभूमि के प्रति सम्मान और देशभक्ति की उत्कट भावना का संचार कर दिया।

पाउना ब्रजबासी के साहस और पराक्रम के प्रति श्रद्धांजलि अर्पित करते हुए उनके सम्मान में मणिपुर में प्रत्येक वर्ष 23 अप्रैल का दिन खोंगजोम पर्व के रूप में मनाया जाता है, जो वीरता और देशभक्ति का प्रतीक है।

सन्दर्भ-स्रोत:

- https://www.thebetterindia.com/155484/paona-brajabashi-manipuri-major-british-freedom-struggle/
- https://blog.mygov.in/the-legacy-of-khongjom-war/
- https://thenortheastaffairs.com/paona-brajabashi/
- https://www.lokmatnews.in/india/independence-day-freedom-fighter-paona-brajabashi-history-of-manipur-emperor/

फूलो और झानो मुर्मू

मानक इतिहास के अनुसार भारतीय स्वतन्त्रता संग्राम का शंखनाद 1857 की क्रान्ति से हुआ, किन्तु वास्तव में ऐसे अनेक विद्रोह हैं जिन्होंने इस स्वतन्त्रता संग्राम के पूर्व भी अंग्रेज़ी शासन के विरुद्ध स्वाधीनता के संघर्ष में महत्त्वपूर्ण योगदान दिया था। ऐसा ही एक विद्रोह था सन्थाल विद्रोह, जिसमें फूलो व झानो मुर्मू नामक दो वीरांगनाओं ने अंग्रेज़ों के विरुद्ध लड़ते हुए अपने अपने प्राणों की आहुति दी थी। सन्थाल विद्रोह को स्थानीय भाषा में 'सन्ताल हूल' कहा जाता है।

फूलो और झानो मुर्मू दोनों बहनें थीं, जो वर्तमान झारखण्ड में बसने वाली सन्थाल जनजाति के मुर्मू क़बीले से सम्बन्ध रखती थीं। सन्थाल एक प्रवासी जनजाति है, जो 1780 के दशक के आस-पास झारखण्ड की राजमहल पहाड़ी शृंखला में पलायन कर आ बसी और वहाँ की भूमि को कृषियोग्य बनाया। परन्तु अंग्रेज़ सरकार और स्थानीय साहूकारों ने उनपर भारी कर थोप दिए और कर न चुका पाने पर बहुतों की भूमि बलात् हथिया ली गई। इस कारण आदिवासियों ने अपने आप को ठगा हुआ-सा अनुभव किया और उनमें रोष व्याप्त हो गया।

इस परिस्थिति में, फूलो व झानो मुर्मू तथा उनके भाई सिदो और कान्हू मुर्मू ने सन्थालों को अंग्रेज़ों, साहूकारों व ज़मीदारों के शोषण के विरुद्ध एकजुट करना आरम्भ किया और 1855 में ब्रिटिश शासन के विरुद्ध विद्रोह कर दिया, जिसे 'सन्थाल विद्रोह' या 'हूल आन्दोलन' के नाम से

फूलो-झानो मुर्मू – सन्थाल विद्रोह की नायिकाएँ

जाना जाता है। सन्थाल विद्रोह में सक्रिय भूमिका निभाने वाले छह भाई-बहन सिदो मुर्मू, कान्हू मुर्मू, चाँद मुर्मू, भैरव मुर्मू, फूलो मुर्मू एवं झानो मुर्मू थे।

इस लड़ाई में जनजातीय महिलाओं ने भी अपनी जान लगा दी थी और वे पुरुषों के साथ कन्धे-से-कन्धा मिलाकर लड़ीं। जब सिदो-कान्हू ने अंग्रेज़ों के विरुद्ध विद्रोह का बिगुल फूँका, तो सन्थालों को इकट्ठा करने के लिए सन्देशवाहक के रूप में घोड़ों पर बैठकर गाँव-गाँव निमन्त्रण देने उनकी दोनों बहनें फूलो-झानो जाया करती थीं। मार्ग में यदि कोई अंग्रेज़ सैनिक या कर्मचारी मिल जाता, तो फूलो-झानो उसको पकड़ लेतीं और घोड़े से बाँधकर गाँव ले आतीं। उनके साहस व शौर्य से प्रभावित होकर अनेक जनजातीय महिलाओं ने विद्रोह में बढ़-चढ़कर भाग लिया।

जब अंग्रेज़ों को सन्थाल विद्रोह की भनक लगी, तो 1855 में पाकुड़ जिले के संग्रामपुर

दुमका, झारखण्ड में स्थापित फूलो-झानो की प्रतिमा

नामक स्थान पर सन्थाल सेना और अंग्रेज़ों के मध्य भीषण युद्ध हुआ। अंग्रेज़ी सेना जहाँ आधुनिक हथियारों से युद्ध कर रही थी, वहीं सन्थाल जनजाति अपने पारम्परिक अस्त्र-शस्त्रों पर निर्भर थी। इस मुठभेड़ में अनेक सन्थाल योद्धाओं के साथ फूलो–झानो के भाई चाँद व भैरव बलिदान हो गए।

पहाड़ी क्षेत्र होने के कारण अंग्रेज़ सन्थालों को सरलता से मात नहीं दे पा रहे थे, क्योंकि सन्थाल पहाड़ियों से भली-भाँति परिचित थे और गुरिल्ला युद्ध में निपुण थे। अतः अंग्रेज़ योजना बनाकर यह प्रयास करने लगे कि किसी प्रकार उन्हें मैदानी क्षेत्र में ले जाकर उनपर गोलियाँ बरसाई जाएँ। सन्थालों और अंग्रेज़ों के मध्य यह संघर्ष लगभग एक वर्ष तक चलता रहा और इसमें 10,000 सन्थाल योद्धाओं ने वीरगति प्राप्त की।

इसी युद्ध के एक दिन, फूलो व झानो गोलीबारी की चिन्ता न करते हुए हाथों में कुल्हाड़ी लिए दौड़ते हुए अंग्रेज़ों के शिविर में प्रवेश कर गईं और अँधेरा होने की प्रतीक्षा करने लगीं। साँझ होते ही, अँधेरे की आड़ में फूलो-झानो ने कुल्हाड़ी से 21 अंग्रेज़ सैनिकों को मौत के घाट उतार दिया

और लड़ते-लड़ते स्वयं भी वीरगति को प्राप्त हो गईं।

फूलो मुर्मू और झानो मुर्मू को सन्थाल जनजाति ही नहीं, अपितु झारखण्ड के प्रत्येक जनजातीय समाज के मध्य वीर क्रान्तिकारी वीरांगनाओं के रूप में जाना जाता है। दोनों हूल नायिकाओं की शौर्यगाथा गीतों के रूप में गाई जाती है। भारतीय स्वतन्त्रता संग्राम के इतिहास में फूलो-झानो का नाम सदैव अमर रहेगा।

सन्दर्भ-स्रोत:

- https://www.jagran.com/jharkhand/jamshedpur-hul-diwas-surya-singh-besra-telling-the-history-of-hul-andolan-21785581.html
- https://www.youthkiawaaz.com/2019/04/indian-tribes-women-freedom-fighters-phulo-murmu-and-jhano-murmu-hindi-article/
- https://aidindia.org/the-unsung-heroines-of-indias-freedom-movement-phulo-murmu-and-jhano-murmu/
- https://www.prabhatkhabar.com/state/jharkhand/dumka/1246727

पोटो हो

पोटो हो का जन्म पश्चिम सिंहभूम जनपद के अन्तर्गत आने वाले जगन्नाथपुर प्रखण्ड के राजाबासा में हुआ था। वह ब्रिटिश शासन के विरुद्ध ऐतिहासिक सेरेंगसिया घाटी युद्ध के नायक थे।

सेरेंगसिया विद्रोह के नायक पोटो हो

अंग्रेज़ों के विरुद्ध सबसे पहला विद्रोह झारखण्ड की जनजातियों ने ही किया था। इतिहास के अनुसार, 1837 में झारखण्ड की हो जनजाति ने अंग्रेज़ों के दाँत खट्टे कर दिए थे। इस विद्रोह में हो जनजाति के सरदार पोटो हो, देवी हो, बुगनी हो, पाण्डव हो, बोड़ो हो और नारा हो की महत्त्वपूर्ण भूमिका रही थी। सेरेंगेसिया घाटी की लड़ाई पहली ऐसी लड़ाई थी, जो आदिवासी 'हो' लोगों ने अंग्रेज़ों के विरुद्ध युद्ध के मैदान में जीती थी।

18 नवम्बर 1837 को टोंटो प्रखण्ड की सेरेंगसिया घाटी में अंग्रेज़ी फ़ौज के साथ हुए भीषण छापामार युद्ध का नेतृत्व वीर क्रान्तिकारी पोटो हो ने ही किया था। इस युद्ध में ब्रिटिश सेना की करारी हार हुई थी। इस लड़ाई में 26 हो लड़ाके बलिदान हुए थे, जबकि ब्रिटिश सेना का एक सूबेदार, एक हवलदार और 13 सिपाही घायल हुए थे।

झारखण्ड के वीरों की गाथा बताता सेरेंगसिया घाटी का शहीद स्मारक

इस युद्ध में अंग्रेज़ों की ओर से 400 सशस्त्र सैनिक, पाईक सैनिक और घुड़सवार सम्मिलित थे। इस सेना का नेतृत्व कैप्टन आर्मस्ट्रांग ने किया था। इस युद्ध में पोटो हो ने अपने सहयोगियों के साथ मिलकर परम्परागत अस्त्र-शस्त्रों से ही अंग्रेज़ों को मार भगाया था और सेरेंगसिया घाटी तथा भगाबिला (बंगालिया) घाटी को अंग्रेज़ों से मुक्त करवा लिया था।

पोटो हो विद्रोह के कारण:

हो आदिवासियों ने अंग्रेज़ों को अपनी भूमि पर कभी अधिकार नहीं करने दिया था। 1831-32 के कोल विद्रोह के दौरान छोटानागपुर में ब्रिटिश सरकार को बड़े विद्रोह का सामना करना पड़ा।

अंग्रेज़ी शासन ने हो आदिवासियों को नियन्त्रित करने तथा सिंहभूम में अपना आधिपत्य जमाने के विचार से गवर्नर जनरल के एजेण्ट कैप्टन विलकिन्सन के नेतृत्व में एक योजना बनाई, जिसके तहत 1834 में SWFA (साउथ वेस्ट फ्रण्टियर एजेन्सी) का गठन किया गया। SWFA का सर्वेसर्वा AGG (Agent to Governor General) कैप्टन थॉमस विल्किन्सन को बनाया गया। योजना के अनुसार अंग्रेज़ों ने क्षेत्र के लोगों को अधीन करने के उद्देश्य से पीढ़ के प्रधान मानकी एवं ग्राम के प्रधान मुण्डा को अपना कूटनैतिक मोहरा बनाने का प्रयास किया। पोटो हो एवं उनके सहयोगियों ने इसका भरसक विरोध किया; उन्हें अपने कोल्हान को किसी भी स्थिति में दासता में देखना स्वीकार न था।

इस कारण से कोल्हान के 22 पीढ़ 'हो' समाज से क्षुभित थे। हो हमेशा से स्वतन्त्र रहे थे और उन्हें अपने कोल्हान को SWFA में मिलाने का विचार रास नहीं आया। हो समाज अंग्रेज़ी प्रशासन द्वारा किए जा रहे इस हस्तक्षेप को नकारकर अपनी परम्परागत 'मुण्डा मानकी शासन व्यवस्था' ही बनाए रखना चाहता था।

अंग्रेज़ी सरकार के विरुद्ध विद्रोह के कारण बहुत से हो लड़ाकू किसुनपुर जेल में बन्द थे। ये बन्दीजन जब भागने का प्रयास करते हुए पकड़े गए, तो अंग्रेज़ों ने इन्हें यातनाएँ दीं, जिससे कइयों की मौत हो गई। इस घटना के तुरन्त बाद, पोटो हो के नेतृत्व में इन बन्दियों के सगे-सम्बन्धियों ने शस्त्र उठा लिए। पोटो हो ने युद्ध की रणनीति बनाने के लिए बलाण्डिया, पोकाम-राजाबासा, जगन्नाथपुर इत्यादि 21 से अधिक गाँवों में लगातार बैठकें कीं और लोगों को अंग्रेज़ी शासन के विरुद्ध एकजुट किया।

जब अंग्रेज़ों को पोटो हो की इन गतिविधियों के बारे में जानकारी हुई, तो कैप्टन आर्मस्ट्रांग को 400 पैदल सेना, सात घुड़सवार और सरायकेला से आए 200 से अधिक सहायकों के साथ, और टिकेल को कुछ सौ हो लोगों के साथ दक्षिण की ओर से पोटो हो के अभियान को नियन्त्रित करने के लिए भेजा गया। 19 नवम्बर 1837 को प्रातः सेरेंगसिया गाँव में अंग्रेज़ों की सेना ने मोर्चा सँभाल लिया।

अंग्रेज़ी सेना के सेरेंगसिया घाटी में प्रवेश करते ही हो लड़ाकों ने तीर-धनुष और विशेष प्रकार के गुलेल आदि का उपयोग करके अंग्रेज़ी सेना को पीछे भागने के लिए मजबूर कर दिया। इस गोरिल्ला युद्ध में हो योद्धाओं ने बड़ी कुशलता से प्रकृति का सहारा लिया। उन्होंने आँवला, हरड़ और बहेड़ा के फलों को घाटी के रास्ते में पहले से ही बिछा दिया था, ताकि घोड़ों पर आने वाली अंग्रेज़ी सेना उनमें फिसल कर गिर जाए और ये लोग पेड़ों के ऊपर से तीर की बारिश करके उन्हें परास्त कर सकें। इतना ही नहीं, हो योद्धाओं ने मधुमक्खी के छत्तों को भी अंग्रेज़ी सेना के

विरुद्ध प्रयोग किया। अन्ततः, विलकिन्सन की सेना, जो कैप्टन आर्मस्ट्रांग और टिकेल के नेतृत्व में सेरेंगसिया घाटी को विजित करने के लिए गई थी, बैरंग वापस भाग गई।

विद्रोह का दमन

हो लड़ाकुओं द्वारा पराजित होने के बाद विल्किन्सन को बहुत चिन्ता हुई। उसने पुनः कैप्टेन आर्मस्ट्रांग और लेफ़्टिनेण्ट सिम्प्सन को आदेश दिया कि इस विद्रोह के जननायक पोटो हो को किसी भी परिस्थिति में गिरफ़्तार किया जाए। रामगढ़ बटालियन के सैनिकों का सहारा लिया गया। इसके लिए विल्किन्सन ने खरसावा के ठाकुर, सरायकेला और केरा के ज़मींदार और कुछ स्थानीय मानकियों (बबन सिंह, लक्ष्मण सिंह) से अपने अच्छे पाइकों को भेजकर ब्रिटिश सेना की सहायता करने के लिए कहा।

हार से क्रुद्ध अंग्रेज़ों ने 20 नवम्बर 1837 को राजाबसा गाँव में आक्रमण कर दिया और पूरे गाँव को जला डाला। खड़ी फ़सलों में आग लगा दी गई और मवेशी मार डाले गए। निकट के रुइया गाँव और निजाम लोहवार गाँव को भी जला दिया गया। अंग्रेज़ी सेना ने पोटो हो के पिता सहित कई ग्रामीणों को गिरफ़्तार कर लिया, किन्तु पोटो हो की गिरफ़्तारी में उन्हें अब भी सफलता नहीं मिली।

तत्पश्चात्, 22 नवम्बर 1837 को तोरांगहातु गाँव पर हमला किया गया। अग्रेज़ों को यहाँ केवल आठ महिलाएँ और दो पुरुष मिले; महिलाओं को गिरफ़्तार कर लिया गया और पुरुषों को मार दिया गया।

पोटो हो एवं सहयोगियों को, जिनकी संख्या लगभग 2000 थी, पकड़ने के लिए अंग्रेज़ों ने कई कूटनैतिक चालें चलीं और ग्रामीणों को प्रलोभन देकर मानकी, मुण्डा और हो समाज के कुछ लोगों को बरगलाकर अपने साथ कर लिया। विद्रोहियों को पकड़ने के लिए स्थानीय ज़मींदारों के पाइकों की सहायता ली गई। अन्ततः, भीतरी लोगों की मिलीभगत से अंग्रेज़ों ने पोटो हो का पता लगा लिया और उन्हें आत्मसमर्पण करने के लिए बाध्य किया। 8 दिसम्बर 1837 को पोटो हो को उनके प्रमुख सहयोगियों नारा हो, पाण्डुआ हो, बुगनी हो, बोड़ो हो, बुड़ई हो, देवी हो के साथ गिरफ़्तार कर लिया गया।

पोटो हो की गिरफ़्तारी के बाद विल्किन्सन 12 दिसम्बर 1837 से 3 जनवरी 1838 तक जगन्नाथपुर में रहा। उसने गवर्नर जनरल से अतिरिक्त न्यायिक शक्तियाँ प्राप्त कर एक संक्षिप्त अभियोग के पश्चात् कुछ विद्रोहियों को फाँसी और अन्य को सश्रम कारावास की सजा सुना दी।

1 जनवरी 1848 को जगन्नाथपुर में बरगद के पेड़ पर सरदार पोटो हो के साथ बुड़ई हो

और नारा हो को फाँसी पर लटका दिया गया। अगले दिन, 2 जनवरी 1938 को, पोटो के सहयोगी पाण्डुआ हो तथा बोड़ो हो को सेरेंगसिया घाटी में फाँसी दी गई। शेष 79 हो लड़ाकुओं को कारावास भेज दिया गया।

इस विद्रोह के परिणामस्वरूप अंग्रेज़ यह जान गए कि हो समाज लोग अत्यन्त जुझारू प्रवृत्ति के होते हैं। 1820-21 के 'हो विद्रोह' 1831-32 के 'कोल विद्रोह' के दौरान हो लोगों ने अंग्रेज़ों को अत्यन्त हानि पहुँचाई थी। इन परिस्थितियों को देखते हुए, विल्किसन ने इनके सामने झुक जाने में ही अंग्रेज़ी शासन की भलाई समझी। फलतः, 1837 में सिंहभूम को SWFA से अलग कर दिया गया। हो समाज के लोगों का विशेष ध्यान रखते हुए 'विल्किन्सन रूल' लागू किया गया, जिसके अन्तर्गत हो समुदाय की विशेष 'मुण्डा मानकी शासन व्यवस्था' को मान्यता प्रदान की गई।

सन्दर्भ-स्रोत:

- https://www.livehindustan.com/jharkhand/chaibasa/story-tribute-paid-to-borah-ho-wapanduwa-ho-in-serengsia-5479253.html
- https://okworldguru.com/poto-sardar-biography/
- https://deshpatra.com/the-saga-of-the-heroes-of-jharkhand-tells-the-martyr-memorial-of-serengsia-valley/
- https://www.adivasilivesmatter.com/post/serengsia-valley-the-martyrs-of-the-kol-rebellion-are-honored-here

राघोजी भांगरे

महादेव कोली मुख्य रूप से सह्याद्रि के घाटों में रहने वाली एक जनजाति है। ये मुख्य रूप से पुणे, नासिक, अहमदनगर, ठाणे, पालघर आदि जनपदों में फैले हुए हैं। ये सह्याद्रि के रक्षक हैं, जो यहाँ के क़िलों, रास्तों और जंगलों की सुरक्षा के लिए प्रतिबद्धता से काम करते रहे हैं।

इसी जनजाति से सम्बन्ध रखने वाले राघोजीराव रामजीराव भांगरे का जन्म 8 नवम्बर 1805 को महाकाल पर्वत शृंखला के चोमदेव पर्वत के पश्चिम में बहने वाली शोना नदी के तट पर स्थित चोमदेव गाँव में हुआ था।

राघोजी भांगरे के पिता रामजी भांगरे मराठा साम्राज्य के राजूर प्रान्त के सूबेदार थे। 1818 में जब मराठा साम्राज्य का पतन हुआ, ब्रिटिश ईस्ट इण्डिया कम्पनी ने महादेव कोली समाज के पारम्परिक अधिकारों पर अंकुश लगाना शुरू कर दिया और उनपर लगाए जाने वाले करों में भी वृद्धि कर दी।

करों का भुगतान करने के लिए नकदी की बढ़ती आवश्यकता ने महादेव कोली परिवारों को ज़मींदारों से अत्यधिक दरों पर ऋण लेने पर बाध्य कर दिया। ऋण चुकाने में उनकी असमर्थता का दुरुपयोग करते हुए ज़मींदारों ने महादेव कोली समाज के लोगों की उपजाऊ कृषि भूमि पर अपना क़ब्ज़ा जमाना शुरू किया। साथ-ही-साथ वे जनजातीय महिलाओं के साथ अत्याचार व

दुर्व्यवहार करने लग गए। इन असह्य गतिविधियों के कारण समाज के लोगों में ब्रिटिश ईस्ट इण्डिया कम्पनी और ज़मींदारों के विरुद्ध रोष भर गया।

1830 में, अकोले तालुक़ा के राम किरवा ने इस क्षेत्र में क्रान्ति का शंखनाद किया। शीघ्र ही, राम किरवा को गिरफ़्तार कर लिया गया और उन्हें अहमदनगर जेल में फाँसी दे दी गई। अंग्रेज़ों को लगा कि इससे महादेव कोली जनजाति के विद्रोहियों में आतंक फैल जाएगा। साथ ही, उन्होंने राम किरवा के सहयोगी राघोजी भांगरे को पुलिस विभाग में एक नौकरी का प्रस्ताव दिया, ताकि उनको विद्रोह से रोका जा सके और साथ-ही-साथ उनके माध्यम से क्रान्तिकारी गतिविधियों पर दृष्टि रखी सके।

राघोजी ने नौकरी स्वीकार कर ली, किन्तु कुछ समय बाद वह निरन्तर किए जाने वाले अपमान और वेतन में हुई कटौती से चिढ़ गए थे। पुलिस अधिकारी अमृतराव भट्ट ने राघोजी को कोंकण में डकैती के एक झूठे आरोप में फँसाने का प्रयास किया। इसपर अमृतराव और राघोजी के बीच झड़प हुई, और क्रोधवश उन्होंने अमृतराव का सिर काट दिया। निरन्तर हो रहे उत्पीड़न के कारण राघोजी ने पुलिस बल छोड़ दिया और रतनगढ़ और संगार क़िलों के क्षेत्रों में विद्रोह शुरू कर दिया।

राघोजी और उनके साथी दण्डस्वरूप दमनकारी ज़मींदारों की नाक काट दिया करते थे। राघोजी से आतंकित होकर अनेक दुष्ट ज़मींदारों को गाँव छोड़ना पड़ गया था।

यह माना जाता है कि राघोजी और उनका विद्रोह सतारा के छत्रपति को सिंहासन पर वापस लाने के लिए किए गए प्रयासों का एक हिस्सा था। छत्रपति प्रताप सिंह महाराज ने राघोजी को बुलाकर उनके प्रयत्नों की प्रशंसा भी की थी।

स्वतन्त्रता सेनानी राघोजी भांगरे

1838 में राघोजी ने अहमदनगर के कलेक्टर को एक पत्र लिखा, "ज़मींदारों और ब्रिटिशों ने ग़रीबों का बहुत शोषण किया है। ज़मींदारों को एक सबक सिखाया गया है, लेकिन अगर सरकार इस बारे में कुछ नहीं करती है, तो हम ज़मींदारों की नाक काटते रहेंगे।" उन्होंने अपना उद्देश्य स्पष्ट कर दिया था। वह और उनके साथी धन जुटाने के लिए कोंकण में ज़मींदारों से फिरौती एकत्र करते थे।

अंग्रेज़ सैन्य अधिकारी कैप्टन मैकिण्टोश ने इन विद्रोही गतिविधियों से निपटने के लिए राघोजी की सक्रियता वाले क्षेत्र का गहन अध्ययन किया। उसने सह्याद्रि के जंगलों, घाटियों-घाटों पर सभी प्रकार की जानकारी एकत्र की; उसने उन स्थानों का पता लगाया जहाँ-जहाँ क्रान्तिकारी निवास और विश्राम कर सकते थे। इस आधार पर अंग्रेज़ों ने पुलिस बल में बढ़ोतरी की और कई क्रान्तिकारियों को पकड़ने में सफल रही। साथ ही, अंग्रेज़ों ने राघोजी को पकड़ने के लिए उनपर ₹5000 का इनाम घोषित कर दिया।

राघोजी ने बड़गी के माछी में स्थित अपने निवासस्थान को अलंग और कुलंग के क़िलों में स्थानान्तरित कर दिया। इस दौरान, अंग्रेज़ों ने राघोजी को पकड़ने के लिए 200 सैनिकों को भेजा। राघोजी के लोग, जो जंगलों से अधिक परिचित थे, उन्होंने डटकर संघर्ष किया और अनेक सैनिकों को मौत के घाट उतार दिया। अंग्रेज़ सैनिकों के पास भागने के अतिरिक्त कोई विकल्प नहीं बचा था। राघोजी और उनके साथियों को इस झड़प के बाद काफ़ी हथियार और गोला-बारूद मिल गया।

राघोजी को क्रान्तिकारी देवजी आव्हाड से भी बहुमूल्य मार्गदर्शन मिल रहा था। उन्होंने सदैव देवजी की सलाह का पालन किया। 1845 में हुई एक मुठभेड़ में देवजी की मौत हो गई। यह आन्दोलन के लिए एक बड़ा झटका था, किन्तु राघोजी और उनके साथियों के शुद्ध आचरण और निष्ठा के कारण लोगों का विश्वास नहीं डिगा। लोगों का मानना था कि राघोजी का विद्रोह उनपर एक दिव्य आशीर्वाद था।

अंग्रेज़ों ने दल-बल के साथ राघोजी की खोज जारी रखी। उनके कई साथियों को मुठभेड़ों में पकड़ा गया और मार दिया गया। जनवरी 1848 में, राघोजी भगवान् श्री विट्ठल जी का आशीर्वाद लेने के लिए पण्ढरपुर गए हुए थे। अंग्रेज़ों को कहीं से इस बात की भनक लग गई। उन्होंने राघोजी को चन्द्रभागा नदी के किनारे पर घेर लिया। परिस्थितियों को भाँपकर राघोजी ने 2 जनवरी 1848 को बिना शर्त आत्मसमर्पण कर दिया। उनपर राजद्रोह का अभियोग लगाकर विशेष न्यायाधीश के सामने पेश किया गया, किन्तु यह सुनवाई एकपक्षीय थी।

राघोजी अपनी गर्दन के चारों ओर सदैव चाँदी की दो तावीज़ें पहना करते थे और बाघ की

त्वचा और अपनी पसन्दीदा तलवार अपने साथ रखते थे। वह अपनी इन तावीज़ों को धारण कर और अपनी प्रिय तलवार को अपने हाथ में रखकर फाँसी पर चढ़ना चाहते थे। किन्तु अंग्रेज़ों ने उनका यह आग्रह नहीं माना। उन्हें 2 मई 1848 को फाँसी दे दी गई।

राघोजी के शौर्य की स्मृति में हर वर्ष 2 मई को महाराष्ट्र में उनका बलिदान दिवस मनाया जाता है। 2014 में महाराष्ट्र सरकार ने राघोजी भांगरे के सम्मान में उनके नाम से सर्किट हाउस का निर्माण करवाया।

सन्दर्भ-स्रोत:

- https://mr.wikipedia.org/wiki/%E0%A4%B0%E0%A4%BE%E0%A4%98%E0%A5%8B%E0%A4%9C%E0%A5%80_%E0%A4%AD%E0%A4%BE%E0%A4%82%E0%A4%97%E0%A4%B0%E0%A5%87
- https://hi.wikipedia.org/wiki/%E0%A4%AD%E0%A4%BE%E0%A4%82%E0%A4%97%E0%A4%B0%E0%A5%87_%E0%A4%B5%E0%A4%82%E0%A4%B6
- https://hi.wikipedia.org/wiki/%E0%A4%B0%E0%A4%BE%E0%A4%98%E0%A5%8B%E0%A4%9C%E0%A5%80_%E0%A4%AD%E0%A4%BE%E0%A4%82%E0%A4%97%E0%A4%B0%E0%A5%87

रघुनाथ महतो

स्वाधीनता की लड़ाई में अनेक वीरों ने अपने प्राणों का बलिदान दिया है, और इन्हीं बलिदानों के फलस्वरूप आज देश में स्वराज्य है और हम स्वतन्त्र भारत के नागरिक हैं। स्वाधीनता के इस संग्राम में अंग्रेज़ों के विरुद्ध मोर्चा खोलने में झारखण्ड के वीरों का विशेष योगदान रहा है। उन्हीं वीरों में से एक हैं चुहाड़ विद्रोह के नायक रघुनाथ महतो।

रघुनाथ महतो का जन्म 21 मार्च 1738 को छोटानागपुर के जंगलमहल जनपद में एक छोटे से गाँव घुटियाडीह में हुआ था। रघुनाथ महतो बचपन से ही क्रान्तिकारी स्वाभाव के थे, क्योंकि इनके पिता काशीनाथ महतो ने भी अंग्रेज़ अधिकारियों के अन्याय व शोषण के विरुद्ध आवाज़ उठाई थी।

इतिहास देखें, तो पता चलता है कि 1857 की क्रान्ति से पहले भी भारत में अंग्रेज़ी शासन के विरुद्ध अनेक विद्रोह हुए थे। उन्हीं विद्रोहों में से एक चुहाड़ विद्रोह है, जिसके महानायक क्रान्तिवीर रघुनाथ महतो थे। झारखण्ड के राँची जनपद में स्थित कीता-लोटा गाँव में उपस्थित पत्थर आज भी वीर योद्धा रघुनाथ महतो व उनके साथियों के बलिदान का इतिहास वर्णित करते हैं।

ईस्ट इण्डिया कम्पनी को जब 1768 में शाह आलम से बिहार, बंगाल, उड़ीसा तथा छोटानागपुर की दीवानी मिल गई, तो उन्होंने लोगों से भारी कर वसूलना प्रारम्भ कर दिया,

जिसके कारण स्थानीय आदिवासियों में आक्रोश फैल गया। उन्हें शंका हुई कि अंग्रेज़ उनसे उनके जंगल और ज़मीन हड़पने का प्रयास कर रहे हैं। यह शोषण उन्हें कतई स्वीकार नहीं था।

परिणामस्वरूप, 1769 में, रघुनाथ महतो के नेतृत्व में कुरमी समाज ने पहला विद्रोह आरम्भ कर दिया, जिसके बारे में कम्पनी शासन ने सपने में भी नहीं सोचा था। कारण यह था कि अंग्रेज़ों ने 1764 में ही बक्सर का युद्ध जीता था, और उन्हें लगा था कि अब उनकी शक्ति के समक्ष कोई विद्रोह करने की हिम्मत नहीं कर सकेगा। उस जीत के बाद अंग्रेज़ों ने ज़मींदारों के सामने कई शर्तें रखी थीं। कुछ ज़मींदार ये शर्तें मानने को तैयार नहीं हुए थे, तो वहीं कुछ ने स्वयं ही जाकर अंग्रेज़ों के साथ सन्धि कर ली थी।

विद्रोह की भनक लगते ही, अंग्रेज़ों ने स्थानीय ज़मींदारों से इसके विषय में जानकारी जुटाने को कहा। विद्रोहियों को नीचा दिखाने के लिए ज़मींदार उन्हें 'चुहाड़' (असभ्य, लुटेरा, नीच व उत्पाती) कहकर सम्बोधित करते थे, जिस कारण इस विद्रोह का नाम 'चुहाड़ विद्रोह' पड़ गया। यह विद्रोह किसी जाति विशेष तक सीमित नहीं था। इसमें कुरमी, भूमिज, सन्थाल, मुण्डा, भुँइया आदि सभी समुदाय के लोग सम्मिलित थे। देखते-ही-देखते, इस विद्रोह की आग नीमडीह, पातकुम, बड़ाभूम, धालभूम, मेदनीपुर, किंचुग परगना (वर्तमान सरायकेला खरसाँवा), राजनगर, गम्हरिया आदि स्थानों तक फैल गई। मातृभूमि के लिए प्राण न्यौछावर करने को सदैव तत्पर रहने वाले महतो ने अंग्रेज़ों की नाक में दम कर दिया।

महतो एक अत्यन्त कुशल योद्धा थे। उनकी संगठन शक्ति व उत्कृष्ट युद्धनीति के कारण अंग्रेज़ उनसे भयभीत रहते थे। कहा जाता है कि 100 से 200 हथियारबन्द लड़ाके सदैव उनके साथ रहा करते थे। इसी कारण से कोई भी महतो को पकड़ने की हिम्मत नहीं कर पा रहा था, जबकि अंग्रेज़ों ने उनके सिर पर इनाम भी रखा हुआ था।

वर्ष 1774 में विद्रोहियों ने किंचुग परगना के मुख्यालय में पुलिस बल के जवानों को घेरकर मार डाला। इस घटना से घबराए अंग्रेज़ों ने छोटानागपुर को पटना से हटाकर बंगाल प्रेसिडेन्सी के अधीन कर दिया। वह हर हाल में इस विद्रोह को कुचलना चाहते थे, तो वहीँ दूसरी ओर महतो के नेतृत्व में विद्रोहियों ने कई अंग्रेज़ अधिकारियों को मौत के घाट उतार दिया था।

इस घटना के बाद अंग्रेज़ों ने किंचुग परगना पर क़ब्ज़ा करने का विचार छोड़ दिया। तत्पश्चात्, 10 अप्रैल 1774 को सिडनी स्मिथ ने बंगाल के रेजिमेण्ट को विद्रोहियों के विरुद्ध सैन्य कार्यवाही करने का आदेश दिया। अंग्रेज़ रघुनाथ महतो और उनके साथियों को पकड़ने का हरसम्भव प्रयत्न कर रहे थे, किन्तु उन्हें हर पग पर पराजय मिल रही थी। चुहाड़ विद्रोह और भी सशक्त होता जा रहा था। 1776 आते-आते, राँची जनपद में स्थित सिल्ली आन्दोलन का

झारखण्ड के रघुनाथपुर गाँव में चुहाड़ विद्रोह के प्रणेता रघुनाथ महतो की प्रतिमा

केन्द्र बन गया था।

कुछ समय के बाद, 5 अप्रैल 1778 को, जब रघुनाथ महतो कीता-लोटा के जंगलों में अपने साथियों के साथ रामगढ़ छावनी से हथियार लूटने की योजना को लेकर बैठक कर रहे थे, तब कुछ विश्वासघातियों ने इसकी गुप्त सूचना अग्रेज़ों को दे दी।

अंग्रेज़ी सेना ने रघुनाथ महतो एवं उनके साथियों को चारों ओर से घेर लिया। बहुत देर तक घमासान युद्ध हुआ, जिसमें लड़ते-लड़ते रघुनाथ महतो और उनके कई साथियों ने वीरगति प्राप्त की। सैकड़ों विद्रोही क्रान्तिकारी गिरफ़्तार कर लिए गए। जिस स्थान पर रघुनाथ और उनके साथी बलिदान हुए थे, वहाँपर कीता गाँव के निवासी कालीचरण महतो ने पत्थर गाड़ दिए, ताकि उनके बलिदान की स्मृति सदैव बनी रहे। भले ही उन पत्थरों पर कुछ भी लिखा नहीं गया है, पर वे आज भी रघुनाथ महतो व चुहाड़ आन्दोलन में सम्मिलित प्रत्येक वीर सेनानी की अमरगाथा का वर्णन करते हैं।

सन्दर्भ-स्रोत:

- https://www.jagran.com/jharkhand/seraikela-stone-tells-about-saheed-raghu-nathpur-history-19104172.html
- https://www.forwardpress.in/2021/03/history-tribes-chuar-revolt-raghu-nath-mahto-hindi/
- https://janchowk.com/statewise/shaheed-raghunath-mahato/

रघुनाथ सिंह मण्डलोई

भारतीय स्वतन्त्रता संग्राम के इतिहास में जनजातीय समाज के योगदान को अनदेखा नहीं किया जा सकता है। चाहे वह भारत का कोई भी क्षेत्र रहा हो, जनजातीय समाज ने अंग्रेज़ों के विरुद्ध मातृभूमि की रक्षा के लिए किए जा रहे संघर्ष को सदैव जीवित रखा। अपनी माटी के प्रति समर्पित इन जनजातियों के इस स्वातन्त्र्य समर को आगे चलकर सम्पूर्ण राष्ट्र ने स्वीकारा।

1857 में, जब क्रान्ति की ज्वाला सम्पूर्ण भारत में धधक रही थी, अपनी मातृभूमि को अंग्रेज़ों से स्वतन्त्र कराने के लिए भील नायकों ने मोर्चा सँभाला। जब भी कोई योद्धा अंग्रेज़ों से लड़ते हुए फाँसी पर चढ़ा दिया जाता या युद्ध में वीरगति पा जाता, तो उसी जनजाति का एक अन्य नायक सामने आ जाता और मोर्चा सँभाल लेता। इसी असीम प्रतिबद्धता का परिणाम है कि जनजातीय समाज अंग्रेज़ों के विरुद्ध अपने संघर्ष की ज्वाला को इतने लम्बे समय तक जलाए रख सका।

मध्य प्रदेश के जनजातीय समाज ने भी स्वतन्त्रता संग्राम में बढ़-चढ़कर भाग लिया था। जब अन्य रजवाड़े या तो अंग्रेज़ों से बुरी तरह पराजित हुए थे या उनके साथ सन्धि कर ली थी, उस समय गोंड व भील ऐसी जनजातियाँ थीं, जिन्होंने पराधीनता को सिरे से अस्वीकार किया और अग्रेज़ों के विरुद्ध अपने संग्राम को अन्त तक जारी रखा। 1857 मुक्ति संग्राम की

चिंगारी जब उत्तर भारत होती हुई मध्य भारत पहुँची, तो एक ओर मालवा-निमाड़ के भील-भिलाला जनजातीय नायकों ने मोर्चा थामा, वहीं गोंडवाना के गोंड राजा शंकरशाह और उनके पुत्र रघुनाथशाह ने जबलपुर में युद्ध का नेतृत्व किया।

मालवा-निमाड़ के भील-भिलाला नायकों में तात्या भील, भीमा नायक, खाज्या नायक, सीताराम कँवर के साथ एक और वीर सेनानी रघुनाथ सिंह मण्डलोई का नाम आता है, जिन्होंने एक-के-बाद-एक अंग्रेज़ों के विरुद्ध युगान्तकारी संघर्ष किए। आदिवासियों के भील-भिलाला समुदाय में रघुनाथ सिंह का नाम बड़ी प्रतिष्ठा से लिया जाता है। वह टाँडा बरूद के निवासी थे।

भिलाला जनजाति के नायक रघुनाथ सिंह मण्डलोई ने 1857 के युद्ध के समय निमाड़ क्षेत्र में अंग्रेज़ों के शोषण के विरुद्ध मोर्चा सँभाल रखा था। बड़वानी क्षेत्र में वीर योद्धाद्वय भीमा नायक व खाज्या नायक के अंग्रेज़ों द्वारा दमन के उपरान्त निमाड़ के भील नायकों, रघुनाथ सिंह मण्डलोई एवं सीताराम कँवर ने संग्राम का नेतृत्व सँभाला। उन्होंने तीन सहस्र क्रान्तिकारियों को एकत्र किया और होलकर राज्य के सिपाहियों आदि को भी विद्रोह में भाग लेने के लिए प्रेरित किया।

इन दोनों सेनानियों के नेतृत्व में 30 सितम्बर 1858 को क्रान्तिकारियों ने अंग्रेज़ों की बालसमुन्द चौकी पर अधिकार कर लिया और जामुनी चौकी को लूटकर जला दिया। क्रान्तिदल के नेता सीताराम कँवर को पकड़ने के लिए अंग्रेज़ सरकार ने ₹500 के इनाम की घोषणा की। इसी समय, अकबरपुर क्षेत्र में सीताराम कँवर ने तीव्र हमले किए। क्रान्तिकारियों ने पहाड़ी से नीचे आकर दो चौकियों और डाकघर पर अधिकार कर लिया और अंग्रेज़ों को मुँह की खानी पड़ी, जिससे वे और भी तिलमिला उठे।

8 अक्टूबर 1858 को वीर योद्धा सीताराम कँवर और उनके साथी बरूद गाँव की ओर बढ़े। ब्रिटिश सेना और इन क्रान्तिकारियों में मुठभेड़ हुई, जिसमें नायक सीताराम सहित 20 क्रान्तिकारी वीरगति को प्राप्त हो गए। 78 अन्य क्रान्तिकारियों को अंग्रेज़ों द्वारा बन्दी बना लिया गया और कालान्तर में उन्हें फाँसी दे दी गई।

वीर सीताराम कँवर के बलिदान हो जाने के बाद भिलाला नायक रघुनाथ सिंह मण्डलोई ने क्रान्ति का नेतृत्व अपने सबल हाथों में थाम लिया।

नायक रघुनाथ सिंह मण्डलोई अपने हमलों के बाद प्रायः बीजागढ़ में ठहरते थे। अतः, उन्हें पकड़ने के लिए अंग्रेज़ आधिकारी कीटिंग ने बीजागढ़ के क़िले पर आक्रमण कर दिया। किन्तु अपनी योजना सफल न होते देख, कीटिंग ने कपट का सहारा लिया और सन्देश भिजवाकर रघुनाथ सिंह को वार्तालाप करने का आमन्त्रण दिया। वह बातचीत के लिए सहमत हो गए, और तब छल से रघुनाथ समेत अन्य क्रान्तिकारियों को बन्दी बना लिया गया। इसके पश्चात् उनके

जीवन से सम्बन्धित किसी भी घटना का उल्लेख अप्राप्य है।

रघुनाथ मण्डलोई ने जनजातीय लोगों द्वारा अपनी मातृभूमि की रक्षा व अंग्रेज़ों के शोषण के विरुद्ध किए जा रहे संघर्ष को अन्तिम श्वास तक जारी रखा। मध्य प्रदेश में स्वतन्त्रता संग्राम के इस वीर सेनानी की शौर्यगाथा आज भी सुनाई जाती है और उनके योगदान का स्मरण किया जाता है।

रघुनाथ सिंह मण्डलोई - भील एवं भिलाला समुदाय के प्रतिष्ठित नेतृत्वकर्ता

सन्दर्भ-स्रोत:

- https://www.gondwanasamay.com/2021/08/blog-post_96.html
- https://naitaaqat.in/?p=24096
- https://www.samvad.in/Encyc/2021/9/18/janjatiyasangarsg.amp.html
- https://hindi.news18.com/news/madhya-pradesh/bhopal-narendra-modi-birsa-munda-janjatiya-gaurav-divas-tribal-freedom-fighter-exhibition-bhopal-hindi-news-mpns-3848084.html
- https://twitter.com/welfaretribal/status/1459851878515183621

गेंद सिंह

भारतीय स्वतन्त्रता संग्राम में इस देवभूमि भारत माता के अनेक अमर क्रान्तिवीरों की महत्त्वपूर्ण भूमिका किसी-न-किसी रूप में रही है। अंग्रेज़ों से सशस्त्र संघर्ष करने वाले इन्हीं क्रान्तिकारियों में एक नाम है छत्तीसगढ़ के वीर योद्धा गेंद (गैंद) सिंह का, जिन्होंने प्रथम स्वाधीनता संग्राम में अंग्रेज़ों को कड़ी चुनौती दी थी। हुतात्मा गेंद सिंह आदिवासियों के अधिकारों के लिए लड़ने वाले छत्तीसगढ़ के पहले बलिदानी थे। गेंद सिंह को 'वीर शिरोमणि' की उपाधि प्राप्त है। अंग्रेज़ों और तत्कालीन मराठा शासकों के अत्याचार के विरुद्ध आदिवासियों को एकजुट कर उन्होंने विद्रोह का बिगुल फूँका था।

गेंद सिंह का जन्म बम्हनी (नारायणपुर) नारायणकोट नामक स्थान पर हुआ। नारायण पाटन की चट्टान में आज भी उनके बलिदान के चिह्न विद्यमान हैं। इनके माता-पिता के नाम के विषय में जानकारी अप्राप्य है। गेंद सिंह को बचपन में लोग 'बाबू' कहकर सम्बोधित करते थे। कालान्तर में वही शब्द 'भाऊ' हो गया। इसके पीछे एक कारण यह भी है कि स्थानीय लोग उन्हें अपने बड़े भाई के रूप में मानते थे, इसलिए उन्हें भाऊ कहते थे।

गेंद सिंह छत्तीसगढ़ की बस्तर रियासत के अन्तर्गत आने वाली ज़मींदारी परलकोट के ज़मींदार थे। गेंद सिंह एक बुद्धिमान्, न्यायप्रिय, चतुर और शक्तिशाली व्यक्तित्व के स्वामी थे।

परलकोट विद्रोह के नेतृत्वकर्ता – बलिदानी गेंद सिंह

वह चाहते थे कि उनके क्षेत्र की प्रजा सदैव प्रसन्न रहे और लोगों का किसी भी प्रकार से शोषण न हो। उन्होंने यह सुनिश्चित करने का हर सम्भव प्रयास किया। परन्तु उनके इस प्रयास में अंग्रेज़ एवं उनके कुछ पिट्ठू ज़मींदार, व्यापारी और राजकर्मचारी बाधा डाल रहे थे। ये सब उनके लिए संकट खड़ा करने की प्रतीक्षा में रहते थे।

जब गेंद सिंह विवाहयोग्य हुए, तो बम्हनी के देहारी परिवार की एक कन्या से उनका विवाह हुआ। विवाह के पश्चात् वे कोंगालीगढ़ (कंगालीगढ़) में रहने लगे। वहाँ कुछ वर्ष व्यतीत करने के बाद वह आलरगढ़ चले गए। आलरगढ़ भी उन्हें रास नहीं आया, तब वह परलकोट जाकर बस गए।

अंग्रेज़ों ने अपनी कूटनैतिक चालों से छत्तीसगढ़ के बस्तर क्षेत्र को अपने अधीन कर लिया था और वहाँ रहने वाली जनजातियों का सामाजिक, आर्थिक व नैतिक शोषण कर रहे थे। इस दौर में, बस्तर के भीतर 'हल्बा आदिवासी विद्रोह' सिर उठा चुका था। सन् 1779 में डोंगर के राजा अजमेर सिंह की षड्यन्त्रपूर्वक हत्या कर दी गई। इस घटना के बाद हल्बा संगठन कुछ दुर्बल हो गया और अंग्रेज़ी सत्ता ने इसी का लाभ उठाते हुए आदिवासियों से उनके अधिकार छीनने शुरू कर दिए।

ईस्ट इण्डिया कम्पनी के पैर भारत में 1757 के पहले ही पड़ चुके थे और धीरे-धीरे पूरे देश पर उसका शासन बढ़ता गया। छत्तीसगढ़ में उनके पैर पड़े सन् 1818 में। सन् 1817 में हुए सीताबर्डी के युद्ध में मराठा भोंसले पराजित हो गए, तब नागपुर के भोंसले शासन तथा ईस्ट इण्डिया कम्पनी के बीच सन्धि हुई। इस सन्धि के अनुसार छत्तीसगढ़, जिसमें बस्तर भी सम्मिलित था, उसकी शासन व्यवस्था ईस्ट इण्डिया कम्पनी को दे दी गई।

अंग्रेज़ों के शासन व्यवस्था सँभालते ही क्षेत्र में चहुँओर शोषण और दमन का बोलबाला हो गया। सेना, पुलिस और नौकरशाहों का ख़र्च भी जनता से वसूला जा रहा था। जनता पर करों का बोझ बहुत बढ़ गया था और स्थिति असहनीय हो चुकी थी। वहीं, वनवासियों में विद्रोह की आग पहले ही सुलग रही थी। अंग्रेज़ों ने इसे और हवा देने का काम किया, जिसके परिणामस्वरूप सन् 1824 में परलकोट विद्रोह भड़क उठा, जिसका नेतृत्व ज़मींदार गेंद सिंह ने किया था।

1820 के दशक में अंग्रेज़ों के नवनियुक्त कैप्टन पेबे ने परलकोट को अपने गढ़ के रूप में चुना था। ज़मींदारी के भीतर 165 गाँव थे और परलकोट ज़मींदारी का मुख्यालय था। परलकोट, कोटरी नदी के तट पर, महाराष्ट्र में चन्द्रपुर जनपद के पास एक कोयतूर गाँव है, जो तीन नदियों का संगम है। गेंद सिंह यहीं के ज़मींदार थे, जिनके द्वारा अपनी प्रजा के हित में और अंग्रेज़ी शासन की इच्छा के विरुद्ध कार्य करने के कारण उन्हें ज़मींदारी से हटाने का षड्यन्त्र खेला जाने लगा।

*बलिदानी गेंद सिंह ने **'अंग्रेज़ मुक्त बस्तर'** का नारा दिया था। कहा जाता है कि यहीं से देश में स्वतन्त्रता आन्दोलन का शुभारम्भ हुआ।*

षड्यन्त्रकारियों ने उनके महल में, जो पहले से ही बन्द था, वहाँ और एक ताला लगाकर एक पत्र लटका दिया। उनके द्वारा भोले-भाले आदिवासी अबूझमाड़ियों को बरगलाकर यह समझा दिया गया गेंद सिंह मारे गए, और उनका महल अब शत्रुओं के क़ब्ज़े में है। इसके बाद वे लूटपाट व हत्याएँ कर लोगों में आतंक फैलाने लगे।

जब राजा गेंद सिंह नवम्बर 1824 में महल वापस आए, तो ताला व पत्र देखकर हैरान रह गए। उन्हें कुछ सूझ नहीं रहा था। उन्होंने तत्काल अपने सैनिकों की सभा बुलाई। अंग्रेज़ों, मराठों की लूट-खसोट और शोषण के विरुद्ध 24 दिसम्बर 1824 को गेंद सिंह के नेतृत्व में अबूझमाड़िया के निवासी परलकोट में एकत्रित होने लगे, जहाँ मराठों व अंग्रेज़ों की क्रूरता व शोषण को कुचलकर क्षेत्र को शोषणमुक्त करने की रणनीति बनाई गई।

4 जनवरी 1825 को क्रान्तिकारीगण अबूझमाड़ सहित आस-पास के क्षेत्रों में फैल गए। गेंद सिंह के नेतृत्व में परलकोट में विद्रोह आरम्भ हुआ। विद्रोहियों ने पहले मराठों को रसद पहुँचाने वाले बंजारों को लूटा और फिर ब्रिटिश अधिकारियों व मराठों पर घात लगाना शुरू कर दिया।

अबूझमाड़िया विद्रोह के संकेत के रूप में एक स्थान से दूसरे स्थान पर 'धावड़ा वृक्ष' की टहनियों को भेजते थे। वर्ग विशेष को पत्तियों के सूखने से पहले विद्रोहियों के पास जाने का निर्देश दिया जाता था। इस प्रकार, अल्प समय में ही विद्रोह की चिंगारी आस-पास के समस्त क्षेत्रों में फैल चुकी थी।

गेंद सिंह के नेतृत्व में सरकार द्वारा लगाए गए नये करों का विरोध किया गया। विद्रोह का नेतृत्व अलग-अलग टुकड़ियों में भिन्न-भिन्न लोगों द्वारा किया जाता था। रात में विद्रोही गोटुल (घोटुल) में इकट्ठा होते और अगले दिन की रणनीति तय करते। विद्रोहियों का मुख्य उद्देश्य विदेशी सत्ता को धूल चटाना और से बस्तर को दासता की बेड़ियों से मुक्त कराना था।

इस विद्रोह में पुरुषों के साथ महिलाओं की भी भागीदारी थी। अबूझमाड़िया 500-500 की संख्या में गुट बनाकर निकलते थे, जिसमें से कुछ का नेतृत्व महिलाएँ करतीं और कुछ का पुरुष। गेंद सिंह योजनाबद्ध रूप से उनका मार्गदर्शन करते रहे। पर्वतों और घने जंगलों के सहारे वे लोग एक वर्ष तक अंग्रेज़ों को छकाते रहे। अंग्रेज़ी बन्दूकों के समक्ष आदिवासियों का जंगल एक सशक्त हथियार बना। सहस्रों की संख्या में वनवासी योद्धा धनुष-बाण और भालों से अंग्रेज़ अधिकारियों पर घात लगाकर आक्रमण करते थे। शत्रु जहाँ दिखता, उसको वहीं मौत के घाट उतार दिया जाता।

1818 से 1825 तक कम्पनी की ओर से छत्तीसगढ़ के अधीक्षक पद पर मेजर एग्न्यू आसीन था। विद्रोह इस सीमा तक फैल गया था कि एग्न्यू को सीधे हस्तक्षेप करना पड़ा। अनेक अत्याचार

सहकर तथा हथियारों के अभाव के बावजूद, गेंद सिंह ने सिर झुकाना स्वीकार नहीं किया।

अन्ततः, एग्न्यू ने चन्द्रपुर से बड़ी सेना बुलवाई। चाँदा के पुलिस अधीक्षक कैप्टन पेबे ने इस आन्दोलन को दबाने का उत्तरदायित्व अपने ऊपर लिया और सेना लेकर परलकोट की ओर प्रस्थान किया।

वनवासियों और अंग्रेज़ी सेना के बीच घमासान युद्ध हुआ। एक ओर सैनिकों की आग उगलती बन्दूकें थीं, तो दूसरी ओर अपने धनुषों से तीरों की वर्षा करते वीर वनवासी। इस युद्ध में मधुमक्खियाँ भी राजा की सैनिक बन गई थीं। अंग्रेज़ सेना परलकोट पहुँचते-पहुँचते मधुमक्खियों एवं अबूझमाड़िया सेना के तीरों से त्रस्त हो गई। मेजर एग्न्यू के होश उड़ गए; उसे अतिरिक्त सेना की आवश्यकता अनुभव हुई। वनवासी योद्धाओं के लिए अंग्रेज़ों के आधुनिक शस्त्रों के समक्ष अधिक देर टिक पाना सम्भव नहीं था। फिर भी, उन्होंने साहस व शौर्य का परिचय देते हुए लगातार 16 दिनों तक अंग्रेज़ों से संघर्ष जारी रखा।

अन्ततः, 10 जनवरी 1825 को वनवासियों का नेतृत्व कर रहे परलकोट के ज़मींदार गेंद सिंह को अंग्रेज़ों द्वारा गिरफ़्तार कर लिया गया। उनकी गिरफ़्तारी से आन्दोलन थम गया। गेंद सिंह की गिरफ़्तारी का समाचार सुनकर कैप्टन पेबे के हर्ष का ठिकाना न था। परन्तु वह इतना भयभीत था कि उसने गेंद सिंह को अंग्रेज़ अधिकारियों के सामने प्रस्तुत करने या न्यायालय ले जाने का जोखिम उठाना भी उचित नहीं समझा। गिरफ़्तारी के 10 दिवस बाद ही 20 जनवरी 1825 के दिन वीर गेंद सिंह को उनके महल के सामने फाँसी दे दी गई।

गेंद सिंह भारतीय स्वतन्त्रता संग्राम में बस्तर ही नहीं, अपितु सम्पूर्ण छत्तीसगढ़ के प्रथम बलिदानी थे। इस विद्रोह को हम एक प्रकार से 1857 के प्रथम स्वतन्त्रता संग्राम का शंखनाद भी कह सकते हैं।

बस्तर भूमि की मुक्ति के लिए गेंद सिंह का बलिदान अदम्य पराक्रम का एक अविस्मरणीय उदाहरण है। वास्तव में, वह एक सच्चे देशभक्त और मातृभूमि के सच्चे सपूत थे, जिन्होंने बस्तर की भूमि से भारतीय स्वतन्त्रता संग्राम का पहला शंखनाद किया। उनका बलिदान अद्वितीय व अतुलनीय है।

परलकोट थाना सन् 1886 में परतापुर में स्थानान्तरित कर दिया गया था। आज परलकोट कांकेर जनपद की पखांजुर तहसील में विरान गाँव के रूप में दर्ज है। वहाँ गेंद सिंह के महल के खण्डहर का अवशेष व पुरातात्त्विक महत्त्व की सामग्री विलुप्तप्राय अवस्था में है। वीर गेंद सिंह के बलिदान की स्मृति में, परलकोट क्षेत्र में होली से रंगपंचमी तक आज भी विशाल मेले का आयोजन होता है।

सन्दर्भ-स्रोत:

- https://koyapunemgondwana.com/gend-singh-chhattisgarh
- https://halba-halbi-samaj.blogspot.com/2020/07/vir-shiromani-gaind-singh-ki.html#point0
- https://lalluram.com/death-anniversary-martyr-gand-singh-bastar-chhattisgarh/
- https://dabangbastar.com/?p=7541
- https://iamchhattisgarh.in/paralkot-vidroh-chhattisgarh.html
- https://www.jagran.com/news/national-first-martyr-of-chhattisgarh-zamindar-gaind-singh-of-chhattisgarh-was-hanged-for-independence-195-years-ago-20262231.html

गुण्डाधुर
(बागा धुरवा)

छत्तीसगढ़ के बस्तर में बलिदानी गुण्डाधुर का नाम बड़े सम्मान के साथ लिया जाता है। उनका नाम बस्तर को अंग्रेज़ी दासता से मुक्ति दिलाने वाले वीर नायकों की अग्रिम पंक्ति में शामिल है। वह एक वीर जनजातीय क्रान्तिकारी थे। गुण्डाधुर को 'छत्तीसगढ़ का तात्या टोपे' भी कहा जाता है।

गुण्डाधुर का जन्म नेतनार, बस्तर (छत्तीसगढ़) के एक गाँव में हुआ था। छोटे-से गाँव में पले-बढ़े गुण्डाधुर ने आगे चलकर अंग्रेज़ों की नाक में दम कर दिया था। अपने अतुल्य साहस व शौर्य के कारण महान् वीर गुण्डाधुर का नाम आज भी बस्तर के लोगों के मध्य जीवित है।

बस्तर का इतिहास बहुत समृद्धशाली रहा है। यहाँ की संस्कृति, रीति-रिवाज व परम्पराएँ अपने आप में बेहद विशेष हैं। बस्तर की वैभव सम्पदा की गाथा देश के लगभग हर कोने में प्रचलित है। चालुक्य और मराठा राजवंशों के शासनकाल से लेकर अंग्रेज़ों के शासनकाल का विवरण इतिहास के पन्नों में दर्ज है, परन्तु कहीं-न-कहीं गुण्डाधुर गोंड की कोयतूर धुरवा जनजाति को इतिहास में वह स्थान नहीं मिला, जिसके वे अधिकारी थे।

भूमकाल विद्रोह के जननायक – बलिदानी वीर गुण्डाधुर

बस्तर को एक अलग पहचान दिलाने में बलिदानी गुण्डाधुर का नाम प्रमुख है। उस समय देश का अधिकांश भाग अंग्रेज़ों की दासता के बन्धन में जकड़ा हुआ था। हर क्षेत्र की भाँति, बस्तर और बस्तर के लोग भी अंग्रेज़ों से मुक्त होना चाहते थे, पर अंग्रेज़ी सत्ता के विरुद्ध स्वर ऊँचा करने का साहस बहुत कम व्यक्तियों में था। इस दौरान वीर गुण्डाधुर एक ऐसी मुखर आवाज़ बनकर उभरे जो अंग्रेज़ी शासन को उखाड़ फेंकना चाहती थी।

बस्तर के नेतनार में रहने वाले लोग गुण्डाधुर को 'बागा धुरवा' के नाम से जानते थे। ध्यातव्य है कि बाहरी शक्तियों के विरुद्ध संघर्ष करना, यह बस्तर की प्रकृति रही है। इसी परिपाटी पर चलते हुए बलिदानी गुण्डाधुर ने अंग्रेज़ों का विरोध करना आरम्भ किया।

उस काल में बस्तर का कार्यभार राजा रुद्रप्रताप के हाथों में था, लेकिन वह राजा होते हुए भी अंग्रेज़ों के अधीन होकर काम रहे थे। राज्य रुद्रप्रताप की उनके चाचा दीवान कालेन्द्र सिंह से किसी बात को लेकर अनबन हो गई। राजा रुद्रप्रताप देव ने कालेन्द्र सिंह को दीवान पद से हटा दिया तथा अंग्रेज़ों के कृपापात्र पण्डा बैजनाथ को दीवान नियुक्त कर दिया।

इसी बीच, 1910 में भूमकाल आन्दोलन भड़क उठा। गुण्डाधुर के नेतृत्व में आदिवासियों ने अंग्रेज़ों के विरुद्ध ऐसा विद्रोह किया, जो वे सदा स्मरण रखने वाले थे। बात यह थी कि उसी वर्ष अंग्रेज़ी शासन ने कांगेर जंगल के दो-तिहाई भाग को आरक्षित वन घोषित करने का प्रस्ताव रखा और साथ ही पोडू खेती (shifting cultivation), जंगल में शिकार तथा वन उत्पादों के दोहन को लेकर प्रतिबन्ध लगा दिए। इस योजना से क्षेत्र के वनवासियों की आजीविका और उनका सामान्य जीवन प्रभावित होना निश्चित था। उनके पास विस्थापित होने के अतिरिक्त कोई विकल्प न बचता। इससे बस्तर की आर्थिक स्वतन्त्रता भी संकट में पड़ गई।

उसी समय, बस्तर पर एक और आपदा आई। क्षेत्र में भयंकर अकाल पड़ा। बस्तर के अधिकांश जनों की आजीविका वन और वनोत्पादों पर निर्भर थी। इन्हीं के सहारे वह अपना जीवनयापन करते थे। ईंधन (जलाऊ लकड़ी), जड़ी-बूटियाँ, कन्द-मूल-फल एवं विभिन्न वनोत्पादों से वनवासी वंचित हो गए।

इस दौरान, बस्तर के दीवान बैजनाथ पण्डा ने एक और विवादास्पद निर्णय लेते हुए बस्तर में अनिवार्य शिक्षा लागू कर दी। जनसाधारण को साक्षरता के लिए प्रोत्साहित करने के स्थान पर अनिवार्य शिक्षा का क़ानून उनपर जबरन लाद दिया गया। इस क़ानून को लागू कराने के लिए सिपाहियों की सहायता से बच्चों को बलपूर्वक घर से निकाला जाने लगा। विरोध करने वाले अभिभावकों को कई प्रकार से प्रताड़ित किया गया।

स्थानीय वनवासी बेगारी प्रथा से भी तंग आ चुके थे। साथ ही, ईसाई मिशनरियाँ द्वारा झाँसा देकर करवाए जा रहे मत-परिवर्तन से भी समाज में आक्रोश व्याप्त था। इसके अतिरिक्त, अंग्रेज़ अधिकारी जब दौरे पर आते थे, तो उनकी आवभगत में स्थानीय जनों के मुर्गे और बकरे भी भेंट में चढ़ जाया करते थे। इस प्रकार, प्रजा हर ओर से त्रस्त होकर अपने अधिकारों के लिए जूझ रही थी और राजा अपने सिंहासन के लिए चिन्तित था। भीतर-ही-भीतर जनजातीय समाज में व्यवस्था के विरुद्ध असन्तोष बढ़ता गया और विप्लव की चिंगारी फूट पड़ी।

ग्राम नेतनार का एक वनवासी युवा बाहरी लोगों द्वारा किए जा रहे इस हस्तक्षेप व शोषण से घृणा करता था, उसका नाम था गुण्डाधुर। गुण्डाधुर को विद्रोह का नेतृत्व करने के लिए चुना गया और उन्होंने भविष्य की रणनीति तैयार की। वीर गुण्डाधुर एक कुशल योद्धा व रणनीतिकार थे। उन्होंने सोच-विचारकर 'भूमकाल आन्दोलन' की नींव रखी।

कुछ ही समय में, गुण्डाधुर ने एक कुशल संगठनकर्ता के रुप में ख्याति अर्जित कर ली। सन् 1910 में उनके नेतृत्व में सभी संगठन सक्रिय हो गए और तीर-कमान, फरसा, भाला व टँगिया (कुल्हाड़ी) आदि हथियारों से सुसज्जित होकर विद्रोह का श्रीगणेश कर दिया।

इस आन्दोलन के अन्तर्गत सरकारी स्कूलों, पुलिस थाना, जंगल नाका आदि सबको जलाकर नष्ट कर दिया गया। गुण्डाधुर एवं उनके साथियों द्वारा की जा रही विद्रोही गतिविधियों की सूचना अंग्रेज़ अधिकारियों तक पहुँची, तो उन्होंने कप्तान गेयर को एक सैन्य टुकड़ी के साथ भेजा, ताकि राजा रुद्रप्रताप देव और दीवान बैजनाथ पण्डा की सहायता की जा सके। सभी ने मिलकर वनवासियों के विद्रोह का दमन करने हेतु रणनीति बनाई।

कुछ समय के पश्चात्, आन्दोलन के 15 प्रमुख क्रान्तिकारी नेता गिरफ़्तार कर लिए गए और उन्हें फाँसी दे दी गई। इन क्रान्तिवीरों को जिस इमली का पेड़ पर फाँसी दी गई थी, वह पेड़ जगदलपुर के गोलबाज़ार चौक पर आज भी स्थित है और उन अमर बलिदानियों की शौर्यगाथा का साक्षी है।

ब्रिटिश शासन को इस आन्दोलन को नियन्त्रित करने में महीनों लग गए। फिर भी, गुण्डाधुर कभी भी उनकी गिरफ़्त में नही आ सके। इस आन्दोलन के फलस्वरूप, आरक्षित वन का प्रस्ताव उसी समय रद्द कर दिया गया और बाद में उसके प्रस्तावित क्षेत्र को घटाकर आधा कर दिया गया।

बस्तर के इस वीर क्रान्तिकारी बागा धुरवा को उनकी विद्रोही प्रवृत्ति के चलते अंग्रेज़ों ने ही 'गुण्डाधुर' की उपाधि दी थी। बस्तर से ब्रिटिश शासन की नींव हिलाने के लिए गाँव-गाँव तक लाल मिर्च, मिट्टी का धुनष-बाण और आम की टहनियाँ लोगों के घर-घर तक पहुँचाने का काम इस उद्देश्य से शुरू किया गया, कि लोग बस्तर की अस्मिता को बचाने के लिए अंग्रेज़ों के विरुद्ध आगे आएँ और आन्दोलन का सन्देश लोगों तक पहुँच सके। उस समय अंग्रेज़ों के विरुद्ध हुए संग्राम में लगभग 25 सहस्र लोगों ने अपने प्राणों की आहुति दी थी।

भूमकाल आन्दोलन की गाथा आज भी बस्तर के लोकगीतों में जीवन्त है और लोगों को सुनाई जाती है। आज भी, जब कोई रात के अँधेरे में भूमकाल के गीत छेड़ता है, तो आदिवासियों के पाँव ठहर जाते हैं। उस सदी में की गई क्रान्ति की स्मृतियाँ आज भी जनजातीय समुदाय को पीड़ा से भर देती हैं। बस्तर का इतिहास, पुस्तकों के पन्नों की अपेक्षा लोककथाओं, लोकगीतों और जनश्रुतियों में कहीं बेहतर ढंग से संकलित और जीवित है।

उस वक्त बलिदानी गुण्डाधुर को विद्रोहियों का सर्वमान्य नेता माना गया था। गुण्डाधुर सामान्य आदिवासी थे, जिन्होंने न तो कभी पाठशाला का मुँह देखा था और न ही बाहरी संसार में पग धरा था। केवल 35 साल की आयु में उन्होंने अंग्रेज़ों के विरुद्ध ऐसी लड़ाई छेड़ी कि अंग्रेज़ी सत्ता के दाँत खट्टे हो गए। कहा जाता है कि उनसे भयभीत होकर एक समय अंग्रेज़ी सेना को जंगलों में छिपने के लिए गुफाओं का सहारा लेना पड़ा था। उस समयकाल के कई अंग्रेज़ अधिकारियों ने अपनी डायरी में भूमकाल आन्दोलन को लेकर कई बातें लिखी हैं, जो इतिहास के

पन्नों में अंकित हैं। बस्तर की सम्पदा लूट रहे अंग्रेज़ों के विरुद्ध उठ खड़े हुए भूमकाल आन्दोलन ने पूरी ब्रिटिश सत्ता को हिलाकर रखा दिया था।

20वीं शताब्दी से पहले विश्व में किसी ने भी बदमाश के अर्थ में 'गुण्डा' शब्द का प्रयोग नहीं किया था। हिन्दी में 'गुण्डा' शब्द अंग्रेज़ों की फ़ाइल से आया है। वह भी तब, जब 20वीं शताब्दी के पहले दशक में बस्तर के मुण्डा कोयतूर समाज के स्वतन्त्रता सेनानी वीर गुण्डाधुर को अंग्रेज़ों ने बदमाश मान लिया था। भारतीयों की दृष्टि में वीर गुण्डा एक स्वतन्त्रता सेनानी हैं, मगर अंग्रेज़ों के लिए वह एक बिगड़ैल, बदमाश थे। अंग्रेज़ी समाचार-पत्रों में 'गुण्डा' शब्द का प्रयोग पहली बार 1920 के आस-पास मिलता है, जबकि अंग्रेज़ी साहित्य में इसका प्रयोग 1925-30 के बीच मिलता है।

बलिदानी गुण्डाधुर का व्यक्तित्व और कर्तृत्व आज भी लोगों की स्मृतियों में जीवित है। बस्तर के आदिवासी हर वर्ष क्रान्तिकारी गुण्डाधुर को स्मरण कर उन्हें श्रद्धांजलि देते हैं।

बस्तर के इस माटीपुत्र की स्मृति में छत्तीसगढ़ राज्य सरकार द्वारा खेल जगत् में उत्कृष्ट प्रदर्शन करने वाले खिलाड़ियों को गुण्डाधुर पुरस्कार से सम्मानित किया जाता है। साथ ही, प्रति वर्ष 10 फरवरी का दिन भूमकाल दिवस के रूप में मनाया जाता है।

नेतनार, बस्तर, छत्तीसगढ़ में स्थापित वीर गुण्डाधुर प्रमुख की प्रतिमा

सन्दर्भ-स्रोत:

- https://www.naidunia.com/chhattisgarh/jagdalpur-the-saga-of-valor-of-martyr-veer-gundadhur-will-be-remembered-for-centuries-7294267
- http://adivasiresurgence.com/2018/02/11/%E0%A4%97%E0%A5%81%E0%A4%82%E0%A4%A1%E0%A4%BE%E0%A4%A7%E0%A5%81%E0%A4%B0-%E0%A4%A7%E0%A5%81%E0%A4%B0%E0%A4%B5%E0%A4%BE-%E0%A4%95%E0%A5%80-%E0%A4%AA%E0%A5%8D%E0%A4%B0%E0%A4%A4%E0%A4%BF%E0%A4%AE/
- https://www.chhatrashakti.in/2020/08/09/unsungfreedomfighter-%E0%A4%AC%E0%A4%B8%E0%A5%8D%E0%A4%A4%E0%A4%B0-%E0%A4%95%E0%A4%BE-%E0%A4%AD%E0%A5%82%E0%A4%AE%E0%A4%95%E0%A4%BE%E0%A4%B2-%E0%A4%94%E0%A4%B0-%E0%A4%B6%E0%A4%B9%E0%A5%80/
- https://sameergk115.blogspot.com/2019/02/gundadhur-dhurwa.html
- https://amritmahotsav.nic.in/unsung-heroes-detail.htm?219
- https://ggckondagaon.in/College.aspx?PageName=About%20Veer%20Shaheed%20Gundadhur
- https://koyapunemgondwana.com/gundadhur-bastar/
- https://www.cgpsc.info/veer-gundadhur.html/
- http://dakshinkosaltoday.com/causes-of-land-time-revolt-of-bastar-and-role-of-gundadhur-in-rebellion/

राजा शंकर शाह और रघुनाथ शाह

भारत देश में अनेक स्वातन्त्र्यवीरों एवं क्रान्तिवीरों की कथाएँ प्रचलित हैं। इन्हीं वीरों से एक है पिता-पुत्र की वह देशभक्त जोड़ी, अर्थात् शंकर शाह और उनके बेटे रघुनाथ शाह, जिन्होंने अंग्रेज़ों के विरुद्ध एक अनोखा ज्वार उत्पन्न किया था।

राजा शंकर शाह गोंडवाना साम्राज्य के राजा थे। उनके पुत्र का नाम रघुनाथ शाह था। ये दोनों ही गोंड समाज से आते थे। राजा शंकर शाह निजाम शाह के प्रपौत्र तथा सुमेद शाह के एकमात्र पुत्र थे। राजा शंकर शाह ज़मींदारों और आम जनता के बीच बहुत लोकप्रिय थे।

वीर राजा शंकर शाह और उनके पुत्र रघुनाथ शाह गढ़ा मण्डला और जबलपुर के गोंड राजवंश के प्रतापी राजा संग्राम शाह के वंशज थे। इस राजवंश की कई पीढ़ियों ने अपने राष्ट्र एवं आत्मसम्मान के लिए प्राण तक न्यौछावर कर दिए थे। राजा संग्राम शाह के बड़े पुत्र दलपत शाह की पत्नी रानी दुर्गावती और पुत्र वीरनारायण ने अपनी मातृभूमि और आत्मसम्मान की रक्षा करते हुए अकबर की सेना से युद्ध कर अपना बलिदान दिया था। इसके पश्चात् गढ़ा मण्डला अकबर के अधीन हो गया। अकबर ने अपनी अधीनता में शासन चलाने के लिए रानी दुर्गावती के देवर (राजा दलपत शाह के छोटे भाई) चन्दा नरेश अर्थात् चन्द्र शाह को राजा बनाया। इन्हीं चन्द्र शाह की 11वीं पीढ़ी में अमर हुतात्मा शंकर शाह ने जन्म लिया। राजा शंकर शाह और उनके

पुत्र कुँवर रघुनाथ शाह ने 1857 की क्रान्ति में अपने प्राण अर्पित कर इस वंश से पुनः देश के लिए बलिदान दिया।

अमर बलिदानी राजा शंकर शाह और अमर बलिदानी कुँवर रघुनाथ शाह

राजा शंकर शाह और कुँवर रघुनाथ शाह दोनों का जन्म मण्डला के क़िले में हुआ था। इस क़िले का निर्माण इसी गोंड राजवंश के राजा नरेन्द्र शाह ने 1698 में करवाया था। यह क़िला तीन दिशाओं से माँ नर्मदा की अथाह जलराशि से घिरा था, जिस कारण क़िले को तीन ओर से एक प्राकृतिक सुरक्षा कवच मिल हुआ था। राजा शंकर शाह के पिता राजा सुमेद शाह के समय मण्डला पेशवाओं और मराठाओं के अधीन आ गया था, और पेशवा के प्रतिनिधि के रूप में सुमेद शाह मण्डला की राजगद्दी पर बैठकर शासन चला रहे थे।

1818 में मण्डला अंग्रेज़ों के अधीन आ गया। अब राजा शंकर शाह पहले के राजाओं की भाँति एक स्वतन्त्र राजा नहीं रह गए; उनके पास मात्र पुरवा और कुछ गाँव की जागीरदारी बची थी और उन्हें अंग्रेज़ों से पेंशन मिलती थी। किन्तु गढ़ा मण्डला और जबलपुर की जनता के मध्य उन्हें वही मान-सम्मान प्राप्त था, जो उनके पूर्वजों को था। राजा शंकर शाह की पत्नी का नाम रानी फूल कुँवर था और कुँवर रघुनाथ शाह उनके एकमात्र पुत्र थे। कुँवर रघुनाथ शाह का विवाह रानी मन कुँवर से हुआ, और इनके एकमात्र पुत्र का नाम लक्ष्मण शाह रखा गया।

उसी समय, लार्ड डलहौजी ने भारतीय राज्यों को हड़पने के लिए एक नीति बनाई थी, जिसे डॉक्टराइन ऑफ़ लैप्स (Doctrine of Lapse) कहा जाता है। इसके अनुसार, जिस किसी राजा का आनुवांशिक उत्तराधिकारी नहीं होता था, उसे अंग्रेज़ी राज्य में विलय कर लिया जाता

था। इस नीति के तहत झाँसी, नागपुर, अवध, कानपुर, मण्डला व रामगढ़ को अंग्रेज़ अपने अधीन कर लेना चाहते थे। इस नीति के कारण चहुँओर रोष व्याप्त हो गया। इसके अतिरिक्त, गाय और सुअर की चर्बी वाले कारतूस भी क्रान्ति का कारण बने। राजा रघुनाथ शाह इन सभी घटनाओं से बेहद आहत थे और अंग्रेज़ों को इस देश से भगाना चाहते थे।

राजा शंकर शाह और कुँवर रघुनाथ शाह दोनों ही वीर होने के साथ-साथ उत्कृष्ट कवि भी थे और अपनी कवितों के माध्यम से लोगों में देशभक्ति की भावना जगाया करते थे। 1857 के स्वतन्त्रता संग्राम के दौरान समूचे देश में क्रान्ति की ज्वाला पूरी शक्ति एवं जोश के साथ लोगों में धधक रही थी। कमल एवं रोटी का सन्देश गाँव-गाँव तक पहुँच रहा था। मध्य भारत में राजा शंकर शाह को, जिनकी उम्र 70 वर्ष थी, क्रान्ति का नेता चुना गया था।

राजा शंकर शाह की अध्यक्षता में पुरवा में आस-पास के ज़मींदारों और राजाओं की सभा बुलाई गई, जिसमें रानी अवन्तीबाई भी सम्मिलित हुईं। इस क्षेत्र में प्रचार के लिए एक पत्र और दो काली चूड़ियों की पुड़िया बनाकर प्रसाद के रूप में वितरित की गई। इस पत्र में लिखा गया, "अंग्रेज़ों से संघर्ष के लिए तैयार रहो या चूड़ियाँ पहनकर घर बैठो।" किसी राजा, ज़मींदार या मालगुज़ार के पुड़िया स्वीकार लेने का अर्थ था उसके द्वारा क्रान्ति में अंग्रेज़ों के विरुद्ध अपना समर्थन देना।

1857 के संग्राम के दौरान गोंडवाना में तैनात अंग्रेज़ों की 52वीं रेजिमेण्ट का कमाण्डर क्लार्क बहुत ही क्रूर था। इसी 52वीं रेजिमेण्ट के कई सैनिक अंग्रेज़ों के विरुद्ध विद्रोह का मन बना चुके थे। कमाण्डर क्लार्क आस-पास के क्षेत्रों के छोटे राजाओं, ज़मींदारों और आम जनता का उत्पीड़न करता था और उनसे मनमाना कर वसूलता था। कमाण्डर के कारण चारों और अनाचार और व्यभिचार का बोलबाला था। जनता के मध्य हाहाकार मचा हुआ था।

राजा शंकर शाह और उनके बेटे कुँवर रघुनाथ शाह ने इस अंग्रेज़ कमाण्डर क्लार्क के समक्ष झुकना स्वीकार नहीं किया और उससे लोहा लेने की ठानी। इसके अन्तर्गत उन्होंने जनता और ज़मींदारों को साथ लेकर क्लार्क के अत्याचारों को समाप्त करने का उद्देश्य लेकर अंग्रेज़ों के विरुद्ध संघर्ष की घोषणा की। आस-पास के राजाओं को भी एकजुट करने के प्रयत्न तीव्र कर दिए गए। शंकर शाह और रघुनाथ शाह की ओजपूर्ण कविताओं ने नगरवासियों में विद्रोह की अग्नि सुलगा दी।

राजा शंकर शाह जबलपुर की अंग्रेज़ सैनिक छावनी पर आक्रमण कर वहाँ तैनात भारतीय सेना की सहायता से अंग्रेज़ी राज को उखाड़ फेंकने की योजना बना रहे थे। परन्तु उनके महल के कुछ लोग भीतर की गोपनीय सूचनाएँ अंग्रेज़ों तक पहुँचाने में लिप्त थे। इन्हीं में से एक

विश्वासघाती और भ्रष्ट कर्मचारी गिरधारी लाल को राजा ने निष्काषित कर दिया था, क्योंकि वह अंग्रेज़ों के लिए राजा की कविताओं का अंग्रेज़ी अनुवाद किया करता था। इस घटना से सतर्क होकर, क्लार्क ने चारों ओर अपने गुप्तचर तैनात कर दिए थे।

इसमें कुछ गुप्तचर ऐसे भी थे जिन्हें अंग्रेज़ डिप्टी कमिश्नर ने साधु के भेष में गढ़ पुरवा भेजा, ताकि वे राजा शंकर शाह की तैयारियों की जानकारी ले सकें। राजा धार्मिक प्रवृत्ति के व्यक्ति थे; उन्होंने साधुओं का स्वागत किया और अपनी योजनाएँ भी उन्हें बता दीं।

वह बन्दी गृह, जहाँ अमर बलिदानी शंकर शाह व रघुनाथ शाह को रखा गया था।

इस प्रकार, राजा की योजनाओं की जानकारी जबलपुर के डिप्टी कमिश्नर को हो गई और उसने क्लार्क को सूचित कर दिया कि दो दिन बाद छावनी पर हमला होने वाला है। 14 सितम्बर 1857 को रात्रिकाल में अंग्रेज़ों ने लगभग 20 घुड़सवारों और 40 पैदल सिपाहियों के साथ राजा की हवेली पर आक्रमण कर राजा शंकर शाह, उनके 32 वर्षीय पुत्र कुँवर रघुनाथ शाह और 13 अन्य लोगों को गिरफ़्तार कर लिया और पूरी हवेली की गहन छान-बीन की। चार दिन बाद, 18 सितम्बर 1858 को दोनों को अलग-अलग तोपों के मुँह पर बाँध दिया गया। मृत्यु से पूर्व दोनों ने अपनी प्रजा को एक-एक छन्द सुनाया। पहला छन्द राजा शंकर ने सुनाया:

"मलेच्छों का मर्दन करो, कालिका माई!
मूँद मुख डण्डिन को, चुगली को चबाई खाई,
खूँद डार दुष्टन को, शत्रु संहारिका माई!

दूसरा छन्द पुत्र रघुनाथ ने और भी उच्च स्वर में सुनाया:

"कालिका भवानी माय अरज हमारी सुन
डार मुण्डमाल गरे खड्ग कर धर ले।"

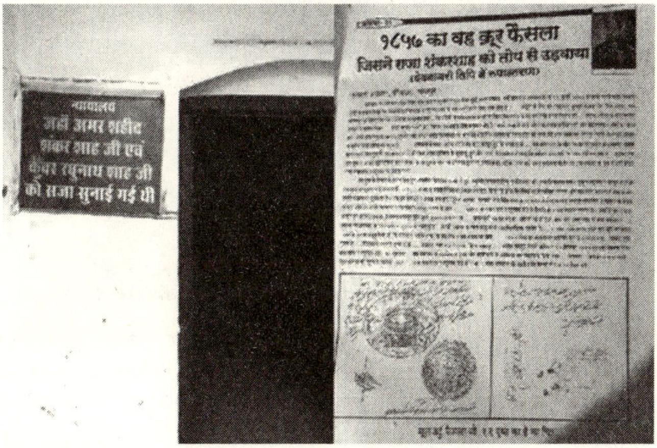

यह वह न्यायालय है, जहाँ बलिदानी राजा शंकर शाह और कुँवर रघुनाथ शाह जी को सज़ा सुनाई गयी थी।

छन्दपाठ समाप्त होते ही जनता में राजा एवं राजकुमार की जय-जयकार के नारे गूँज उठे, जिससे क्लार्क घबरा गया। उसने तोपों में आग लगवा दी। भीषण गर्जना के साथ चारों ओर धुआँ भर गया, और महाराजा शंकर शाह व राजकुमार रघुनाथ शाह वीरगति को प्राप्त हुए। इस घटना ने जनता में अंग्रेज़ों को प्रति गुस्से को और भी उग्र कर दिया। उनकी यह लड़ाई स्वतन्त्रता प्राप्त कर लेने तक जारी रही।

दोनों वीर पिता-पुत्र को अंग्रेज़ों ने जहाँ बन्दी बनाकर रखा था, वर्तमान में वह जबलपुर डीएफ़ओ कार्यालय है।

मुगलों से लोहा लेना हो या फिर अंग्रेज़ों की दासता की बेड़ियों को तोड़ने का साहस करना हो, जबलपुर के वीर-वीरांगनाओं ने इसमें बढ़-चढ़कर भाग लिया और अपना नाम सदा के लिए अमर कर गए। पराक्रमी राजा शंकर शाह और उनके वीर पुत्र रघुनाथ शाह की स्मृतियाँ आज भी नगरवासियों समेत यहाँ आने वाले सभी लोगों को देशभक्ति के लिए प्रेरित करती हैं।

वर्ष 2021 में, मध्य प्रदेश कैबिनेट ने जनजातीय समाज के जननायक राजा शंकर शाह जी के सम्मान में छिंदवाड़ा विश्वविद्यालय का नाम उनके नाम पर रखने के प्रस्ताव को स्वीकृति दी थी।

गोंडवाना साम्राज्य के अमर बलिदानी राजा शंकर शाह और कुँवर रघुनाथ शाह की प्रतिमा

सन्दर्भ-स्रोत:

- https://www.dindori.co.in/2019/10/Raja-Shankar-Shah-Kunwar-Raghunath-shah-maravi-balidan.html
- https://hi.unionpedia.org/%E0%A4%B6%E0%A4%82%E0%A4%95%E0%A4%B0_%E0%A4%B6%E0%A4%BE%E0%A4%B9
- https://www.patrika.com/jabalpur-news/shankar-shah-raghunath-shah-balidan-diwas-story-of-gond-warrior-7072309/
- https://hi.wikipedia.org/wiki/%E0%A4%B6%E0%A4%82%E0%A4%95%E0%A4%B0_%E0%A4%B6%E0%A4%BE%E0%A4%B9
- https://web.archive.org/web/20171117030951/http://panchjanya.com/Encyc/2016/9/19/gauravshali-itihas.aspx?PageType=N
- https://web.archive.org/web/20121027102543/http://panchjanya.com/arch/2004/9/26/File16.htm
- https://navbharattimes.indiatimes.com/state/madhya-pradesh/jabalpur/janiye-kaun-hain-raja-shankar-shah-jinke-name-par-rakha-gaya-hai-chhindwara-vishwavidyalaya-ka-name/articleshow/88148785.cms?minitv=true
- https://www.dindori.co.in/2019/10/Raja-Shankar-Shah-Kunwar-Raghunath-shah-maravi-balidan.html

रामजी गोंड

क्रान्तिकारी रामजी गोंड एक गोंड शासक थे। उनकी जन्मतिथि के विषय में तो अधिक जानकारी उपलब्ध नहीं है, किन्तु जन्मस्थान अवश्य ज्ञात है। उनका जन्म आसिफ़ाबाद में हुआ था, जो वर्तमान तेलंगाना राज्य का भाग है। रामजी साहसी, वीर, बलवान् व शक्तिशाली थे। वह गोरिल्ला युद्ध में दक्ष एक महान् योद्धा होने के साथ ही एक कुशल शासक भी थे। वह गोंड नामक जनजाति से आते थे। उनका गोंड राज्य एक विशाल क्षेत्र में फैला हुआ था, जिसके अन्तर्गत कोमरम् भीम, निर्मल, उत्नुर, चेन्नूरु, नागपुर, चन्द और बस्तर जनपद आते थे।

रामजी गोंड ने अपने क्रान्तिकारी इतिहास में हैदराबाद के निज़ाम आसफ़ जहाँ पंचम को भी युद्ध में पराजय का स्वाद चखाया था। हैदराबाद का निज़ाम गोंड राज्य को अपने अधीन कर अपने राज्य का विस्तार करना चाहता था। रामजी गोंड को निज़ाम की इस मंशा की भनक लग गई थी, इसलिए उन्होंने अपनी सेना का बल बढ़ाया और अपने सैनिकों को गोरिल्ला युद्ध की कला में प्रशिक्षण देना प्रारम्भ कर दिया।

आशा के अनुरूप, शीघ्र ही निज़ाम ने गोंड राज्य पर अपनी समस्त सेना के बल के साथ आक्रमण कर दिया। रामजी गोंड अपनी सेना के साथ तैयार थे। उन्होंने गोरिल्ला युद्ध की नीति अपनाई और निज़ाम की पूरी सेना को पराजित कर गोंड राज्य से भगा दिया। यह घटना निज़ाम

क्रान्तिकारी रामजी गोंड

के मन में एक गाँठ-सी बनकर बैठ गई।

सन् 1857 तक अंग्रेज़ों ने बहुत-से भू-भाग को अपने अधीन कर अंग्रेज़ी शासन की स्थापना कर ली थी। इस समय भारत के अनेक राजा केवल गद्दी के राजा बन कर रह गए थे; उनके राज्य के कार्यभार का पूरा नियन्त्रण अंग्रेज़ों के पास था।

चाँदा और मराठावाड़ा के गोंड साम्राज्य तक आ जाने के पश्चात् अंग्रेज़ जब आसिफ़ाबाद की ओर बढ़ रहे थे, उनका सामना रामजी गोंड से हुआ। पहले तो उन्होंने अपनी बातों से रामजी गोंड को झुकाने का प्रयास किया। किन्तु वह झुकने वालों में से नहीं थे। इसके बाद, अंग्रेज़ों ने उन पर आक्रमण कर दिया। अंग्रेज़ों और गोंड राज्य की सेना के मध्य एक भारी हिंसक झड़प हुई, किन्तु गोंड सेना ने एक बार पुनः अपनी गोरिल्ला युद्धनीति के सहारे अंग्रेज़ों की सेना को हरा दिया।

एक बार हार का स्वाद चखने के बाद अंग्रेज़ों ने अनुभव किया कि वे रामजी गोंड को इस प्रकार पराजित नहीं कर पाएँगे। अतः, इस बार उन्होंने छल का रास्ता अपनाया और अवैध रूप से अंग्रेज़ी सेना को गोंड राज्य में प्रवेश करवाकर राज्य हथियाने का प्रयास किया। किन्तु गोंड सेना ने अपने युद्धकौशल से उन सभी अंग्रेज़ सैनिकों को बन्दी बना लिया, जिन्होंने बिना आज्ञा गोंड राज्य में प्रवेश करने का दुस्साहस किया था। इन सभी को रामजी गोंड ने मृत्युदण्ड दे दिया।

इस घटना के पश्चात् अंग्रेज़ी सरकार हताश हो गई। गोंड राज्य को हथियाने के लिए एक नये अधिकारी की नियुक्ति की गई, जिसका नाम कर्नल रॉबर्ट था। रॉबर्ट अंग्रेज़ी सेना की पूर्व

पराजय से भली-भाँति अवगत था, इसलिए वह रामजी गोंड से युद्ध करने के लिए सही समय की प्रतीक्षा कर रहा था।

वह सही समय अन्ततः कर्नल रॉबर्ट को 9 अप्रैल 1860 के दिन मिला। उस दिन भाग्य ने रॉबर्ट का साथ दिया और उसे यह गुप्त सूचना मिली कि रामजी गोंड निर्मल गाँव में ठहरे हुए हैं। अंग्रेज़ों ने हैदराबाद के निज़ाम की सहायता से निर्मल गाँव को चारों ओर से घेर लिया और रामजी गोंड की सेना पर आक्रमण कर दिया। अचानक किए इस हमले के कारण कर्नल को विश्वास था कि रामजी गोंड और उनके साथियों के पास आत्मसमर्पण के अतिरिक्त कोई विकल्प नहीं बचेगा, किन्तु ऐसा हुआ नहीं।

गोंड सेना युद्ध के लिए तैयार नहीं थी, फिर भी उन्होंने अंग्रेज़ों की आधुनिक हथियारों से सुसज्जित सेना का साहस और वीरतापूर्वक सामना किया। गोंड सेना के अनेक पराक्रमी योद्धा अपनी अन्तिम श्वास तक संघर्ष करते हुए वीरगति को प्राप्त हुए। दुर्भाग्यवश, रामजी गोंड समेत उनके 1000 सैनिक जीवित पकड़ लिए गए और उन्हें बन्दी बना लिया गया। निर्मल गाँव में उपस्थित एक बरगद के पेड़ पर इन सभी गोंड सैनिकों व रामजी गोंड को एक-एक कर फाँसी पर लटका दिया गया।

जिस पेड़ पर अंग्रेज़ों ने रामजी गोंड व अन्य गोंड सैनिकों को फाँसी दी थी, उस पेड़ को आज लोग 'वेयी पुरेला चेट्टू' या 'वेयी पुरेला मारी' के नाम से जानते हैं, जिसका अर्थ है खोपड़ियों का पेड़। कई विशेषज्ञों का मानना है कि इस घटना से प्रभावित होकर ही एक मास पश्चात् 1857 के विद्रोह ने गति पकड़ी थी, तथा मंगल पांडे जी द्वारा उठाया गया विद्रोह का स्वर भी कहीं-न-कहीं रामजी गोंड के बलिदान से प्रेरित था।

भारत सरकार वर्तमान में जिन 10 जनजातीय संग्रहालयों का निर्माण करवा रही है, उनमें से तेलंगाना के हैदराबाद में बनने वाले संग्रहालय का मुख्य आकर्षण रामजी गोंड की विशाल मूर्ति होगी।

सन्दर्भ-स्रोत:

- https://interestinghindiall.in/blog/ramji-gond/
- https://koyapunemgondwana.com/ramji-gond/
- https://hi.m.wikipedia.org/wiki/%E0%A4%B0%E0%A4%BE%E0%A4%AE%E0%A4%9C%E0%A5%80_%E0%A4%97%E0%A5%8B%E0%A4%82%E0%A4%A1

राणा पुंजा भील

समस्त भीलों के पिता कहे जाने वाले मसीहा वीर शिरोमणि राणा पुंजा भील के बारे में भले ही इतिहास में अधिक कुछ लिखा न गया हो, किन्तु उनके वीरतापूर्ण कार्यों ने उन्हें अमर बना दिया है। राणा पुंजा मेवाड़ एक भील योद्धा थे, जिन्होंने हल्दीघाटी युद्ध में महान् योद्धा महाराणा प्रताप का सहयोग किया था। इस युद्ध में पुंजा भील ने अपनी सारी शक्ति देश की रक्षा के लिए झोंक दी थी। यह भीलों की सहायता का ही परिणाम था कि हल्दीघाटी युद्ध 24 वर्षों तक चला। युद्ध के अनिर्णीत रहने के पीछे भी उस गुरिल्ला युद्ध प्रणाली का ही चमत्कार था, जिसे पुंजा भील के नेतृत्व में काम में लिया गया।

वीर राणा पुंजा भील एक ऐसे नायक थे, जिनके पराक्रम से शत्रु थर-थर काँपते थे। उन्होंने अपने जीवन में कभी हार स्वीकार नहीं की। अपने अदम्य शौर्य के कारण वे भीलों के ही नहीं, अपितु पूरे देश के लिए एक महान् प्रेरणास्रोत सिद्ध हुए हैं।

राणा पुंजा भील राजस्थान के उदयपुर जनपद के ग्राम पुनखा के निवासी थे। उनका जन्म 5 अक्तूबर को मेरपुर के मुखिया दूदा होलंकी के परिवार में हुआ था। उनकी माता का नाम केहरी बाई था। वह राणा हमीर सिंह के पौत्र तथा अरी सिंह के प्रपौत्र थे।

महान् देशभक्त और वीर योद्धा राणा पुंजा भील

राणा पुंजा के पिता का देहान्त हो जाने के पश्चात् 15 वर्ष की अल्प आयु में उन्हें मेरपुर का मुखिया बना दिया गया। यह उनकी योग्यता की पहली परीक्षा थी। इस परीक्षा में उत्तीर्ण होकर वह शीघ्र ही भोमट के राजा बन गए। भोमट अरावली की पहाड़ियों में स्थित था और यह आज भी राणा पुंजा की वीरता और ख्याति का प्रतीक है। राणा पुंजा अपनी वीरता, प्रजाप्रेम व दूरदर्शिता के कारण पूरे भोमट में प्रसिद्ध हो गए थे। अपनी अद्भुत संगठन शक्ति के चलते वे भीलों के नायक बन गए थे। देखते-ही-देखते उनकी ख्याति सम्पूर्ण मेवाड़ में फैल गई और मेवाड़ की प्रजा में राणा पुंजा की जय-जयकार होने लगी।

नायक राणा पुंजा भोमट के उन भीलों के राजा थे, जो अरावली पर्वतो के जंगलों में निवास करते थे। यह एक ऐसा स्थान था जहाँ शत्रु तो क्या, एक परिन्दा भी बिना उनकी अनुमति के पर नहीं मार सकता था। इन्होंने अपने समस्त क्षेत्र के चारों ओर ऐसा रक्षा कवच बना रखा था, जिसे तोड़ना किसी के लिए भी दुःसाध्य था।

पुंजा भील की उपलब्धियाँ और योगदान की प्रामाणिकता को देखते हुए उन्हे 'राणा' की पदवी दी गयी थी।

यूँ तो भीलों की नगरी में बहुत-से क्रान्तिकारी पनपे थे, लेकिन राणा पुंजा भील को भीलों के सबसे महान् क्रान्तिकारी योद्धा के रूप में जाना जाता है। वह जंगलों में रहे और घास की रोटी खाकर भी भील प्रदेश को स्वतन्त्रता दिलाई।

राणा पुंजा के इतिहास को दबा दिया गया, किन्तु यह नहीं भूलना चाहिए कि इनका आवलम्बन लेकर ही वीर महाराणा प्रताप ने मुग़लों को पराजित किया था। महाराणा प्रताप के पुत्र अमर सिंह को भी भील गरासिया लोगों ने ही राजसिंहासन पर बिठाया था। कहा जाता है कि महाराणा प्रताप का पालन-पोषण भी भीलों ने ही किया था।

राजा उदय सिंह की मृत्यु के पश्चात् राजा महाराणा प्रताप को चित्तौड़ का राजा बना दिया गया। मुग़ल बादशाह अकबर चित्तौड़ को अपने अधिकार में लेना चाहता था, इसलिए उसने मेवाड़ के समस्त राजाओं को अपने साथ मिल जाने का प्रस्ताव भेजा, और अनेक राजाओं ने

अकबर की दासता स्वीकार भी कर ली।

अकबर ने महाराणा प्रताप को भी सन्धि का प्रस्ताव भेजा था, किन्तु प्रताप को दासता कदापि स्वीकार न थी; उन्होंने इस सन्धि-प्रस्ताव को ठुकरा दिया। उस समय वहाँ महाराणा प्रताप ही ऐसे शासक थे जो अकबर के विरुद्ध थे। इसी बात से दोनों शासकों के मध्य युद्ध होना अब तय हो गया था। ऐसे में, महाराणा प्रताप को युद्ध करने के लिए सहयोगी सेनाओं की आवश्यकता थी। जब उन्हें भीलों की नगरी में सबसे शक्तिशाली भील राणा पुंजा भील के बारे में पता चला, तो महाराणा प्रताप ने उन्हें सन्धि का प्रस्ताव भेजा।

वास्तव में, मुग़लों के मेवाड़ जाने का मार्ग राणा पुंजा के क्षेत्र से होकर जाता था। राणा के राजकीय क्षेत्र से होकर जाना सरल नहीं था, इसलिए उस समय के सबसे शक्तिशाली राजा के नीतिकार एवं संरक्षक बैरम खाँ और मेवाड़ के महाराणा प्रताप, दोनों ने ही भोमट के राणा पुंजा के पास सहयोग के लिए प्रस्ताव भेजा था।

राणा पुंजा भील ने मुग़लों का मुक़ाबला करने के लिए मेवाड़ के महाराणा प्रताप के साथ खड़े रहने का निर्णय किया और महाराणा को वचन दिया कि राणा पुंजा और मेवाड़ के सभी भील बन्धुजन मेवाड़ की रक्षा करने को तत्पर हैं। इस घोषणा के लिए महाराणा ने पुंजा भील को गले लगाया और उन्हें अपना भाई कहा।

ऐसा नहीं था कि अकबर ने राणा पुंजा की सहायता नहीं माँगी थी। मुग़लों ने तो राणा पुंजा को धन-दौलत आदि का प्रलोभन देकर मुग़ल सम्राट अकबर का समर्थन करने के लिए कहा था, परन्तु राणा पुंजा ने देशभक्ति का मार्ग चुना।

तत्पश्चात्, राणा पुंजा ने सभी भील सरदारों को एकत्रित कर संगठित किया और उन्हें महाराणा प्रताप की सहायता के लिए प्रोत्साहित किया। उस समय, सभी भील सरदारों ने मिलकर राणा पुंजा को अपना सरदार मान लिया।

बप्पा रावल के बाद महाराणा प्रताप ही थे, जिन्होंने भील सरदारों को गले लगाकर मातृभूमि की रक्षा हेतु उनका आह्वान किया। मुग़ल आक्रान्ता अकबर के मेवाड़ पर आक्रमण करने पर महाराणा प्रताप ने सन् 1576 में हल्दीघाटी के ऐतिहासिक युद्ध में अकबर की 1,20,000 की वृहद् सेना का सामना राजा पुंजा भील के मात्र 20,000 भील योद्धाओं के साथ किया था।

भील सरदारों और राणा पुंजा ने मिलकर अपनी गोरिल्ला युद्धपद्धति द्वारा भीषण संहार करते हुए अकबर के एक लाख सैनिक मार गिराए, जिसे देख मुग़ल बादशाह अकबर भयाक्रान्त हो गया और अपनी शेष बची सेना के साथ युद्धभूमि से भाग खड़ा हुआ। मेवाड़ व अपनी मातृभूमि की रक्षा में राणा पुंजा ने अपने पिता के भाँति अदम्य साहस का परिचय देते हुए हर पग

पर महाराणा प्रताप का साथ दिया। राजपूत व भील एक परिवार की भाँति रहा करते थे। विश्वास का यह बन्धन उनके मध्य अनवरत बना रहा।

महाराणा प्रताप के बलिदान व संकल्पशक्ति से प्रेरित होकर राणा पुंजा ने अपने रक्त की अन्तिम बूँद तक अकबर और उसके विधर्मी सेनापतियों से लोहा लिया था। अन्ततः, अपने शूरवीर पिता की भाँति वह भी माँ भारती की स्वतन्त्रता और मेवाड़ के स्वराज के लिए बलिदान हो गए। आज भी हिन्दू समाज के गौरवशाली इतिहास में राणा पुंजा का नाम आदर से लिया जाता है।

इस युद्ध के पश्चात् कई वर्षों तक मुग़लों के आक्रमणों को विफल करने में भीलों की शक्ति का अविस्मरणीय योगदान रहा। इस अतुल्य योगदान व उनके वंश में जन्मे वीर नायक पुंजा भील के युगों-युगों तक स्मरणीय शौर्य के सन्दर्भ में ही मेवाड़ के राजचिह्न में एक ओर राजपूत तथा दूसरी ओर भील प्रतीक को स्थान दिया गया। यही नहीं, सरदार पुंजा भील की विलक्षण उपलब्धियों को ध्यान में रखते हुए महाराणा द्वारा उन्हें 'राणा' की पदवी प्रदान की गई। इसके बाद से ही पुंजा भील 'राणा पुंजा भील' कहलाए जाने लगे।

वीर नायक पुंजा भील के युगों-युगों तक स्मरणीय शौर्य के सन्दर्भ में ही मेवाड़ के राजचिह्न में एक ओर राजपूत तथा दूसरी ओर भील प्रतीक को स्थान दिया गया।

प्रतिवर्ष 5 अक्टूबर को वीर राणा पुंजा भील की जयन्ती केवल मेवाड़ ही नहीं, अपितु पूरे भारतवर्ष में बड़े धूमधाम से मनाई जाती है।

सन्दर्भ-स्रोत:

- https://bheelpedia.com/rana-punja-bheel-jayanti-biography-in-hindi/
- https://www.facebook.com/shouryagaatha/photos/%E0%A4%87%E0%A4%A4%E0%A4%BF%E0%A4%B9%E0%A4%BE%E0%A4%B8-%E0%A4%B8%E0%A5%8D%E0%A4%AE%E0%A5%83%E0%A4%A4%E0%A4%BF%E0%A4%B0%E0%A4%BE%E0%A4%A3%E0%A4%BE-%E0%A4%AA%E0%A5%82%E0%A4%82%E0%A4%9C%E0%A4%BE-%E0%A4%AD%E0%A5%80%E0%A4%B2%E0%A4%B9%E0%A4%B2%E0%A5%8D%E0%A4%A6%E0%A5%80%E0%A4%98%E0%A4%BE%E0%A4%9F%E0%A5%80-%E0%A4%AF%E0%A5%81%E0%A4%A6%E0%A5%8D%E0%A4%A7-%E0%A4%95%E0%A4%BE-%E0%A4%A8%E0%A4%BE%E0%A4%AF%E0%A4%95%E0%A4%9C%E0%A4%A8%E0%A5%8D%E0%A4%AE--5-%E0%A4%85%E0%A4%95%E0%A5%8D%E0%A4%9F%E0%A5%82%E0%A4%AC%E0%A4%B0-%E0%A4%B0%E0%A4%BE%E0%A4%A3%E0%A4%BE-%E0%A4%AA%E0%A5%82%E0%A4%82%E0%A4%9C%E0%A4%BE-%E0%A4%95%E0%A4%BE-%E0%A4%9C/1719934934778048/
- https://historyinhindi.in/%E0%A4%B0%E0%A4%BE%E0%A4%A3%E0%A4%BE-%E0%A4%AA%E0%A5%82%E0%A4%82%E0%A4%9C%E0%A4%BE-rana-punja-bhil-history-in-hindi/
- https://m.bharatdiscovery.org/india/%E0%A4%B0%E0%A4%BE%E0%A4%A3%E0%A4%BE_%E0%A4%AA%E0%A5%82%E0%A4%82%E0%A4%9C%E0%A4%BE_%E0%A4%AD%E0%A5%80%E0%A4%B2
- https://www.dramatalk.in/2021/10/History-of-Rana-Punja-Bhil-in-hindi.html
- https://www.facebook.com/177857486435319/posts/252824252271975/
- https://www.facebook.com/pages/?category=your_pages&ref=bookmarks
- https://koyapunemgondwana.com/rana-punja-bhil-raja-of-bhomat/
- https://www.jionewstv.com/2020/10/biography-of-rana-punja-bhil-in-hindi.html
- http://medbox.iiab.me/kiwix/wikipedia_hi_all_maxi_2019-12/A/%E0%A4%B0%E0%A4%BE%E0%A4%A3%E0%A4%BE_%E0%A4%AA%E0%A5%82%E0%A4%82%E0%A4%9C%E0%A4%BE

रानी दुर्गावती

चन्देलों की बेटी, गोंडों की रानी, वीरांगना रानी दुर्गावती के नाम से शायद ही कोई अपरिचित होगा, जिनकी कुशल शासन व्यवस्था, राज्य की रक्षा के प्रति उनके त्याग व बलिदान के किस्से आज भी सुनाए जाते हैं। रानी दुर्गावती एक कुशल शासक, कूटनीतिज्ञ एवं महान् योद्धा के रूप में उभरी थीं। रानी दुर्गावती के शासनकाल को गोंडवाना राज्य का स्वर्णिम काल भी कहा जाता है।

रानी दुर्गावती का जन्म 5 अक्टूबर 1524 को कालिंजर के राजपूत राजा कीर्ति सिंह चन्देल के यहाँ हुआ था। दुर्गाष्टमी के दिन जन्म लेने के कारण इनका नाम दुर्गावती रखा गया। महारानी दुर्गावती बाल्यकाल से ही सुन्दर, सुशील, विनम्र, योग्य एवं साहसी थीं। उनके साहस, शौर्य और सुन्दरता के कारण उनकी प्रसिद्धि सब ओर फैल गई थी। दुर्गावती बचपन से ही अस्त्र-शस्त्र की विद्या में रुचि रखती थीं। उन्हें तीरन्दाज़ी, तलवारबाज़ी, घुड़सवारी जैसी युद्धकलाओं में दक्षता प्राप्त थी।

अकबरनामा में अबुल फ़ज़ल ने उनके बारे में लिखा है, "वह बन्दूक और तीर से निशाना लगाने में बहुत ही उम्दा थीं और लगातार शिकार पर जाया करती थीं।" चन्देल राजवंश भारतीय इतिहास में राजा विद्याधर के पराक्रम लिए प्रसिद्ध है, जिन्होंने महमूद ग़ज़नवी के मुस्लिम हमलों से मातृभूमि की रक्षा की थी। इनके साम्राज्य की गाथा तथा इनका मूर्तिशिल्प प्रेम खजुराहो और कालिंजर के क़िलों व मन्दिरों में देखा जा सकता है।

गोंडवाना साम्राज्य की महारानी वीरांगना रानी दुर्गावती

राजपूत शासक सामान्यतः राजपूतों में ही अपनी पुत्रियों का विवाह करते थे, परन्तु दुर्गावती का विवाह अन्तरजातीय था। उनका विवाह 1542 में मध्य भारत के प्रसिद्ध गोंडवाना साम्राज्य के राजा दलपत शाह से हुआ था, जो जनजातीय समाज से आते थे। इस विवाह के फलस्वरूप चन्देल वंश और गोंड वंश के सम्बन्ध अत्यन्त दृढ़ हो गए थे। परिणामस्वरूप, चन्देलों के दामाद गोंड राजा दलपत शाह ने शेरशाह सूरी के आक्रमण के समय उनकी सहायता की, और इस युद्ध में शेरशाह सूरी मारा गया।

सन् 1545 में रानी दुर्गावती व राजा दलपत राय को पुत्ररत्न की प्राप्ति हुई। पुत्र का नाम वीर नारायण रखा गया, जो आगे चलकर गोंड वंश के प्रसिद्ध शासक के रूप में विख्यात हुए। सन् 1550 में राजा दलपत शाह की मृत्यु हो गई। उस समय वीर नारायण मात्र 5 वर्ष के थे। वीर नारायण को सिंहासन पर बिठा, उनकी संरक्षिका के तौर पर रानी दुर्गावती ने राज्य की बागडोर अपने हाथों में ले ली। इसमें उनका साथ उनके राज्य में दीवान व मन्त्री के पद पर कार्यरत आधार सिंह व मन्त्री मान ठाकुर ने दिया। इन दोनों पुरुषों की सलाह व सहायता से रानी दुर्गावती ने अपने साम्राज्य की सीमाओं का विस्तार किया।

कुछ समय बाद, रानी दुर्गावती अपने राज्य की राजधानी को सिंगौरगढ़ से विस्थापित कर चौरागढ़ ले गईं, जो सतपुड़ा पर्वत शृंखला पर स्थित सामरिक महत्त्व का एक दुर्ग था। रानी अपने राज्य की सभी व्यवस्थाओं का ध्यान स्वयं रखती थीं और समय-समय पर इनकी समीक्षा

भी करती थीं। प्रजा की भलाई के लिए उन्होंने अनेक महत्त्वपूर्ण कार्य किए। कहा जाता है कि इस अवधि के दौरान राज्य के व्यापार का भी व्यापक विकास हुआ। रानी दुर्गावती ने साहस, उदारता और चतुरता का प्रदर्शन करते हुए अपने पति राजा दलपत शाह की भाँति अपने क्षेत्र का विस्तार किया और गोंडवाना के राजनैतिक एकीकरण को पूरा किया। इस वृहत्तर राज्य को 'गढ़ा साम्राज्य' या 'गढ़ कटंगा' भी कहा जाता है।

राज्य के अधिकांश गाँवों में शासनकार्य सीधे रानी के आदेशानुसार चलता था। उनके पास एक बड़ी व युद्ध पारंगत सेना थी, जिसमें 20,000 घुड़सवार, 1000 हाथी व बड़ी संख्या में पैदल सैनिक सम्मिलित थे। रानी दुर्गावती ने अनेक युद्धों में स्वयं भाग लेकर अपने आपको एक श्रेष्ठ योद्धा के रूप में स्थापित कर लिया था।

जनसामान्य की सुविधा व भलाई के लिए करवाए गए अनेक सार्वजनिक कार्यों के कारण रानी दुर्गावती प्रजा के हृदय पर राज करती थीं। उन्होंने जबलपुर के निकट एक बहुत बड़ा जलाशय बनवाया, जिसे रानीताल कहा जाता है। उन्होंने अपनी दासी के नाम पर चेरीताल व विश्वसनीय दीवान आधार सिंह के नाम पर आधारताल का भी निर्माण करवाया था। इसके अतिरिक्त, उन्होंने राज्य में अनेक मन्दिरों व धर्मशालाओं का भी निर्माण करवाया तथा राज्य में शिक्षा के प्रसार हेतु उल्लेखनीय कार्य किया। उनके शासनकाल में अनेक विद्वानों को राज्य में शाही संरक्षण प्राप्त था।

शेरशाह की मृत्यु के बाद सुजात ख़ान ने मालवा क्षेत्र पर क़ब्ज़ा कर लिया और 1556 में उसके पुत्र बाज़ बहादुर ने सिंहासन सँभाला। बाज़ बहादुर ने रानी दुर्गावती को अबला समझ गोंडवाना राज्य को हथियाने के लिए उसपर कुदृष्टि डाली व युद्ध छेड़ दिया। परिणामस्वरूप, बाज़ बहादुर को मुँह की खानी पड़ी और उसकी सेना को भारी क्षति पहुँची। बाज़ बहादुर की हार व रानी दुर्गावती की जीत के किस्से दूर-दूर तक फैल गए। उस समय भारत में मुग़ल सल्तनत अपनी सीमाओं का विस्तार कर रही थी।

1562 में मुग़लों ने मालवा पर अधिकार जमा लिया। तत्पश्चात्, मुग़ल सेनानी आसफ़ ख़ान ने रीवा के राजा की हत्या कर दी और रीवा पर भी अधिकार जमा लिया। वहीँ दूसरी ओर, गोंडवाना की सीमाएँ मालवा से लगती थीं और गोंडवाना राज्य की समृद्धि व रानी दुर्गावती की कीर्ति आगरा तक पहुँच चुकी थी। यह सुनकर तत्कालीन मुग़ल बादशाह अकबर अपने आपको रोक न सका। वह गोंडवाना राज्य के साथ-साथ रानी दुर्गावती पर भी विजय प्राप्त करना चाहता था। अतः उसने रानी को प्रस्ताव भेजकर उनके विश्वसनीय मन्त्री आधार सिंह समेत उनके प्रिय सफ़ेद हाथी सरमन को सन्धि हेतु अपने पास भेजने की माँग की। स्वाभिमानी रानी दुर्गावती ने

अकबर की यह माँग अस्वीकार कर दी।

परिणामस्वरूप, सन् 1564 में आसफ़ ख़ान ने गोंडवाना राज्य पर हमला कर दिया। इस युद्ध में रानी दुर्गावती ने स्वयं सेना का मोर्चा सँभाला। हालाँकि, उनकी सेना छोटी थी और उनके पास परम्परागत अस्त्र-शस्त्र ही थे। वहीं दूसरी ओर, मुग़ल सेना आधुनिक हथियारों व तोपों से सुसज्जित थी। इसके बावजूद, रानी दुर्गावती की युद्धशैली ने मुग़लों को अचम्भित कर दिया। रानी ने अपनी सेना की कुछ टुकड़ियों को जंगलों में छिपा दिया और शेष को अपने साथ लेकर चल पड़ीं।

युद्ध के दौरान, जब आसफ़ ख़ान को लगा कि उसने रानी की सेना को हरा दिया है, उसी समय जंगलों में छिपी हुई सेना ने उसपर तीर बरसाना आरम्भ कर दिया और उसे पीछे हटना पड़ा। कहा जाता है कि रानी दुर्गावती व उनके पुत्र वीर नारायण ने मुग़लों से अपनी मातृभूमि की रक्षा करते हुए उन्हें तीन बार पीछे हटने पर बाध्य किया था।

युद्ध करते हुए, जब वीर नारायण बुरी तरह से घायल हो गए, तो रानी ने उन्हें सुरक्षित स्थान पर भेजवा दिया और युद्ध की कमान स्वयं अपने हाथों में ले ली। रण करते हुए एक तीर रानी की बाजू और एक उनकी एक आँख को भेद गया, किन्तु इसके बाद भी रानी मुग़लों से संघर्ष करती रहीं। कुछ समय बाद, एक अन्य तीर उनकी गर्दन को जा लगा और वह बुरी तरह घायल हो गईं। उनका शरीर जीते-जी मुग़लों के हाथ न पड़े, इसलिए उन्होंने अपने मन्त्री अधर सिंह से उनका शिरोच्छेद करने को कहा, किन्तु वह साहस न कर पाया। अतः अन्त में, उन्होंने स्वयं ही अपने सीने में कटार गाड़ दी और वीरगति को प्राप्त हुईं।

इस प्रकार, 24 जून 1564 के दिन रानी ने अन्तिम साँस ली। उनकी मृत्यु के पश्चात् उनके पुत्र ने मातृभूमि की रक्षा हेतु मर-मिटने तक युद्ध जारी रखा। परन्तु मुग़लों की तोपों व बारूद के सामने वह भी अधिक समय तक टिक नहीं पाए और वीरगति को प्राप्त हुए। तदनन्तर गोंडवाना का विलय मुग़ल सल्तनत में हो गया।

रानी दुर्गावती भारतीय इतिहास में केवल नारीशक्ति के रूप में ही नहीं, अपितु एक श्रेष्ठ शासक के रूप में भी विद्यमान् हैं, जिन्हें अपनी मातृभूमि से अथाह प्रेम था। दुर्गावती एक साहसी योद्धा, कुशल शासक व स्वाभिमानी रानी थीं, जिन्होंने चुनौतियों से कभी हार नहीं मानी, सदैव गोंड राज्य की उन्नति व प्रगति के लिए कार्य किया और अपनी मातृभूमि की रक्षा हेतु अपने प्राणों की आहुति दे दी। आज भी मध्य प्रदेश में रानी की वीरता के किस्से गाए व सुनाए जाते हैं।

जबलपुर के पास जहाँ उपर्युक्त ऐतिहासिक युद्ध हुआ था, उस स्थान का नाम बरेला है, जो मण्डला रोड पर स्थित है। इसी स्थान पर रानी दुर्गावती की समाधि बनी हुई है, जहाँ गोंड व

राजपूत ही नहीं, अपितु सभी समुदायों के देशभक्त जाकर अपने श्रद्धासुमन उन्हें अर्पित करते हैं। जबलपुर में स्थित रानी दुर्गावती विश्वविद्यालय भी हमें उनके बलिदान का स्मरण कराता है। भारत सरकार ने वर्ष 1988 में रानी दुर्गावती के सम्मान में एक डाक टिकट भी जारी किया था।

वर्ष 1988 में भारत सरकार द्वारा रानी दुर्गावती के सम्मान में जारी किया गया डाक टिकट

सन्दर्भ-स्रोत:

- https://www.dilsedeshi.com/biography/rani-durgavati-biography-hindi/
- https://hindi.thebetterindia.com/history-pages/rani-durgavati-gondwana-warrior-queen-of-the-gonds/
- https://jivani.org/Biography/295/%E0%A4%B0%E0%A4%BE%E0%A4%A8%E0%A5%80-%E0%A4%A6%E0%A5%81%E0%A4%B0%E0%A5%8D%E0%A4%97%E0%A4%BE%E0%A4%B5%E0%A4%A4%E0%A5%80-%E0%A4%9C%E0%A5%80%E0%A4%B5%E0%A4%A8%E0%A5%80---biography-of-rani-durgavati-in-hindi-jivani

- https://timesofindia.indiatimes.com/blogs/voices/rani-durgavati-the-symbol-of-syncretic-culture-between-rajputs-and-tribals/
- https://hi.wikipedia.org/wiki/%E0%A4%B0%E0%A4%BE%E0%A4%A8%E0%A5%80_%E0%A4%A6%E0%A5%81%E0%A4%B0%E0%A5%8D%E0%A4%97%E0%A4%BE%E0%A4%B5%E0%A4%A4%E0%A5%80#:~:text=%E0%A4%B0%E0%A4%BE%E0%A4%A8%E0%A5%80%20%E0%A4%A6%E0%A5%81%E0%A4%B0%E0%A5%8D%E0%A4%97%E0%A4%BE%E0%A4%B5%E0%A4%A4%E0%A5%80%20%E0%A4%95%E0%A4%BE%E0%A4%B2%E0%A4%BF%E0%A4%82%E0%A4%9C%E0%A4%B0%20%E0%A4%95%E0%A5%87%20%E0%A4%B0%E0%A4%BE%E0-

रानी गाइदिन्ल्यू

'नागालैण्ड की रानी लक्ष्मीबाई' अर्थात् रानी गाइदिन्ल्यू का जन्म 26 जनवरी 1915 को मणिपुर के तमेंगलोंग जिले के नुंग्काओ (लोंग्काओ) नामक एक गाँव में हुआ था। उनके गाँव को लुआंग ओ नाम से भी जाना जाता है। इनके पिता का नाम लोत्तनोहोड़ था और माता का नाम कलोतनेनल्यू था।

गाइदिन्ल्यू का बचपन गाँव में ही बीता। वह लड़कपन से ही बड़े ही स्वतन्त्र और स्वाभिमानी स्वभाव की थीं। छोटी-सी आयु में उनके वीरतापूर्ण कार्यों को देखकर गाँव की स्त्रियों को आश्चर्य होता था।

किशोरावस्था में पहुँचने पर वह अपने चेचेरे भाई और नागा नेता जादोनांग के सम्पर्क में आईं। जादोनांग अंग्रेज़ों को मणिपुर से निकाल बाहर करने के प्रयत्न में लगे हुए थे। महान् क्रान्तिकारी गाइदिन्ल्यू ने मात्र 13 वर्ष की अल्पायु में ही क्रान्तिकारी आन्दोलनों में भाग लेना आरम्भ कर दिया और अपने चचेरे भाई जादोनांग के 'हेराका' आन्दोलन से जुड़ गईं। हेराका आन्दोलन का लक्ष्य प्राचीन नागा धार्मिक मान्यताओं को फिर से बहाल करना, क्षेत्र में नागा राजा को फिर से स्थापित करना, नागाओं को एक नया जीवन प्रदान करना और अंग्रेज़ों को अपनी मिट्टी से खदेड़ना था।

आरम्भ में, जादोनांग द्वारा चलाया गया यह आन्दोलन धार्मिक प्रकृति का था, किन्तु धीरे-धीरे यह राजनैतिक होता गया और इसके माध्यम से अंग्रेज़ी शासन के विरुद्ध मोर्चा खोल दिया गया। आन्दोलनकारियों ने मणिपुर और नागा क्षेत्रों से अंग्रेज़ों को बाहर खदेड़ना शुरू कर दिया। जादोनांग अपने आन्दोलन को परिणति तक पहुँचा पाते, उससे पहले ही अंग्रेज़ों ने उन्हें गिरफ़्तार कर 29 अगस्त 1931 को फाँसी पर लटका दिया। इसके बाद, 'हेराका' आन्दोलन की बागडोर रानी गाइदिन्ल्यू के हाथ में आ गई और वह इस आन्दोलन की आध्यात्मिक और राजनैतिक उत्तराधिकारी बन गईं।

महान् भारतीय महिला स्वतन्त्रता सेनानी रानी गाइदिन्ल्यू

आन्दोलन का नेतृत्व करते हुए, रानी गाइदिन्ल्यू की ख्याति इतनी बढ़ गई कि उन्हें जनजातीय क्षेत्र में विख्यात चेराचमदिन्ल्यू देवी का अवतार माना जाने लगा। रानी ने अपने समर्थकों और स्थानीय नागा नेताओं के साथ मिलकर अंग्रेज़ों का भरसक विरोध करना शुरू किया। गाइदिन्ल्यू हर हाल में अपनी संस्कृति, भाषा व मातृभूमि की रक्षा करना चाहती थीं। उन्होंने गांधी जी के सविनय अवज्ञा आन्दोलन के बारे में सुना और उससे प्रभावित होकर सरकार को किसी प्रकार का कर न देने की घोषणा कर दी। उन्होंने नागाओं के क़बीलों में एकता स्थापित कर अंग्रेज़ों के विरुद्ध संयुक्त मोर्चा बनाने की दिशा में पग बढ़ाए।

उनके तेजस्वी व्यक्तित्व और निर्भयता को देखकर जनजातीय लोग उन्हें सर्वशक्तिशाली देवीस्वरूपा मानने लगे थे। नायक जादोनांग को फाँसी दे दिए जाने से लोगों में पहले ही असंतोष व्याप्त था, गाइदिन्ल्यू ने उसे सही दिशा की ओर मोड़ दिया।

इस किशोरी के साथ केवल 4000 सशस्त्र नागा सिपाही थे। इन्हीं को लेकर गाइदिन्ल्यू ने अंग्रेज़ों की सेना का सामना किया। वह छापामार युद्ध और शस्त्र संचालन में अत्यन्त निपुण थीं। एक ओर अंग्रेज़ों में उनका भय व्याप्त था, तो दूसरी ओर जनता का हर वर्ग उन्हें अपना उद्धारक समझता था।

महज 17 वर्ष की आयु में उन्होंने अंग्रेज़ों के विरुद्ध गुरिल्ला युद्ध छेड़ दिया। 18 मार्च 1933 को हांग्रूम गाँव से लगभग 50-60 लोगों ने अंग्रेज़ सिपाहियों पर हमला बोला। परन्तु बन्दूक के सामने भाले और तीर-धनुष दुर्बल पड़ गए। इस युद्ध के बाद गाइदिन्ल्यू भूमिगत हो गईं।

गाइदिन्ल्यू मानती थीं कि "धर्म को खो देने का अर्थ अपनी संस्कृति को खो देना है, और अपनी संस्कृति को खोना अपनी पहचान को खो देने के समान है।" गाइदिन्ल्यू ने न केवल नागाओं की पैतृक परम्पराओं को बढ़ावा दिया, बल्कि ईसाई मिशनरियों द्वारा छल से कराए जा रहे नागाओं व अन्य आदिवासियों के मत-परिवर्तन का भी मुखर विरोध किया। रानी गाइदिन्ल्यू के विद्रोह से चिन्तित होकर ब्रिटिश सरकार ने उनके सिर पर इनाम की घोषणा कर दी थी।

इस आन्दोलन को दबाने के लिए अंग्रेज़ों ने वहाँ के कई गाँव जलाकर राख कर दिए, पर इससे लोगों का उत्साह कम नहीं हुआ। सशस्त्र नागाओं ने प्रतिक्रियास्वरूप 'असम राइफ़ल्स' की सरकारी चौकी पर हमला कर अंग्रेज़ों को क्षति पहुँचाई।

स्थान बदलते, अंग्रेज़ों की सेना पर छापामार प्रहार करते हुए गाइदिन्ल्यू ने एक ऐसा बड़ा दुर्ग बनाने का निश्चय किया, जिसमें उनके 4000 नागा साथी एकसाथ रह सकें। इस पर काम चल ही रहा था, कि 17 अप्रैल 1932 को अंग्रेज़ों की सेना ने अचानक उनपर आक्रमण कर दिया। शीघ्र ही, गाइदिन्ल्यू को उनके कई समर्थकों के साथ गिरफ़्तार कर लिया गया। रानी गाइदिन्ल्यू को इम्फाल ले जाया गया, जहाँ 10 महीने तक अभियोग चलाने के उपरान्त उन्हें आजीवन कारावास की सजा सुना दी गई।

वर्ष 1937 में पण्डित जवाहरलाल नेहरू ने शिलांग जेल में उनसे भेंट की और उनकी रिहाई के लिए प्रयास किया। उन्होंने ब्रिटिश सांसद लेडी एस्टर को इस सम्बन्ध में पत्र लिखा, किन्तु 'सेक्रेटरी ऑफ़ स्टेट फ़ॉर इण्डिया' ने इस निवेदन को अस्वीकृत कर दिया। उसी समय हुए अलीपुर के कांग्रेस अधिवेशन में भी नेहरू जी ने गाइदिन्ल्यू की रिहाई के लिए एक प्रस्ताव पास करवाया, परन्तु सभी प्रयत्न व्यर्थ गए। यह उल्लेखनीय है कि पण्डित जवाहरलाल नेहरू ने ही रानी गाइदिन्ल्यू को 'रानी' की उपाधि दी थी।

सन् 1933 से लेकर सन् 1947 तक रानी गाइदिन्ल्यू गुवाहाटी, शिलोंग, आइज़ोल और तुरा जेल में बन्दी रहीं। इस प्रकार, उन्होंने कुल चौदह वर्ष अंग्रेज़ों के बन्दीगृह में बिताए। सन्

रानी गाइदिन्ल्यू को 'नागालैण्ड की रानी लक्ष्मीबाई' के नाम से भी जाना जाता है।

1946 में, जब अन्तरिम सरकार का गठन किया गया, तब तत्कालीन प्रधानमन्त्री नेहरू के निर्देश पर उन्हें अन्ततः जेल से रिहा कर दिया गया।

रिहा होने के बाद रानी का नागालैण्ड में भव्य स्वागत हुआ। कुछ समय अवकाश में बिताने के उपरान्त रानी गाइदिन्ल्यू पुनः अपने क्षेत्र के लोगों के विकास और उत्थान के लिए काम करने में जुट गईं। उन्होंने नागाओं की सामाजिक और राजनैतिक समस्याओं का समाधान करने में महत्त्वपूर्ण भूमिका निभाई।

सन् 1953 में, जब तत्कालीन प्रधानमन्त्री नेहरू इम्फाल आए, तब रानी गाइदिन्ल्यू उनसे मिलीं और अपनी रिहाई के लिए कृतज्ञता प्रकट की। कालान्तर में, गाइदिन्ल्यू ज़ेलिआंग्रोंग समुदाय के विकास और कल्याण से सम्बन्धित बातचीत करने के लिए नेहरू जी से दिल्ली में भी मिली थीं।

रानी गाइदिन्ल्यू नागा नेशनल काउन्सिल (NNC) का मुखर विरोध करती थीं, क्योंकि वे नागालैण्ड को भारत से अलग कर एक स्वतन्त्र राष्ट्र की वकालत कर रहे थे। जबकि रानी गाइदिन्ल्यू ज़ेलिआंग्रोंग समुदाय के लिए भारत के भीतर ही स्वायत्त क्षेत्र की माँग करती थीं। एन.एन.सी. के लोग रानी गाइदिन्ल्यू का विरोध इसलिए भी करते थे, क्योंकि वह ईसाई मिशनरियों का विरोध कर परम्परागत नागा धर्म और रीति-रिवाजों को पुनर्जीवित करने का प्रयास कर रही थीं।

नागा क़बीलों की आपसी स्पर्धा के कारण 1960 में रानी को अपने सहयोगियों के साथ भूमिगत हो जाना पड़ा। भारत सरकार के साथ एक समझौते के उपरान्त वह छह साल बाद 1966

में बाहर आईं। फरवरी 1966 में, गाइदिन्ल्यू दिल्ली में तत्कालीन प्रधानमन्त्री लालबहादुर शास्त्री से मिलीं और एक पृथक् ज़ेलिआंग्रोंग प्रशासनिक इकाई की माँग की। इसके बाद उनके समर्थकों ने आत्मसमर्पण कर दिया, जिनमें से कुछ को नागालैण्ड आर्म्ड पुलिस में भर्ती कर लिया गया।

रानी गाइदिन्ल्यू सन् 1991 में अपने जन्मस्थान नुंग्काओ लौट आईं। अखण्ड भारत के भीतर नागा रीति-रिवाजों, आस्थाओं और परम्पराओं के संरक्षण के लिए काम करने वाली इस महान् महिला का 17 फरवरी 1993 को निधन हो गया।

रानी गाइदिन्ल्यू ने देश के लिए अपनी जवानी होम कर दी थी; उनका यह त्याग भुलाया नही जा सकता। भारतीय स्वतन्त्रता आन्दोलन में अपनी सक्रिय भूमिका निभाने के कारण एवं झाँसी की रानी लक्ष्मीबाई के समान ही वीरता का प्रदर्शन करने के कारण रानी गाइदिन्ल्यू को 'नागालैण्ड की रानी लक्ष्मीबाई' भी कहा जाता है।

सन् 1982 में, उनको भारत सरकार द्वारा समाजसेवा के क्षेत्र में पद्म भूषण से सम्मानित किया गया। इसके अतिरिक्त, भारत सरकार ने उन्हें 1972 में 'ताम्रपत्र स्वतन्त्रता सेनानी पुरस्कार', 1982 में 'विवेकानन्द सेवा पुरस्कार', 1996 में मरणोपरान्त 'बिरसा मुण्डा पुरस्कार' से सम्मानित किया। 1996 में उनकी स्मृति में एक डाक टिकट और 2015 में एक स्मारक सिक्का जारी किया गया।

1996 में रानी गाइदिन्ल्यू की स्मृति में भारत सरकार द्वारा जारी किया गया डाक टिकट

असम सरकार ने सिलचर में इस महान् नागा स्वतन्त्रता सेनानी के सम्मान में एक उद्यान का निर्माण करवाया है, जिसमें उनकी प्रतिमा भी लगाई गई है। 24 अगस्त 2015 को उनके जन्मशताब्दी समारोह का आरम्भ करते हुए देश के प्रधानमन्त्री श्री नरेन्द्र मोदी ने उनको 'रानी माँ' कहकर सम्बोधित किया था। रानी गाइदिन्ल्यू के नाम पर एक स्त्री शक्ति पुरस्कार भी शुरू किया गया है। साथ ही, भारतीय तटरक्षक दल के एक जलपोत का नाम भी उनके नाम पर रखा गया है। गत वर्ष 2021 में, भारत सरकार ने मणिपुर में 'रानी गाइदिन्ल्यू ट्राइबल फ़ाइटर्स म्यूज़ियम' की आधारशिला रखी है।

सन्दर्भ-स्रोत:

- https://hi.wikipedia.org/wiki/%E0%A4%B0%E0%A4%BE%E0%A4%A8%E0%A5%80_%E0%A4%97%E0%A4%BE%E0%A4%87%E0%A4%A6%E0%A4%B-F%E0%A4%A8%E0%A5%8D%E0%A4%B2%E0%A5%8D%E0%A4%AF%E0%A5%82
- https://navbharattimes.indiatimes.com/education/gk-update/rani-gaidin-liu-contribution-and-biography-in-hindi/articleshow/87848893.cms
- https://bharatdiscovery.org/india/%E0%A4%B0%E0%A4%BE%E0%A4%A8%E0%A5%80_%E0%A4%97%E0%A4%BE%E0%A4%87%E0%A4%A6%E0%A4%BF%E0%A4%A8%E0%A4%B2%E0%A5%8D%E0%A4%AF%E0%A5%82#gsc.tab=0
- https://dhyeyaias.com/hindi/current-affairs/daily-current-affairs/rani-gaidin-liu-lakshmibai-of-nagaland
- https://jivani.org/Biography/296/%E0%A4%B0%E0%A4%BE%E0%A4%A8%E0%A5%80-%E0%A4%97%E0%A4%BE%E0%A4%87%E0%A4%A6%E0%A4%BF%E0%A4%A8%E0%A5%8D%E0%A4%B2%E0%A5%8D%E0%A4%AF%E0%A5%82-%E0%A4%9C%E0%A5%80%E0%A4%B5%E0%A4%A8%E0%A5%80---biography-of-rani-gaidinliu-in-hindi-jivani
- https://hindi.oneindia.com/news/india/rani-gaidinliu-tribal-heroine-who-stunned-the-british-who-is-called-lakshmibai-of-nagaland/articlecon-tent-pf386659-649832.html
- https://www.indiatv.in/india/national-rani-gaidinliu-the-nsung-hero-of-inde-pendence-struggle-526406
- https://commons.wikimedia.org/wiki/File:Rani_Gaidinliu_1996_stamp_of_In-dia.jpg
- https://indianexpress.com/article/india/india-others/pm-narendra-modi-hon-ours-legendary-freedom-fighter-from-north-east/

रानी कमलापति

16वीं सदी से सन् 1715 तक गिन्नौरगढ़ दुर्ग पर गोंड शासकों का आधिपत्य रहा तथा भोपाल में भी उन्हीं का शासन था। भोपाल की ऊपरी झील के आस-पास का क्षेत्र भील और गोंड आदिवासियों ने ही बसाया था।

'अन्तिम हिन्दू रानी' के नाम से जानी जाने वाली रानी कमलापति, भोपाल से 50 किलोमीटर दूर स्थित गिन्नौरगढ़ की महारानी थीं। वह एक बहुत ही सुन्दर स्त्री थीं, जिनके रूप के किस्से दूर-दूर तक प्रसिद्ध थे। उनके पति का नाम महाराज निजाम शाह था, जो राजा सूरज सिंह शाह के पुत्र थे। वह एक गोंड हिन्दू राजा थे।

सन् 1710 के निकट, भोपाल के ऊपरी झील का क्षेत्र बसाने में मुख्यतः दो जनजातियों का योगदान रहा है—गोंड और भील। निजाम शाह उस समय के सबसे साहसी, निडर व शक्तिशाली राजा माने जाते थे। कुछ इतिहासकारों के अनुसार, निजाम शाह की 7 रानियाँ थीं, जिनमें से रानी कमलापति उन्हें सबसे प्रिय थीं। जबकि कुछ अन्य स्रोतों के अनुसार, रानी कमलापति निजाम शाह की एकमात्र रानी थीं। निजाम शाह और रानी कमलापति का एक पुत्र हुआ, जिसका नाम कुँवर नवल शाह रखा गया।

रानी कमलापति राजकीय कार्यों, जैसे जनता के कष्टों को समझने, राज्य की गोंड संस्कृति

पर ध्यान देने एवं राज्य के वित्तीय कोष का लेखा-जोखा आदि रखने में अपने पति का सहयोग किया करती थीं। सब कुछ सही ढंग से चल रहा था और उनका जीवन प्रसन्नता व कुशलता के साथ व्यतीत हो रहा था। निजाम शाह का एक भतीजा था, जिसका नाम था चैन सिंह। उसकी दृष्टि राजा निजाम शाह की सम्पत्ति पर तो थी ही, साथ-ही-साथ रानी कमलापति के प्रति भी उसकी नीयत ठीक नहीं थी।

यह जानते हुए भी कि वह उसके चाचा की पत्नी हैं और उनका एक पुत्र है, चैन सिंह ने रानी कमलापति के समक्ष विवाह का प्रस्ताव रख दिया। यह सुनकर रानी कमलापति बहुत ही क्रोधित हुईं, और उन्होंने चैन सिंह को खरी-खोटी सुनाते हुए उससे विवाह करने से मना कर दिया। चैन सिंह को यह बात कुछ रास नहीं आई। सन् 1720 में, चैन सिंह ने निजाम शाह की हत्या करने का षड्यन्त्र रचा। उसने छल से निजाम शाह के भोजन में विष मिलवा दिया, और इस प्रकार राजा निजाम शाह का स्वर्गवास हो गया।

राजा की मृत्यु के पश्चात् राजकुमार नवल शाह और महारानी के ऊपर संकट आन पड़ा। चैन सिंह की दृष्टि अब रानी कमलापति और उनके राज्य पर थी। संकट भाँपकर, रानी कमलापति ने अपने बेटे को लेकर गिन्नौरगढ़ दुर्ग छोड़ दिया और भोपाल स्थित अपने महल जा पहुँची। रानी कमलापति के भीतर चैन सिंह के प्रति प्रतिशोध की ज्वाला धधक रही थी। परन्तु उस वक्त रानी के पास न तो पर्याप्त धन था और न ही सेना।

इस बीच, उन्हें कहीं से सूचना मिली कि मोहम्मद ख़ान नाम का एक शक्तिशाली अफ़ग़ान योद्धा भोपाल आया हुआ है। मोहम्मद ख़ान मुगल सेना द्वारा निष्कासित कर दिए जाने के बाद भोपाल आया था। उसने जगदीशपुर पर अधिकार कर उसका नाम इस्लामनगर रख दिया था और वहीं अपना डेरा जमाया था।

रानी कमलापति ने चैन सिंह से प्रतिशोध लेने के लिए मोहम्मद ख़ान से सहायता माँगी। धन न होते हुए भी इस कार्य के लिए रानी कमलापति ने मोहम्मद ख़ान को एक लाख सिक्के देने का वचन दे दिया था। इस प्रलोभन के कारण मोहम्मद ख़ान ने चैन सिंह पर आक्रमण कर उसकी हत्या कर दी, किन्तु जब धन चुकाने की बात आई तो रानी कमलापति ने लाख सिक्कों के स्थान पर भोपाल राज्य का एक भाग मोहम्मद ख़ान को दे दिया।

इस घटना के पश्चात्, मोहम्मद ख़ान के भीतर लालच जाग गया और वह सम्पूर्ण भोपाल पर शासन करने की चाह रखने लगा। साथ ही, रानी कमलापति के प्रति उसकी नीयत भी बिगड़ने लगी। वह चाहता था कि रानी कमलापति इस्लाम स्वीकार कर उसके साथ निकाह कर लें, किन्तु रानी कमलापति को यह कदापि स्वीकार्य नहीं था। उन्होंने मोहम्मद ख़ान से निकाह करने से स्पष्ट

मना कर दिया।

तदनन्तर, मोहम्मद ख़ान के इरादों को भाँपकर 15 वर्ष के नवल शाह ने 100 सैनिकों की सेना लेकर उसके साथ युद्ध करने की ठानी। इस युद्ध में कुँवर नवल शाह व उनके सभी सैनिक वीरगति को प्राप्त हुए। कहा जाता है कि इस युद्ध में इतना रक्त बहा था कि पूरी घाटी रक्त के रंग से लाल हो गई थी, और तबसे यह घाटी 'लाल घाटी' के नाम से जानी जाती है।

पराजय के पश्चात्, एक दूत ने पहाड़ी पर जाकर धुएँ की सहायता से रानी कमलापति को संकेत किया। रानी कमलापति समझ गईं कि वे युद्ध हार चुके हैं। अपनी गरिमा और सम्मान की रक्षा करने के लिए उन्होंने महल में ही स्थित तालाब में जल-जौहर कर अपने प्राण त्याग दिए। हालाँकि, रानी कमलापति के अन्तिम दिनों में हुई इन घटनाओं के विषय में मिलने वाली जानकारी सीमित और अस्पष्ट है, जिस कारण इतिहासकारों में इन्हें लेकर मतभिन्नता है। रानी कमलापति और नवल शाह की मृत्यु के पश्चात् गिन्नौरगढ़ पर मोहम्मद ख़ान का शासन हो गया और तदुपरान्त कई पीढ़ियों तक यहाँ अफ़ग़ानी ख़ानों ने राज किया।

रानी कमलापति के इस जल-जौहर से सम्बन्धित किस्से-कहानियाँ आज भी लोगों के मन-मस्तिष्क में जीवित हैं; लोग अब भी उन्हें अत्यन्त सम्मान की दृष्टि से देखते हैं। गोंड जनजाति के लिए रानी कमलापति आज भी एक आदर्श हैं।

गोंड रानी कमलापति, जो भोपाल की अन्तिम हिन्दू रानी थीं।

भोपाल के गोंड राजा निजाम शाह ने अपनी पत्नी रानी कमलापति के लिए तालाब के तट पर एक बहुत ही सुन्दर महल का निर्माण सन् 1702 में पूर्ण कराया था, जिसे आज हम रानी कमलापति महल के नाम से जानते हैं। यह महल आज भी हमें उनके साहस और वीरता का स्मरण कराता है। भारतीय पुरातत्त्व विभाग ने इस महल को सन् 1989 से अपने संरक्षण में ले लिया है, और यहाँ नित्य एक छोटी प्रदर्शनी लगती है। मध्यप्रदेश के मुख्यमन्त्री शिवराज सिंह चौहान जी ने गत वर्ष 2021 में रानी कमलापति महल के सामने उनकी एक विशाल प्रतिमा का निर्माण करवाया है।

14 नवम्बर 2021 को अन्तिम गोंड रानी कमलापति के नाम पर भोपाल के हबीबगंज स्टेशन का नाम बदलकर कमलापति रेलवे स्टेशन रखा गया। यह रेलवे स्टेशन बहुत ही भव्य एवं विश्वस्तरीय है, जहाँ पर हवाई-अड्डे जैसी मूलभूत व आधुनिक सुविधाएँ उपलब्ध करवाई जाने की योजना है।

कमलापति महल, राष्ट्रीय संरक्षित स्मारक

सन्दर्भ-स्रोत:

- https://www.dailypioneer.com/2021/state-editions/gond-rani-kamalapati--the-last-hindu-rani-of-bhopal.html
- https://www.bhaskar.com/no-fake-news/news/rani-kamalapati-was-the-7th-begum-of-the-muslim-king-nizam-shah-this-is-fake-news-know-its-truth-129126602.html
- https://bio4hindi.blogspot.com/2021/12/rani-kamlapati-biography-in-hindi.html?m=1
- https://www.patrika.com/bhopal-news/know-the-history-of-rani-kamalapati-the-gond-queen-7171139/

वीर सम्बुधन फोंगलो

सम्बुधन फोंगलो, जिन्हें वीर सेंग्या सम्बुधन फोंगलो के नाम से भी जाना जाता है, दिमास कचरी जनजातीय समुदाय से आने वाले एक महान् क्रान्तिकारी थे, जो मूलतः दिमा हसाओ जनपद (उत्तर कचर पहाड़ी) के निवासी थे। उनका जन्म 16 मार्च 1850 को फाल्गुन पूर्णिमा के दिन माईबंग के पास लॉङ्गकहोर में पिता डेपरोन्दाओ फोंगलो और माता खसाइदी फोंगलो के घर हुआ था।

दिमास के लोग उन्हें 'वीर' कहकर सम्बोधित करते थे, क्योंकि सम्बुधन बचपन से ही शारीरिक रूप से बहुत विशाल और शक्तिशाली थे। वह अत्यन्त धार्मिक प्रवृति के थे और भगवान् शिव के भक्त थे। वह ब्रिटिश सरकार की 'फूट डालो और राज करो' की नीति से क्षुभित थे। साथ ही, वह उन दमनकारी अधिनियमों के घोर विरोधी थे, जो पहाड़ी क्षेत्र में रहने वाले निर्दोष लोगों का उत्पीड़न करने के लिए उनपर जबरन लागू किए जाते थे। इन नीतियों के कारण स्थानीय जनता की संस्कृति और परम्पराओं पर बुरा प्रभाव पड़ रहा था।

दिमास शासित कचरी राज्य के दक्षिणी भाग (1832) और उत्तरी भाग (1854) के संयोजन ने वहाँ के निवासियों को आक्रोशित कर दिया था। अंग्रेज़ों ने पहले नगाँव जनपद को उत्तरी कचर में मिला दिया, और उसके बाद उत्तर और दक्षिणी भाग को तीन हिस्सों मे बाँट दिया। सम्बुधन फोंगलो के नेतृत्व में स्थानीय निवासी अग्रेज़ों द्वारा किए गए इस भौगोलिक हस्तक्षेप से

बलिदानी वीर सम्बुधन फोंगलो

अप्रसन्न थे; उनका मानना था कि ऐसा उनको निर्बल बनाने के लिए किया जा रहा है और भविष्य में यह उन्हें दासता की ओर ले जाएगा। इस नीति का भरसक विरोध करते हुए, सम्बुधन ने साहस और शक्ति के प्रदर्शन द्वारा अंग्रेज़ों को पूरे पहाड़ी क्षेत्र से भागने पर बाध्य कर दिया।

वीर सम्बुधन गुरिल्ला युद्धनीति के कुशल जानकार थे। उन्होंने अपना एक अलग विद्रोही दल बनाया और उन्हें 30-40 लोगों के अलग-अलग समूह में विभक्त कर घने जंगल में युद्ध करने का प्रशिक्षण दिया। तत्पश्चात् उन्होंने अंग्रेज़ों के कैम्प और सेना पर आक्रमण करना आरम्भ कर दिया। उन्होंने अंग्रेज़ों को चेतावनी दी कि वे लोग उनके क्षेत्र को छोड़कर चले जाएँ, वरना उनको गम्भीर परिणाम झेलने पड़ेंगे।

सम्बुधन और उनके समूह ने गोंजुंग स्थित ब्रिटिश कैम्प पर आक्रमण कर ब्रिटिश मेजर बॉयड की हत्या कर दी, उसके दो घोड़ों के तलवार से टुकड़े कर दिए और कैम्प को नष्ट कर डाला। उन्होंने अपनी मुक्ति और भारत माता की स्वाधीनता के लिए बहुत वीरता से अंग्रेज़ों से लड़ाइयाँ लड़ीं। अंग्रेज़ सरकार इस बात से चिन्तित थी कि वो न तो उनको गिरफ़्तार कर पा

रही थी और न ही उनकी गतिविधियों पर नियन्त्रण रख पा रही थी। अन्ततः, अंग्रेज़ों ने छल का सहारा लिया। उन्होंने एक स्थानीय महिला को अपना भेदिया बनाकर सम्बुधन की पत्नी के पास भेजा और उनसे सम्बुधन के घर आने का समय पता लगा लिया। यह सूचना पाकर अंग्रेज़ी सेना नियत समय पर वहाँ पहुँच गई और घात लगाकर उन्हें मार डाला। इस प्रकार, 12 फरवरी 1883 के दिन वीर सम्बुधन फोंगलो वीरगति को प्राप्त हुए।

2016 में प्रधानमन्त्री नरेन्द्र मोदी जी और असम के तत्कालीन मुख्यमन्त्री सर्बानन्द सोनोवाल जी ने बलिदानी वीर सम्बुधन फोंगलो को एक राष्ट्रीय स्वतन्त्रता सेनानी के रूप में पहचान दिलाई।

ज्ञात इतिहास के अनुसार, अमर हुतात्मा सम्बुधन असम के पहले स्वतन्त्रता सेनानी थे, जिन्होंने विशाल अंग्रेज़ी सेना से असम के सुदूर पहाड़ी क्षेत्रों में युद्ध किया। उनकी स्मृति में, माहुर नदी के पास एक गाँव 'दिहूर फोंगलो' और माईबंग में एक पानी की टंकी 'सम्बुधन-नि-दिखोर' (अर्थात् सम्बुधन की टंकी) का नामकरण उनके नाम पर किया गया है।

सन्दर्भ-स्रोत:

- BJP ST Morcha, Assam

शहीद वीर नारायण सिंह

वीर नारायण सिंह (1795-1857) छत्तीसगढ़ राज्य के प्रथम स्वतन्त्रता संग्राम सेनानी, एक सच्चे देशभक्त व निर्धनों के मसीहा थे। नारायण सिंह का जन्म 1795 में छत्तीसगढ़ के सोनाखान के एक ज़मींदार के घर हुआ था। उनके पिता का नाम राम राय था। कहा जाता है कि नारायण सिंह के पूर्वजों के पास 300 गाँवों की ज़मींदारी थी। उन्होंने छत्तीसगढ़ में 1857 के भारतीय स्वतन्त्रता संग्राम का नेतृत्व किया। उस समय उन्होंने जेल से भागकर अंग्रेज़ों से लोहा लिया था।

वीर नारायण सिंह को 'प्रथम छत्तीसगढ़ी स्वतन्त्रता सेनानी' के रूप में भी जाना और माना जाता है। उनके पूर्वज गोंड जनजाति से थे और सारंगढ़ में निवास करते थे। बाद में, उन्होंने अपनी सम्बद्धता गोंड से बिंझवार जनजाति में बदल दी और रायपुर जनपद के सोनाखान में चले गए। सन् 1830 में, अपने पिता की मृत्यु के पश्चात्, 35 वर्ष की आयु में वीर नारायण सिंह ज़मींदार बने। नारायण सिंह को अपनी प्रजा से अटूट लगाव था।

जैसा कि 'सोनाखान' नाम से ही स्पष्ट है, यह स्थान अपने सोने के भण्डार के लिए विख्यात था। इस राज्य की स्थापना 17वीं सदी में हुई थी, जिसका प्राचीन नाम सिंहगढ़ था। सोनाखान के पश्चिम में एक छोटी-सी पहाड़ी है, जिसका नाम कुर्रुपाट डोंगरी है। यह स्थान युवराज नारायण सिंह की वीरगाथा का साक्षी है। कुर्रुपाट गोंड-बिंझवार राजा के देवता का स्थल है, जहाँ नारायण

सिंह पूजन किया करते थे। युवराज नारायण सिंह के पास एक स्वामिभक्त घोड़ा था, जिसपर सवार होकर वह अपनी रियासत का भ्रमण किया करते थे।

सोनाखान विद्रोह के नायक – बलिदानी वीर नारायण सिंह

ऐसे ही एक भ्रमण के दौरान युवराज को किसी व्यक्ति ने जानकारी दी कि सोनाखान क्षेत्र में एक नरभक्षी शेर कुछ दिनों से आतंक मचा रहा है, जिसके चलते प्रजा भयाक्रान्त है। नारायण सिंह में बहुत जोश था; वह हमेशा प्रजा की सेवा करने में तत्पर रहते थे। वह तत्काल तलवार हाथ में लिए उस नरभक्षी शेर की खोज में निकल पड़े। उन्होंने उसे ढूँढ़कर ढेर कर दिया तथा अपनी प्रजा को भयमुक्त किया।

इस बहादुरी से प्रभावित होकर ब्रिटिश सरकार ने उन्हें 'वीर' की पदवी से सम्मानित किया। इस सम्मान के बाद से युवराज वीर नारायण सिंह के नाम से प्रसिद्ध हुए।

वीर नारायण सिंह के अपने प्रजा के प्रति अथाह प्रेम का उदाहरण 1856 में देखने को मिला। उस समय इस क्षेत्र में भीषण अकाल पड़ा था। लोगों के पास खाने के लिए कुछ नहीं बचा था। भूख से बेहाल प्रजा दाने-पानी के अभाव में त्राहि-त्राहि कर रही थी।

इस क्षेत्र में ब्रिटिश साम्राज्य को पैर पसारे तीन वर्ष हो चुके थे। क्षेत्र की बागडोर अंग्रेज़ डिप्टी कमिश्नर इलियट और कैप्टन स्मिथ के हाथ में थी। कसडोल गाँव के मिश्र परिवार पर अंग्रेज़ों की विशेष कृपादृष्टि थी। मिश्र परिवार की गिनती उस समय अव्वल दर्जे के शोषकों एवं जमाख़ोरों में होती थी।

साहूकारों ने अंग्रेज़ों की कृपा से समूचे क्षेत्र में अपना तन्त्र फैला रखा था। जमाख़ोरी और ब्याज का धन्धा ज़ोरों-शोरों से चल रहा था, जिस कारण अन्न का अभाव होना स्वाभाविक था। अकाल के कारण निर्बल वर्ग के लोग शोषण का शिकार बन रहे थे।

वीर नारायण सिंह 'प्रथम छत्तीसगढ़ी स्वतन्त्रता सेनानी' के रूप में जाने जाते हैं।

कसडोल गाँव का मिश्र परिवार भी इन्हीं दुष्ट साहूकारों में से एक था। क्षेत्र की भौगोलिक दुर्गमता के बावजूद शोषण का जाल फैलाने में इनके लोग भरपूर श्रम करते थे और उपज होते ही नाममात्र का भाव देकर अन्न ख़रीद लिया करते थे। ब्याज के कपटपूर्ण व्यवसाय के माध्यम से गहने-आभूषण, भाण्डे-बर्तन आदि रखकर वे चक्रवृद्धि ब्याज की ऊँची दरों के कारण कम समय में प्रथम श्रेणी के शोषक बन गए थे।

भीषण खाद्यान्न संकट से चिन्तित प्रदेश के लोग सोनाखान में वीर नारायण सिंह की बैठक में एकत्र हुए। चर्चा में निर्णय लिया गया कि कसडोल के मिश्र महाजन से अनाज का ऋण लिया जाएगा, जिसका ब्याज भी चुकाया जाएगा। राज्य में सूखे व अकाल की समस्या से प्रसन्न मिश्र परिवार ने अधिक ब्याज और अधिक लाभ प्राप्त करने के लालच में वीर नारायण सिंह के इस प्रस्ताव को ठुकरा दिया।

कुर्रुपाट वीर नारायण सिंह का डेरा था। कुर्रुपाट का जल हाथ में लेकर वीर नारायण सिंह के साथ सभी प्रमुखों ने शपथ ली कि अब वे महाजनों का शोषण कतई सहन नहीं करेंगे।

वीर नारायण सिंह के नेतृत्व में सहस्रों किसान कसडोल गाँव की ओर चल पड़े। वीर नारायण अपने कबरा नामक प्रिय घोड़े पर सवार होकर कसडोल पहुँचे। उन्होंने एक बार फिर से ऋण के रूप में अनाज उपलब्ध कराने का आग्रह किया, लेकिन जमाख़ोरों ने बात नहीं मानी। अब वीर नारायण सिंह से रहा नहीं गया। उन्होंने संचायकों के अनाज भण्डार पर छापा मारा और उसपर अधिकार कर आवश्यकतानुसार अनाज भुखमरी से पीड़ित जनता के बीच वितरित कर दिया।

इस घटना की जानकारी देने हेतु महाजनों ने अपना शिकायती पत्र डिप्टी कमिश्नर को भेजा। कसडोल का मिश्र परिवार अंग्रेज़ों का पिट्ठू था, इस कारण रिपोर्ट दर्ज होते ही डिप्टी कमिश्नर इलियट ने 24 अक्तूबर सन् 1856 को सेना की एक टुकड़ी को वीर नारायण का गिरफ़्तारी वारण्ट सौंपकर रवाना कर दिया। हालाँकि, वह भली प्रकार जानता था कि वीर नारायण सिंह सरलता से उसकी गिरफ़्त में नहीं आएँगे।

कालान्तर में, राजद्रोह, लूट आदि के आरोप में नारायण सिंह को गिरफ़्तार कर लिया गया और फिर उन्हें रायपुर ले जाया गया। उनकी गिरफ़्तारी का समाचार प्राप्त होते ही राज्य की प्रजा भड़क उठी। नारायण सिंह दस महीने चार दिन तक जेल में बन्द रहे। हालाँकि, कुछ समय बाद विद्रोही सैनिकों की सहायता से दीवार में बनाई गई सुरंग से वह भाग निकलने में सफल हुए। यह बात सुनते ही प्रजा में उत्साह व जोश का संचार हो आया।

अब वीर नारायण सिंह को व्यापक जनसमर्थन प्राप्त था। उन्होंने 500 लोगों की एक बन्दूकधारी सेना बनाई, जो अंग्रेज़ों के विरुद्ध संग्राम कर सके। वीर नारायण सिंह के नेतृत्व में बिंझवार, कँवर, धनुहर, गोंड, किसान व नौजवान आदि सभी तलवार, बन्दूकें, बरछी, भाला एवं तीर-धनुष से सज्ज होकर ब्रिटिश साम्राज्यवाद के विरुद्ध संग्राम में कूद पड़े। सन् 1856 तक सम्पूर्ण गोंडवाना में क्रान्ति की ज्वाला फैल चुकी थी।

वीर नारायण सिंह ने कुर्रुपाट की दुर्गम पहाड़ियों को अपना केन्द्र बनाया। वहाँ सड़कमार्ग से पहुँचना कठिन था, किन्तु रात में गुप्तचरों द्वारा बताए गए मार्ग से आए ब्रिटिश सैनिकों ने घात लगाकर उनपर पर हमला कर किया। नारायण सिंह और उनकी सेना चारों ओर से घिर गई और निरन्तर होने वाली गोलीबारी के कारण छिन्न-भिन्न हो गई। शेष सैनिकों को ध्यान में रखते हुए नारायण सिंह ने आत्मसमर्पण करना उचित समझा। उनपर पहले से ही राजद्रोह के साथ-साथ बन्दीगृह से भागने का आरोप था, इसलिए ब्रिटिश शासन अब उन्हें पुनः बन्दीगृह में रखने का साहस नहीं जुटा पा रहा था। उन्हें डिप्टी कमिश्नर चार्ल्स इलियट के कोर्ट में पेश किया गया।

वीर नारायण सिंह पर राजद्रोह का अभियोग चलाकर उन्हें फाँसी की सज़ा सुना दी गई। गोंडवाना के इस वीर सपूत को 10 दिसम्बर 1857 के दिन रायपुर चौराहे पर फाँसी पर लटका दिया गया। यह बलिदान स्थल आज छत्तीसगढ़ की राजधानी रायपुर में 'जयस्तम्भ चौक' कहलाता है।

वीर नारायण सिंह की मृतदेह को कई दिनों तक सार्वजनिक रूप से लटकाकर रखा गया था, ताकि गोंडवाना क्षेत्र में आतंक फैल जाए और इसके बाद कोई भी ब्रिटिश शासन के विरुद्ध विद्रोह करने का साहस न कर सके। बाद में उनके शव को तोप से उड़ा दिया गया।

19 दिसम्बर 1857 को, नारायण सिंह मृत्यु के दसवें दिन, उनके शव के चीथड़ों को परिवार वालों को सौंपा गया। सार्वजनिक रूप से हुए इस कुकृत्य को देखकर जनसाधारण के साथ ही ब्रिटिश सेना में कार्यरत भारतीयों के हृदय में प्रतिशोध की ज्वाला भड़क उठी और एक नयी क्रान्ति का बीजारोपण हुआ।

सम्बलपुर के क्रान्तिकारी सुरेन्द्र साय के मार्गदर्शन एवं सैन्य सहायता से वीर नारायण सिंह के पुत्र गोविन्द सिंह नें अंग्रेज़ों का साथ देने वाले देवरी के ज़मींदार महाराज साय की गर्दन तलवार के एक ही वार में काटकर उससे अपना प्रतिशोध ले लिया। प्रतिक्रियास्वरूप, अंग्रेज़ों ने सोनाखान के गाँवों को आग के हवाले कर दिया।

अमर हुतात्मा वीर नारायण सिंह को राज्य के प्रथम स्वतन्त्रता संग्राम सेनानी का दर्जा प्राप्त है। बलिदानी वीर नारायण सिंह को श्रद्धांजलि देने के लिए सन् 1987 में, उनकी 130वीं बरसी पर सरकार ने 60 पैसे के मूल्य का एक डाक टिकट जारी किया, जिसमें वीर नारायण सिंह को तोप के आगे बँधा दिखाया गया था।

बलिदानी वीर नारायण सिंह की 130वीं बरसी पर 1987 में सरकार द्वारा जारी किया गया 60 पैसे का डाक टिकट

रायपुर क्रिकेट संघ ने सन् 2008 में 'शहीद वीर नारायण सिंह अन्तरराष्ट्रीय क्रिकेट स्टेडियम' का निर्माण करवाया था, जिसमें एक बार में 65,000 दर्शक बैठकर मैच का आनन्द ले सकते हैं।

सन्दर्भ-स्रोत:

- https://www.uvtutorial1010.com/2021/11/blog-post.html
- https://www.chhattisgarhgyan.in/2016/03/veer-narayan-singh.html
- https://hindi.webdunia.com/inspiring-personality/veer-narayan-singh-binjhwar-122042500041_1.html
- https://www.gkexams.com/ask/47005-Shahid-Veer-Narayann-Singh-Ka-Jeevan-Parichay
- https://koyapunemgondwana.com/veer-narayan-singh-binjhwar/
- http://www.gkcg.in/2018/06/blog-post.html
- https://cgctnews.com/shahid-veer-narayan-singh-raipur-chhattisgarh-sona-khan-doctor-baldev-saheb/
- https://www.36kaakda.in/2021/03/veer-narayan-singh-biography.html
- https://amritmahotsav.nic.in/unsung-heroes-detail.htm?298

शेख़ भिखारी

शेख़ भिखारी 1857 के स्वाधीनता संग्राम के महान् क्रान्तिकारी एवं वीर बलिदानी थे, जिन्होंने भारत माता को स्वतन्त्र कराने के लिए अनेक बर्बर यातनाएँ सहीं और हँसते–हँसते फाँसी के फन्दे पर झूल गए।

शेख़ भिखारी का जन्म सन् 1819 में झारखण्ड के राँची जनपद के बुड़मो में होक्टे गाँव के एक बुनकर अन्सारी परिवार में हुआ था, किन्तु उन्होंने अपना शेष जीवन ओरमाँझी के खुदिया-लोटवा गाँव में बिताया। वह लड़कपन से ही अपने ख़ानदानी पेशे का अनुसरण करते हुए मोटे कपड़े तैयार कर और हाट-बाजार में उन्हें बेचकर अपने परिवार का पालन-पोषण किया करते थे। वह अत्यन्त चतुर थे एवं शिकार के शौक़ीन भी थे।

शेख़ भिखारी की उम्र जब 20 वर्ष की हुई, तो उन्होंने छोटानागपुर के राजा के यहाँ नौकरी कर ली। अपनी लगनशील प्रवृत्ति के कारण, कुछ ही दिनों में उन्होंने राजा के दरबार में एक सम्मानजनक पद प्राप्त कर लिया। शेख़ भिखारी को ज़मींदारी के काम में अच्छा-ख़ासा अनुभव था। उनकी सैन्य संचालन की दक्षता, कार्यकुशलता और वीरता को देख ज़मींदार टिकैत उमराव सिंह ने उनको अपने यहाँ दीवान के पद पर नियुक्त कर लिया।

कालान्तर में, बड़कागढ़ के राजा ठाकुर विश्वनाथ शाहदेव ने शेख़ भिखारी को मुक्तिवाहिनी

का सदस्य बनाया, जिसमें स्वयं ठाकुर विश्वनाथ के अतिरिक्त पाण्डे गणपत राय, जयमंगल पाण्डे, नादिर अली ख़ान, टिकैत उमराव सिंह, बृजभूषण सिंह, श्यामा सिंह, शिव सिंह, रामलाल सिंह, बिरजू राम, राम लाल सिंह आदि थे। 1857 की क्रान्ति में राजा उमराव सिंह, उनके छोटे भाई घासी सिंह और शेख़ भिखारी ने जो पराक्रम दिखाया उसकी गूँज आज भी ओरमाँझी और उसके निकटवर्ती क्षेत्रों में सुनाई पड़ती है।

अंग्रेज़ी सेना के कमाण्डर मैकडॉनल्ड के अनुसार अंग्रेज़ी शासन के विरुद्ध खड़े होने वालों में शेख़ भिखारी सबसे अधिक ख़तरनाक और लोकप्रसिद्ध हमलावर थे।

सन् 1856 में, अंग्रेज़ों ने राजा-महाराजाओं पर चढ़ाई करने की ठानी। यह समाचार पाकर ठाकुर विश्वनाथ शाहदेव ने अपने मन्त्री पाण्डे गणपत राय, दीवान शेख़ भिखारी, टिकैत उमराँव सिंह से सलाह-मशवरा किया। इन सभी ने अंग्रेज़ों के विरुद्ध मोर्चा खोलने की ठानी। उन्होंने इस सम्बन्ध में जगदीशपुर के बाबू कुँवर सिंह से पत्राचार किया। इस दौरान, शेख़ भिखारी ने बड़कागढ़ की सेना में राँची एवं चाईबासा के नौजवानों को भर्ती करना शुरू कर दिया।

31 जुलाई 1857 के दिन राँची क़िले में डोरण्डा की सेना के विद्रोह का नेतृत्व जमादार माधव सिंह और सूबेदार नादिर अली ख़ान ने किया। इस विद्रोह का केन्द्र चुट्टूपालु घाटी तथा ओरमाँझी थे। शेख़ भिखारी भी इस विद्रोह में महत्त्वपूर्ण भूमिका निभा रहे थे। उनकी रणनीति और सूझ-बूझ के कारण सूबेदार नादिर अली और जमादार माधव सिंह उनके हर सम्भव सहयोग को लेकर आश्वस्त थे। युद्ध के दौरान, विद्रोहियों के पराक्रम से हमलावर अंग्रेज़ी सेना भाग खड़ी हुई।

तत्पश्चात्, 2 अगस्त को चुट्टूपालु की सेना ने राँची नगर भी जीत लिया। छोटानागपुर का

आयुक्त डाल्टन, राँची का जिलाधिकारी डेविस एवं पलामू का अनुमण्डलाधिकारी, सभी कंके, पिठोरिया के मार्ग से बगोदर भाग गए। इसी समय अंग्रेज़ों को सिख सैनिकों का साथ मिला, जिन्होंने चाईबासा और पुरुलिया में क्रान्ति को कुचलने में सहायता की। प्रतिक्रियास्वरूप, शेख़ भिखारी हज़ारीबाग़ पहुँचे और उन्होंने ठाकुर विश्वनाथ महादेव का पत्र सिख सेना के मेजर विष्णु सिंह को दिया। शेख़ भिखारी ने अपनी राजनैतिक सूझ-बूझ का परिचय देते हुए विष्णु देव को अपने पक्ष में कर लिया, और इस प्रकार उनके सिख सैनिक भी क्रान्तिकारियों के पक्ष में आ गए। इसके अतिरिक्त, उन्होंने सन्थाल परगना में सन्थाल विद्रोह के लिए भी मार्ग प्रशस्त किया, जिसके परिणामस्वरूप वहाँ की क्रान्ति ने गति पकड़ ली।

1855 में, सन्थाल विद्रोह के जननायक सिद्धू और कान्हू को हज़ारीबाग़ के कारागार में नज़रबंद कर रखा गया था। 30 जुलाई 1957 को सुरेन्द्र शाही (शाहदेव) के नेतृत्व में दीवार तोड़कर इन जननायकों को आजाद करवा लिया गया।

कुछ इतिहासकारों का कहना है की जिस चुटूपालू घाटी में शेख़ भिखारी को फाँसी दी गई, उस बरगद के पेड़ को 'फँसियारी बरगद' कहा जाता है।

इस घटना के बाद अंग्रेज़ों का ध्यान शेख़ भिखारी और टिकैत उमराव सिंह पर गया। छोटानागपुर के आयुक्त डाल्टन की धमकियों की तनिक भी चिन्ता न करते हुए, शेख़ भिखारी ने 10 अगस्त 1857 को जगदीशपुर से बाबू कुँवर सिंह की सहायता के लिए कूच करने का निर्णय लिया। मुक्तिवाहिनी का दस्ता डोरण्डा से चल पड़ा। मार्ग में आए किसी अवरोध के कारण दस्ता

चतरा जगदीशपुर की ओर मुड़ गया। रास्ते में ज़मींदार भोला सिंह एवं सलंगी के जगन्नाथ शाही भी जुड़ गए। 30 सितम्बर 1857 को यह दस्ता चतरा पहुँचा और वहाँ एक तालाब के पास अपना पड़ाव डाल दिया। उस दस्ते में लगभग 3000 क्रान्तिकारी सम्मिलित थे। उधर दूसरी ओर, ब्रिटिश सेना के कई पैदल दस्ते भी चतरा शहर में प्रवेश कर चुके थे।

मुक्तिवाहिनी जगदीशपुर न पहुँच सकी और 2 अक्तूबर 1857 चतरा में उनका सामना ब्रिटिश सेना से हुआ। युद्ध में मुक्तिवाहिनी का नेतृत्व सूबेदार नादिर अली ख़ान और सूबेदार जयमंगल पाण्डे कर रहे थे। शेख़ भिखारी ने भी उनके साथ कन्धे-से-कन्धा मिलाकर संग्राम किया।

दुर्भाग्यवश, इस लड़ाई में अंग्रेज़ों की विजय हुई। विद्रोह में भाग लेने वाले अनेक वीर स्वतन्त्रता सेनानियों को फाँसी दे दी गई। दोनों सूबेदारों को 4 अक्तूबर 1857 को फाँसी पर लटकाया गया। वहीं, ठाकुर विश्वनाथ शाहदेव, शेख़ भिखारी, पाण्डे गणपत राय एवं जमादार माधव सिंह चतरा युद्धक्षेत्र से किसी प्रकार भाग निकलने में सफल रहे थे। इसके बाद, शेख़ भिखारी चुट्टूपालु घाटी की ओर प्रस्थान कर गए और वहाँ अपनी लड़ाई जारी रखी। सन्थाल विद्रोह को कुचलने के बाद बंगाल के गवर्नर ने मद्रास की अंग्रेज़ी सेना के अधिकारी मेजर जनरल मैकडॉनल्ड को आदेश दिया कि वह चट्टूपालु घाटी की ओर बढ़े और शेख़ भिखारी की सेना का मुक़ाबला करे।

आदेश के अनुरूप, अंग्रेज़ी सेना मैकडॉनल्ड के नेतृत्व में रामगढ़ पहुँच गई और चुट्टूपालु के पहाड़ के मार्ग पर आगे बढ़नी लगी। उनका सामना करने के लिए शेख़ भिखारी व टिकैत उमराव सिंह भी अपनी विद्रोही सेना लेकर चुट्टूपालु पहाड़ी पहुँच गए और अंग्रेज़ों का रास्ता रोक दिया। शेख़ भिखारी ने चातुर्य दिखाते हुए चुट्टूपालु की घाटी पार कराने वाला पुल तोड़ दिया और सड़क के पेड़ों को काटकर आगमन का मार्ग अवरुद्ध कर दिया। तदुपरान्त, उनकी विद्रोही सेना ने अंग्रेज़ों पर गोलियों की बौछार कर दी। जब उनके पास गोलियाँ समाप्त होने लगीं, तो शेख़ भिखारी ने अपनी सेना को पहाड़ियों की ऊँचाई से पत्थर लुढ़काने का आदेश दिया, जिसके परिणामस्वरूप अनेक अंग्रेज़ सैनिक कुचलकर मारे गए।

यह देखकर जनरल मैकडॉनल्ड ने अपनी रणनीति में परिवर्तन किया। वह अपने सैनिकों के साथ एक गुप्त मार्ग से पहाड़ी पर चढ़ गया। कुछ समय तक चले संघर्ष के उपरान्त, 6 जनवरी 1858 को अंग्रेज़ों ने शेख़ भिखारी एवं टिकैत उमराव सिंह को घेरकर उन्हें गिरफ़्तार कर लिया। 7 जनवरी 1858 को उसी स्थान चुट्टूपालु पर सैन्य न्यायालय लगाकर मैकडॉनल्ड ने दोनों क्रान्तिवीरों को फाँसी की सज़ा सुनाई। 8 जनवरी 1858 के दिन शेख़ भिखारी और टिकैत उमराव सिंह को चुट्टूपालु के बरगद के पेड़ से लटकाकर फाँसी दे दी गई। शेख़ भिखारी को फाँसी

देने के बाद मैकडॉनल्ड ने लिखा था, "शेख़ भिखारी शासन के विरुद्ध खड़े होने वाले हमलावरों में सबसे अधिक ख़तरनाक और लोकप्रसिद्ध थे।"

कहा जाता है कि शेख़ भिखारी की एक प्रिय तलवार अभी भी जरियागढ़ (गोबिन्दपुर) में उपलब्ध है, जिसे प्रत्येक वर्ष विजयदशमी के अवसर पर एक शोभायात्रा निकालकर प्रदर्शित किया जाता है तथा उसके प्रति श्रद्धा और सम्मान व्यक्त किया जाता है। चुट्टूपालु घाटी में जिस पेड़ पर वीर शेख़ भिखारी को फाँसी दी गई थी, वह बरगद का पेड़ स्थानीय लोगों के मध्य 'फँसियारी बरगद' के नाम से जाना जाता है।

सन्दर्भ-स्रोत:

- https://hi.wikipedia.org/wiki/%E0%A4%B6%E0%A5%87%E0%A4%96_%E0%A4%AD%E0%A4%BF%E0%A4%96%E0%A4%BE%E0%A4%B0%E0%A5%80
- https://hi.vikaspedia.in/education/91d93e93091692394d921-93093e91c94d-92f/91d93e93091692394d921-915947-936939940926/93894d93592490292494d93092493e-93892e930-91593e-90592a94d93092493f92e-92893e92f915-936947916-92d93f91693e930940
- https://www.sarkarilibrary.in/2022/01/sheikh-bhikhari-biography-khortha.html
- https://www.heritagetimes.in/sheikh-bhikhari/
- https://www.prabhatkhabar.com/vishesh-aalekh/1239277

सिद्धू (सिदो) मुर्मू और कान्हू (कान्हो) मुर्मू

भारतीय स्वतन्त्रता संग्राम में बिहार की जनजातियों का भी महत्त्वपूर्ण योगदान रहा है। 1857 का विद्रोह अंग्रेज़ी शासन के विरुद्ध स्वतन्त्रता की पहली लड़ाई मानी जाती है, किन्तु इसके पहले भी स्थानीय या क्षेत्रीय आधार पर देश में आन्दोलन होते रहे थे। बिहार की जनजातियों ने अपनी समस्याओं और निरन्तर किए जाने वाले शोषण-उत्पीड़न से विवश व व्यथित होकर अंग्रेज़ी शासन और उसके समर्थक तत्त्वों, जैसे ज़मींदारों, महाजनों और पुलिस आदि के विरुद्ध विद्रोह किया था।

1789 से 1831-32 के बीच देश में अनेक जनजातीय आन्दोलन हुए, जिनके पीछे खूँटी–कट्टी व्यवस्था के विघटन के प्रति प्रतिशोध की भावना मुख्य रूप से उत्तरदायी थी। उसके बाद 1831 में कोल विद्रोह हुआ, जिसमें मुण्डा, हो और उराँव आदि जनजातियाँ विद्रोह के केन्द्र में रहीं।

ब्रिटिश राज के प्रारम्भिक 100 वर्षों में नागरिक विद्रोहों का सिलसिला किसी-न-किसी स्थानीय असन्तोष के कारण लगातार चलता रहा। 1763 से 1856 के बीच देश भर में अंग्रेज़ों के विरुद्ध 40 से अधिक बड़े विद्रोह और असंख्य अन्य छोटे विद्रोह हुए। ऐसे ही कुछ विद्रोह बिहार की जनजातियों ने भी किए। अधिकांश जनजातीय विद्रोहों के पीछे के मूलभूत कारण

वस्तुतः उनके जातीय हित रहे हैं। इन जनजातीय विद्रोहों में सन्थालों का विद्रोह सबसे भीषण था। भारत से अंग्रेज़ों को भगाने के लिए यह प्रथम जनक्रान्ति थी, जो 'सन्थाल हूल' के नाम से प्रसिद्ध हुई।

सन्थाल आन्दोलन (हूल आन्दोलन) के नेतृत्वकर्ता – सिद्धो मुर्मू और कान्हो मुर्मू

बिहार की जनजातियों में सन्थालों की संख्या सबसे अधिक थी। इनका मुख्य निवासस्थल सन्थाल परगना है, जो छोटानागपुर के उत्तरी-पूर्वी छोर पर स्थित है। यहाँ इनकी बहुलता के कारण ही इस स्थान को सन्थाल परगना नाम दिया गया है। छोटानागपुर में प्रवेश करने के बाद सन्थालों ने इसी क्षेत्र को अपना आवास बनाया। इससे पहले वे हज़ारीबाग़ और वीरभूम जनपद में बसे हुए थे।

सन्थाल प्रजा जंगल को साफ़ करती गई और उस भूमि को कृषि योग्य बनाती गई। इसके बाद, उन्होंने यहाँ अपने गाँव बसाए। एक अनुमान के अनुसार, सन् 1851 तक यहाँ सन्थालों के 1473 गाँव बस चुके थे।

छोटानागपुर में अंग्रेज़ों का आधिपत्य सन् 1756 से ही आरम्भ हो चुका था, जिसके कारण यहाँ रहने वाली जनजातियों पर शोषण का शिकंजा कसता चला गया। 1850 आते-आते, यहाँ की सारी प्रजा उत्पीड़न से ग्रस्त हो चुकी थी, जिनमें सन्थाल भी सम्मिलित थे।

महाजन और साहूकार प्रजा को ऋण देकर उनसे उनसे भारी ब्याज वसूलते, और ऋण न चुका पाने की स्थिति में उनकी भूमि भी हड़प लिया करते। उधर, अंग्रेज़ों ने भी मालगुज़ारी बढ़ा दी थी, और कर नहीं देने पर लोगों की सम्पत्तियाँ ज़ब्त कर नीलाम कर दी जाती थीं। एक ओर महाजनों एवं साहूकारों और दूसरी ओर अंग्रेज़ों के अत्याचारों से त्रस्त प्रजा का धैर्य टूटने लगा। परिणामस्वरूप, सन्थाल विद्रोह, जिसे हूल आन्दोलन के नाम से भी जाना जाता है, उठ खड़ा हुआ।

वीर बलिदानी सिद्धो और कान्हो की स्मृति में हर वर्ष 30 जून का दिन 'हूल दिवस' के रूप में मनाया जाता है।

1855-56 में हुए हूल आन्दोलन का नेतृत्व भोगनाडीह निवासी चुन्नी माँझी के पुत्रों ने किया था, जिनका नाम सिद्धू (सिदो) मुर्मू और कान्हू (कान्हो) मुर्मू था। दो सगे भाइयों के नेतृत्व में किया गया यह सन्थाल विद्रोह ब्रिटिश शासन और भ्रष्ट ज़मींदारी प्रथा, दोनों के ही विरुद्ध था।

सिदो-कान्हू मुर्मू का जन्म भोगनाडीह नामक गाँव में एक सन्थाल आदिवासी परिवार में हुआ था, जो कि वर्तमान झारखण्ड राज्य के सन्थाल परगना परिमण्डल के साहेबगंज जनपद

में है। सिदो मुर्मू का जन्म 1815 में एवं कान्हू मुर्मू का जन्म 1820 में हुआ था। इनके दो अन्य भाइयों, चाँद मुर्मू व भैरव मुर्मू, ने भी सन्थाल विद्रोह में सक्रिय भूमिका निभाई थी। चाँद का जन्म 1825 में एवं भैरव का जन्म 1835 में हुआ था। इसके अतिरिक्त, इनकी दो बहनें भी थीं, जिनका नाम फूलो मुर्मू एवं झानो मुर्मू था।

अंग्रेज़ी शासन की दमनकारी नीतियों के कारण जंगलतराई, जो आज सन्थाल परगना का भाग है, के विभिन्न क्षेत्रों में असन्तोष गहराने लगा था। अंग्रेज़ी शासन के विरुद्ध स्थानीय निवासियों के विरोध का क्रम सन् 1853 से ही शुरू हो गया था। जहाँ-जहाँ दमन व शोषण बढ़ता, वहाँ-वहाँ अग्रेज़ी शासन के विरुद्ध क्रोध बढ़ता जाता। विरोध दर्शाने के लिए अलग-अलग स्थानों पर बैठक सभाएँ संचालित की जाने लगी थीं।

समय के साथ, पूरे जंगलतराई क्षेत्र में सिदो, कान्हू, चानकु महतो, राजवीर सिंह, शाम परगना, बैजल सोरेन, चालो जोलाह, रामा गोप, विजय, गरभू आदि दर्जनों आन्दोलनकारी अपने-अपने क्षेत्रों में स्थानीय लोगों को संगठित कर अंग्रेज़ों की शोषणकारी नीतियों का प्रतिकार करने लगे थे। इन सबमें, विद्रोह का सबसे ऊँचा स्वर सिदो-कान्हू के नेतृत्व में गूँज रहा था। सिदो

सन् 2002 में भारत सरकार द्वारा सिदो-कान्हू के सम्मान में जारी किया गया डाक टिकट

मुर्मू पूरे जंगलमहल में सबसे सशक्त विद्रोही बनकर उभरे थे।

अनेकानेक विद्रोहियों ने उनसे सम्पर्क साधा, और सिदो व उनके भाई-बहनों के नेतृत्व में 30 जून 1855 को पंचकठिया बरहेट, जनपद साहेबगंज में पूरे जंगलतराई के विभिन्न विद्रोहियों व

उनके समर्थकों की एक विशाल सभा बुलाई गई। सभा में सिदो को जंगलतराई का राजा चुन लिया गया और निर्णय हुआ कि ब्रिटिश शासन के विरुद्ध आन्दोलन उनके ही नेतृत्व में चलाया जाएगा। सिदो ने विशाल जनसभा के समक्ष "करो या मरो, अंग्रेज़ों हमारी माटी छोड़ो" का नारा दिया।

इसके बाद, सिदो के नेतृत्व में सहस्रों लोग ब्रिटिश सत्ता, साहूकारों, व्यापारियों व ज़मींदारों के विरुद्ध 'हूल-हूल' के उद्घोष के साथ सशस्त्र युद्ध में कूद पड़े। सन्थाली भाषा में 'हूल' का अर्थ विद्रोह होता है। इस विद्रोह को हूल, सन्थाल हूल, सन्थाल विद्रोह या हूल आन्दोलन, हूल क्रान्ति आदि नामों से भी जाना जाता है।

सिद्धू लोकतन्त्र की व्यवस्था में विश्वास रखने वाले थे। उन्होंने समझ लिया था कि केवल सन्थालों के जनान्दोलन करने से स्वराज मिलना असम्भव है। इसलिए उन्होंने समाज के अन्य वर्गों, जैसे कुम्हार, चमार, ग्वाला, तेली, लोहार, डोम व मुस्लिमों को भी अपने आन्दोलन से जोड़ने का प्रयत्न किया।

सन्थाल विद्रोह में जनसमूह को एकजुट करने के लिए सिद्धू और कान्हू मुर्मू ने परम्परागत मार्ग अपनाया। उन्होंने क्षेत्र में डुगडुगी पिटवा दी और सखुआ (साल) वृक्ष की टहनियों के माध्यम से सन्देश गाँव-गाँव तक भेजवाया गया। साल की टहनी क्रान्ति का प्रतीक मानी जाती है।

इसके अतिरिक्त, दोनों भाइयों ने इस विद्रोह को सफल बनाने के लिए धर्म का भी सहारा लिया था। मरांग बुरू (मुख्य देवता) और जोहार (मुख्य देवी) के दर्शन और उनके आदेश की बात का प्रचार कर उन्होंने लोगों की भावनाओं को उभारा। सखुआ की डाली घर–घर भिजवा कर लोगों तक निमन्त्रण पहुँचाया गया कि मुख्य देवी–देवता का आशीर्वाद लेने के लिए 30 जून को सभास्थल में एकत्र होना है।

फलत:, 30 जून को 50,000 से भी अधिक लोग सभा में इकट्ठे हो गए। इस सभा में सर्वसम्मति से सिदो को राजा, कान्हू व चाँद को मन्त्री एवं भैरव को सेनापति चुना गया। इसी के साथ सन्थाल राज्य के गठन की घोषणा कर दी गई। प्रजा पर अत्याचार व उनका शोषण करने वाले सभी लोगों (महाजन, ज़मींदार, साहूकार, अंग्रेज़ आदि) को मार भगाने का और किसी प्रकार का कर न देने का संकल्प लिया गया।

उसी समय, रेल निर्माण कार्य से जुड़े एक अंग्रेज़ ठेकेदार ने तीन सन्थाली श्रमिक स्त्रियों का अपहरण कर लिया था। इस घटना से क्रान्ति की ज्वाला और भड़क गई। सन्थालों ने अंग्रेज़ों पर आक्रमण कर दिया और तीन अंग्रेज़ों को मौत के घाट उतारकर श्रमिक स्त्रियों को छुड़ा ले आए।

देखते-ही-देखते, इस विद्रोह की आग बढ़कर कोलकाता तक पहुँच गई। सन्थाली लोगों ने अम्बर परगना के राजभवन पर क़ब्ज़ा कर लिया और वीरभूमि क्षेत्र से भी अंग्रेज़ों को मार

खदेड़ा। रघुनाथपुर और संग्रामपुर की लड़ाई में सन्थाली लोगों ने एक यूरोपीय सेनानायक, कुछ स्वदेशी अधिकारियों और 25 सिपाहियों को मार डाला। इन घटनाओं से अंग्रेज़ बौखला उठे। फलतः, भागलपुर कमिश्नरी के सभी जनपदों में मार्शल लॉ लागू कर दिया गया, और विद्रोहियों की गिरफ़्तारी के लिए पुरस्कार की घोषणा कर दी गई।

तदनन्तर, अंग्रेज़ों और सन्थालों के बीच भीषण युद्ध हुआ। अंग्रेज़ों की ओर से इसका नेतृत्व जनरल लॉयर्ड कर रहे थे। अंग्रेज़ों की सेना आधुनिक हथियारों और गोला-बारूद से सुसज्जित थी। इस मुठभेड़ में सन्थालों ने महेश लाल एवं प्रताप नारायण नामक दो दरोगाओं की हत्या कर दी, जिससे अंग्रेज़ भयाक्रान्त हो उठे।

बड़हैत की लड़ाई में चाँद भैरव दुर्बल पड़ गए और अंग्रेज़ों की गोलियों का शिकार होकर वीरगति को प्राप्त हुए। उधर, सिद्धू–कान्हू के कुछ साथी लालच में आकर अंग्रेज़ों से मिल गए। विश्वासघातियों के सहयोग से अन्ततः उपरबन्दा गाँव के पास कान्हू को गिरफ़्तार कर लिया गया। 19 अगस्त 1855 को बड़हैत में सिद्धू को भी गिरफ़्तार कर लिया गया।

कुछ समय बाद, सिदो मुर्मू को पंचकठिया नामक स्थान पर बरगद के पेड़ पर लटकाकर फाँसी दे दी गई। वह वटवृक्ष आज भी पंचकठिया में स्थित है, जिसे 'शहीद स्थल' कहा जाता है। कान्हू मुर्मू को भोगनाडीह में फाँसी दी गई।

सन्थालों के इस अविस्मरणीय विद्रोह ने अंग्रेज़ी सत्ता को जड़ से हिलाकर रख दिया था। अंग्रेज़ों ने सन्थालों के प्रकोप से बचने के लिए पाकुड़ में एक मार्टिलो टावर (एक प्रकार का क़िला) का निर्माण कराया था। कार्ल मार्क्स ने सन्थाल विद्रोह को 'भारत की प्रथम जनक्रान्ति' कहा था।

आज भी प्रत्येक वर्ष 30 जून 'सन्थाल हूल दिवस' के रूप में मनाया जाता है। इस उपलक्ष्य में भोगनाडीह में मेले का आयोजन होता है और लोग वीर बलिदानी सिदो-कान्हू को याद करते हैं।

सन्दर्भ-स्रोत:

- https://hi.vikaspedia.in/education/91d93e93091692394d921-93093e91c94d-92f/91d93e93091692394d921-915947-936939940926/%E0%A4%B8%E0%A4%BF%E0%A4%A6%E0%A5%8D%E0%A4%A7%E0%A5%82---%E0%A4%95%E0%A4%BE%E0%A4%A8%E0%A5%8D%E0%A4%B9%E0%A5%82:-%E0%A4%B8%E0%A4%82%E0%A4%A5%E0%A4%BE%E0%A4%B2-%E0%A4%B5%E0%A4%BF%E0%A4%A6%E0%A5%8D%E0%A4%B0%-E0%A5%8B%E0%A4%B9-%E0%A4%95%E0%A5%87-%E0%A4%AA%E0%A5%8D%E0%A4%B0%E0%A4%A3%E0%A5%87%E0%A4%A4%E0%A4%BE
- https://jharnet.com/sidhu-kanhu/

- https://jivanihindi.com/sindu-aur-kahanu-ki-jivani/
- https://hi.wikipedia.org/wiki/%E0%A4%B8%E0%A4%BF%E0%A4%A6%E0%A5%8D%E0%A4%A7%E0%A5%82_%E0%A4%AE%E0%A5%81%E0%A4%B0%E0%A5%8D%E0%A4%AE%E0%A5%82
- https://www.livehindustan.com/jharkhand/ranchi/story-sidhu-kanhu-chand-bhairav-are-heroes-who-wrote-the-shaurya-saga-with-the-blood-of-the-british-3315588.html
- https://onlinegktrick.com/sidhu-kanhu-biography-hool-movement/
- https://www.prabhatkhabar.com/state/jharkhand/sahibgunj/important-things-about-siddo-kanhu-and-phoolo-jhano-heroes-of-hul-revolution

सिंधूरा लक्ष्मण

सिंधूरा लक्ष्मण का जन्म सन् 1898 में महाराष्ट्र के सांगली के सिंधूरा गाँव में हुआ था। उनका बचपन एक साधारण ग्रामीण बालक की भाँति बीता। उन्हें इस बात की कोई जानकारी नहीं थी कि देश में स्वतन्त्रता आन्दोलन के नाम से कोई संघर्ष भी चल रहा है। संयोग की बात कहें या ईश्वर का संकेत, एक दिन उनके दो मामा अंग्रेज़ी पुलिस से बचते हुए छिपने का स्थान खोजते-खोजते उनके घर आ पहुँचे। लक्ष्मण ने तो डकैती के सन्देह में उनकी सहायता करने से मना कर दिया, किन्तु उनकी माता ने अपने भाइयों का सहयोग किया और उन्हें अपने घर में छिपने का स्थान दिया। किन्तु पुलिस को सन्देह हो गया और उन्होंने लक्ष्मण के घर से उनके दोनों मामाओं समेत लक्ष्मण को भी गिरफ़्तार कर लिया।

यही वह समय था, जब सिंधूरा लक्ष्मण को बाहरी संसार के बारे में जानकारी प्राप्त हुई, और उन्होंने जाना कि देश में स्वतन्त्रता प्राप्ति के लिए संघर्ष चल रहा है। उन्हें यह भी पता चला कि अंग्रेज़ अधिकारी किस प्रकार सामान्य जनता पर अत्याचार करते हैं और अपने लिए सारी सुख-सुविधाएँ होने के बाद भी उनसे अधिक लगान की वसूली करते हैं तथा निर्धन-निर्बलों का शोषण करते हैं।

एक दिन, जब लक्ष्मण अपने घर के बाहर सो रहे थे, तब रात को कुछ डकैत उनके घर घुस आए। ये डकैत कोई और नहीं, अपितु उनके ही भतीजे नरसू, साबू व गोपाल थे। उस समय लक्ष्मण ने उनको बहुत डाँट लगाई और सलाह दी की वह लूट करना छोड़ दें और निर्बल-निर्धनों पर अत्याचार न करें। उनके भतीजों ने लक्ष्मण को समझाया कि वास्तविक लुटेरे वे नहीं, अपितु अंग्रेज़ व कुछ धनाढ्य साहूकार हैं, जो निर्धनों का शोषण करते हैं और असहायों की भूमि क़ब्ज़ा लेते हैं।

बात का मर्म समझकर लक्ष्मण जी बहुत क्रोधित हुए और उन्होंने नरसू के साथ मिलकर अपना एक अलग संगठन बना लिया। वे लोग अमीर साहूकारों और अंग्रेज़ी अधिकारियों को लूट लिया करते थे और फिर लूट का माल निर्धनों में बाँट देते थे। उन्होंने सबसे पहले विलुर के मनोहर कुलकर्णी के घर डाका डाला और वहाँ से अनाज की बोरियाँ चुराकर ग़रीबों में बाँट दी। इसके पश्चात् उनका संगठन प्रायः ज़मींदारों, साहूकारों तथा अंग्रेज़ अधिकारियों के यहाँ सेंधमारी करने लगा।

इसी क्रम में, एक बार पुलिस ने लक्ष्मण को गिरफ़्तार कर जेल में बन्द कर दिया। तब उनके भतीजों ने जेल तोड़कर लक्ष्मण को भागने में सहायता की। इस घटना के बाद, वे लोग महाराष्ट्र छोड़कर क़र्णाटक चले गए। वहाँ उन्हें जंगलों में जो कुछ भी खाने को मिलता, उसी से वे अपना निर्वाह करते रहे। उनके ये किस्से आज भी कर्णाटक के लोकगीतों में सुनने को मिल जाते हैं।

एक बार की बात है, बीजापुर की यात्रा के दौरान लक्ष्मण अपने साथियों के साथ एक गाँव निडोनी में रुके, जहाँ दो पहलवान आपस में कुश्ती कर रहे थे। उनमें से डुण्डप्पा नामक पहलवान ने अपने प्रतिद्वन्द्वी को हरा दिया, जिसके बाद गाँव वालों ने डुण्डप्पा को पीटना शुरू कर दिया। यह देखकर, लक्ष्मण ने मध्यस्थता की और डुण्डप्पा की जान बचाई। उस दिन से डुण्डप्पा भी उनके समूह से जुड़ गए।

लक्ष्मण के समूह की गतिविधियों से त्रस्त इन्स्पेक्टर महामूलाल कलाल उन्हें गिरफ़्तार करने के लिए उनके पीछे लगा हुआ था। इस बात से क्रुद्ध लक्ष्मण और नरसू ने मिलकर कलाल का सिर काट दिया और एक अंग्रेज़ अधिकारी गार्नर के सिर में शॉटगन से गोली मार दी। इस घटना के बाद अंग्रेज़ी शासन हरकत में आया और शीघ्र ही उन्हें गिरफ़्तार कर जमखण्डी जेल में डाल दिया। किन्तु लक्ष्मण और उनका समूह वहाँ से भी भाग निकला। कुछ समय बाद उनकी भेंट कर्णाटक के नायक वंश के राजा वेंकप्पा नायक से हुई, जिन्होंने लक्ष्मण ने प्रभावित होकर उन्हें एक बन्दूक उपहार में दी।

कर्णाटक के हुबली हवाई-अड्डे पर लगी महान् सिंधूरा लक्ष्मण की प्रतिमा

दो बार जेल से भागने के बाद उन्हें एक बार फिर से गिरफ़्तार कर लिया गया। इस बार उन्हें बेलगाम की हिंडलंगा जेल में बन्दी बनाकर रखा गया। परन्तु सबको आश्चर्यचकित करते हुए, लक्ष्मण और उनका समूह इस जेल को भी तोड़कर भाग निकला। एक लोककथा के अनुसार, लक्ष्मण इतने बलशाली व फुर्तीले थे कि वह 9 फुट की दीवार भी सरलता से लाँघ जाते थे। उनकी घोड़े-सी तीव्र गति के कारण पुलिस प्रायः उन्हें पकड़ने में असफल रहती थी।

हिंडलंगा जेल से भागने के बाद लक्ष्मण और उनके समूह ने पुनः धनवान् साहूकारों व ज़मींदारों को लूटना प्रारम्भ कर दिया। बेलगाम और बीजापुर की पुलिस उन्हें गिरफ़्तार करने को तैयार थी, किन्तु लक्ष्मण की दृष्टि अब बगलकोट-बिलगी-जमखण्डी क्षेत्र की ओर थी। पुलिस के पास लक्ष्मण को देखते ही गोली मारने का आदेश आ चुका था।

अंग्रेजों को कहीं से यह सूचना मिल गई कि वेंकप्पा नायक ने लक्ष्मण को बन्दूक भेंट की थी। अंग्रेज़ अधिकारियों ने वेंकप्पा को धमकी दी कि यदि उन्होंने लक्ष्मण के विरुद्ध अंग्रेज़ी शासन की सहायता नहीं की, तो उनकी सारी भूमि छीनकर उसपर क़ब्ज़ा कर लिया जाएगा। भयभीत होकर, वेंकप्पा अंग्रेजों की सहायता करने को मान गए। 15 जुलाई 1922 के दिन, वेंकप्पा ने लक्ष्मण और उनके साथियों को रात्रिभोज के लिए अपने घर पर बुलाया, जो कि कप्पुर पड़ियाव नगराल के निकट स्थित था। वेंकप्पा की एक सहायिका सोमा ने वेंकप्पा के संकेत पर लालटेन

उठाकर सिंधूरा लक्ष्मण के आगे रख दी, जो इस बात का संकेत था कि यही सिंधूरा लक्ष्मण हैं।

यह देखते ही, अंग्रेज़ी अधिकारियों ने निशाना साधा और लक्ष्मण पर गोलियाँ बरसाकर उनकी हत्या कर दी। लक्ष्मण के सहयोगी नरसू, साबू, गोपाल और डुण्डप्पा उस समय की परिस्थितियों को भाँपकर किसी प्रकार वहाँ से भाग निकलने में सफल रहे।

इस प्रकार, निर्धनों के रक्षक व अंग्रेजों के शत्रु, महान् सिंधूरा लक्ष्मण ने अपना जीवन मातृभूमि को समर्पित कर दिया और अपने प्राणों का बलिदान देकर इतिहास में अमर हो गए।

सन्दर्भ-स्रोत:

- http://shikshannama.com/special-article-on-revolutionary-sindur-laxman/
- https://pipiwiki.com/wiki/Sindhoora_Lakshmana
- https://bangaloremirror.indiatimes.com/bangalore/others/the-forgotten-martyr/articleshow/22443849.cms
- https://en.m.wikipedia.org/wiki/Sindhura_Lakshmana

सिनगी दई

महानायिका सिनगी दई उराँव जनजातीय समाज की दिव्य वीरांगना संरक्षिका रही हैं। वह एक आदिवासी नेत्री थीं। उनके अदम्य साहस और शौर्यपूर्ण नेतृत्व में महिलाओं ने एकजुट होकर रोहतासगढ़ की रक्षा के लिए तुर्की सेना को मुँहतोड़ जवाब दिया था।

सिनगी दई ने 'जनी शिकार' की परम्परा प्रचलित की थी, जिसके अन्तर्गत जनजातीय महिलाएँ पुरुषों के कपड़े पहनकर शिकार करने निकलती हैं। जनी शिकार की यह परम्परा सिमडेगा में बसे आदिवासी समुदाय की महिलाओं के मध्य आज भी जारी है और हमें सिनगी दई का स्मरण कराती है।

वीरांगना सिनगी दई रोहतासगढ़ के राजा रूईदास की इकलौती पुत्री थीं। वह बचपन से ही अत्यन्त चंचल, निडर व बलवती थीं। उनमें शारीरिक क्षमता और प्रखर बुद्धि का अद्भुत सम्मिश्रण था। सिनगी दई अपने पिता रूईदास के राजकाज में भी उनका हाथ बँटाया करती थीं।

सिनगी दई घुड़सवारी बहुत कुशलता से करती थीं। राज्य के सेनापति की बेटी कइली उनकी अच्छी सखी थी। दोनों साथ घुड़सवारी के लिए जाते। कोई उन्हें पहचान न सके, इसलिए दोनों सखियाँ पुरुष वेश धारण कर लिया करती थीं। वेश बदलकर जाने से उनके लिए राज्य की जनता के मध्य विचरण करना सरल हो जाता था, जिससे वह प्रजा के दुःख-दर्द, उनकी आवश्यकताएँ

और राज्य की अन्य गतिविधियों पर दृष्टि रख पाती थीं।

चेरो, खेरवार और अन्य पड़ोसी राज्यों ने रोहतासगढ़ पर कई बार अलग-अलग आक्रमण किया, पर इनमें उन्हें हर बार असफलता मिली। इसके बाद, सभी पड़ोसी राजाओं ने साथ बैठकर उन्हें हराने की योजना बनाई और इस बार मिल-जुलकर रोहतासगढ़ पर आक्रमण कर दिया, किन्तु शक्तिशाली रोहतासगढ़ की सशक्त सैन्य क्षमता के समक्ष वे टिक नहीं पाए।

उराँवों में प्रचलित एक कथा के अनुसार शत्रु राजा जब सीधी लड़ाई में नहीं जीत पाए, तब उन्होंने रोहतासगढ़ क़िले की गुप्तचरी करानी शुरू की। हौरिश व साँवरा नामक दो गुप्तचरों की स्त्रियों ने क़िले का भेद एक शत्रु राजा तक पहुँचाना शुरू कर दिया। इस प्रकार, उन्हें यह जानकारी हो गई कि उराँव समाज में प्रत्येक वर्ष 'विशु सेन्दरा' का आयोजन होता है। यह सेन्दरा का त्यौहार बैशाख के महीने में होता है और इस आयोजन में सभी पुरुषों का सम्मिलित होना अनिवार्य होता है, जिस कारण इस आयोजन के समय राज्य के घरों में केवल महिलाएँ ही उपस्थित होती हैं।

यह बात अन्य राज्य के गुप्तचरों तक भी पहुँच गई। सभी पड़ोसी राजाओं को एक सूत्र मिल गया। इन सबने मिलकर निर्णय किया कि यदि इसी विशेष समय पर रोहतासगढ़ पर चढ़ाई की जाए तो उन्हें सफलता मिल सकती है।

रोहतासगढ़ की एक भेदिया ग्वालिन लुन्दरी ने आने वाले वर्ष में 'विशु सेन्दरा' का दिन और समय के बारे में पता लगाना आरम्भ कर दिया। गाँव में सब उसे पहले से पहचानते थे, इसलिए उसपर किसी को भी सन्देह नहीं हुआ। आयोजन के समयकाल की जानकारी लेकर वह ग्वालिन पड़ोसी राज्य के राजाओं के पास पहुँची और उन्हें सारी बातें विस्तार में समझा दीं। तत्पश्चात्, सभी पड़ोसी राजाओं ने मिलकर अपने कार्यक्रम की रूपरेखा तय की और निश्चित दिन पर आक्रमण करने की प्रतीक्षा करने लगे।

राजकुमारी सिनगी दई राजकाज को लेकर सदैव सचेत रहती थीं। जब भी राजा राज्य से बाहर होते, शासन का उत्तरदायित्व सिनगी स्वयं सँभालतीं। इसी प्रकार, मासपर्यन्त चलने वाले 'विशु सेन्दरा' में पुरुषों के बाहर रहने के कारण इस दौरान पूरे राज्य का उत्तरदायित्व उराँव समाज की स्त्रियों के पास रहता था।

देखते-ही-देखते, बैशाख मास का समय आ पहुँचा और उराँव समाज के पुरुष विशु सेन्दरा के लिए निकल पड़े। सेन्दरा में उराँव समाज के नीति-नियमों, पर्व-त्यौहारों, परम्पराओं के साथ-साथ समाज से जुड़ी मान्यताओं का पुनः निरीक्षण-परीक्षण होता था। समय और आवश्यकता के अनुसार नियमों-नीतियों में फेरबदल भी किया जाता था। उराँव समाज का संचालन पूरे

समाज की सामान्य सहमति और सुविधा से होता था। राजा-प्रजा में भेदभाव नहीं होने के कारण उराँव साम्राज्य बहुत ही सम्पन्न और प्रसन्नचित्त था। उनकी इसी सम्पन्नता और समृद्धि को देखकर पड़ोसी राजागण रोहतासगढ़ से ईर्ष्या करते थे और उसपर अधिकार जमाना चाहते थे।

सेन्दरा का वक्त आने पर, जब राज्य में केवल महिलाएँ ही रह गई थीं, प्रतीक्षा में बैठे पड़ोसी राजाओं ने रोहतासगढ़ पर आक्रमण कर दिया। सिनगी दई को इस आक्रमण की भनक पहले ही लग गई थी। उन्होंने सेनापति की पुत्री और अपनी प्रिय सखी कइली दई के साथ मिलकर शत्रुओं का डटकर मुक़ाबला किया। उनके कुशल नेतृत्व में सभी महिलाएँ पुरुष वेश में लड़ती रहीं। उनके पराक्रम से अन्ततः शत्रु सेना पराजित होकर भाग खड़ी हुई।

कुछ ही दिनों बाद, शत्रुओं ने पुनः रोहतासगढ़ पर हमला बोला, पर इस बार भी उन्हें इन पुरुष वेश वाली महिला सेनानियों से मुँह की खानी पड़ी। इस प्रकार, इस महिला सेना ने शत्रुओं कुल तीन बार परास्त किया।

पराजय के बाद पड़ोसी राजाओं ने ग्वालिन को पकड़कर पूछा, "तुम तो कहती थी कि सभी पुरुष सेन्दरा त्यौहार में चले जाते हैं, पर पुरुष सैनिक तो वहाँ उपस्थित थे।" यह सुनते ही ग्वालिन हँस पड़ी और कहने लगी, "आप लोगों को तो लज्जा आनी चाहिए। आप महिलाओं से भी हार गए।" उन राजाओं को ग्वालिन की बात पर विश्वास ही नहीं हुआ। इसपर ग्वालिन ने निडरता से कहा, "यदि आप लोगों को मेरी बात पर भरोसा नहीं है, तो अभी जाकर देख लीजिए। उन्होंने अभी नदी नहीं पार की होगी। नदी पार करने के क्रम में वे हाथ-मुँह धोएँगी। यदि सैनिक पुरुष हैं, तो वे एक हाथ से अपना चेहरा धोएँगे; किन्तु अगर सैनिक महिलाएँ हैं तो वे दोनों हाथों से अपना चेहरा धोएँगी।" यह सुनते ही राजाओं ने अपने गुप्तचरों को तत्काल नदी की ओर जाने का आदेश दिया। वहाँ पहुँचकर, सभी गुप्तचरों ने वही देखा जो ग्वालिन ने बताया था। गुप्तचरों से सच जानकर सभी राजा क्रोध और लज्जा से भर गए।

इसके तुरन्त बाद राजाओं ने समय न गँवाते हुए चौथी बार आक्रमण की तैयारी की, क्योंकि पुरुषों के विशु सेन्दरा से लौटने में अब बहुत कम समय शेष था। इस बार पड़ोसी राज्य पहले से कहीं अधिक तैयार थे, किन्तु सिनगी इस आक्रमण के लिए तैयार न थीं। वह महिलाओं को लेकर गुप्त रास्ते से निकल गईं। वे लोग कई दलों में बँट गए। उनमें से कुछ लोग जंगलों और पहाड़ों को पार करके वहाँ से दक्षिण दिशा की ओर स्थित एक स्थान पर जा बसे, जिसे वर्तमान समय में सरगुजा जनपद के नाम से जाना जाता है। अन्य लोग उससे भी आगे निकलकर आज के जसपुर जनपद पहुँच गए। ये दोनों ही क्षेत्र वर्तमान में छत्तीसगढ़ राज्य का हिस्सा हैं। कुछ लोग तो आश्रय की खोज में भटकते हुए उनसे भी आगे निकल गए और ओडिशा राज्य में स्थित

राजगंगपुर और सुन्दरगढ़ जनपद तक जा पहुँचे।

इसी यात्रा के दौरान, एक बार रात्रि विश्राम के लिए सिनगी दई और कइली दई सुरक्षित स्थान ढूँढ़ रही थीं। महिलाएँ, बच्चे व वृद्धजन सभी भूख-प्यास से बेहाल थे। इसी दौरान, उन्हें एक विशाल गुफा और एक कदम्ब का वृक्ष दिखाई दिया। कदम्ब वृक्ष उराँवों के लिए आराध्य है; वे इस पर बहुत श्रद्धा रखते हैं। अतः उस कदम्ब वृक्ष और गुफा के आस-पास का निरीक्षण करने के बाद इस स्थान को सुरक्षित मानकर सभी वहाँ पर रात्रि विश्राम के लिए रुक गए।

शत्रु उनका पीछा करते-करते उस क्षेत्र तक पहुँच गए, किन्तु जंगल की सघनता और सिनगी दई की बुद्धिमत्ता ने उन सबको चकमा दे दिया। वे उनके दल को नहीं ढूँढ़ नहीं पाए और आगे बढ़ गए। इसके बाद, सिनगी, कइली और बाकी उराँव लोग पूर्व दिशा में निकले और गढ़वा होते हुए पलामू के जंगलो को पार करके पिठुरिया में स्थित सुतियाम्बे नामक स्थान पर पहुँच गए। यहाँ की शासन व्यवस्था मुण्डा जाति के हाथों में थी। उराँव लोगों ने उनके पास जाकर शरण माँगी, जिसपर वहाँ के मुण्डा राजा ने कुछ शर्तों के साथ पिठुरिया से सिमडेगा तक के पश्चिमी हिस्से में उन्हें बसने की अनुमति दे दी। राज्य का यह हिस्सा घने जंगलो से आच्छादित था।

सिनगी दई के नेतृत्व में रोहतासगढ़ के तीन युद्धों में उनकी जीत के प्रतीकस्वरूप कई उराँव स्त्रियाँ आज भी अपने माथे पर तीन खड़ी लकीर का गोदना गुदवाती है। राजकुमारी सिनगी दई को आज भी अत्यन्त गर्व के साथ ऐसी वीरांगना के रूप में स्मरण किया जाता है, जिन्होंने आक्रमणकारियों के हाथों अपनी जाति का संहार होने से बचाया।

रोहतासगढ़ की उस विजय के स्मरण में उरवाँ स्त्रियाँ आज भी प्रत्येक 12 वर्ष में एक बार पुरूषों का भेस धरकर तीर-धनुष, तलवार और कुल्हाड़ी आदि लेकर सरहुल त्यौहार के दौरान जानवरों के शिकार के लिए निकलती हैं, जिसे 'जनी शिकार' या 'मुक्का सेन्द्रा' के नाम से जाना जाता है।

रोहतासगढ़ का क़िला अभी भी दर्शनीय है। किले की संरचना अत्यन्त विशाल, भव्य और सुन्दर है। इसकी संरचना से उराँव समाज के घर-द्वार, उनकी शिल्पकला और जीवनशैली का पता चलता है।

सन्दर्भ-स्रोत:

- https://gumnaamyodha.wordpress.com/%E0%A4%89%E0%A4%B0%E0%A4%BE%E0%A4%82%E0%A4%B5-%E0%A4%86%E0%A4%A6%

E0%A4%BF%E0%A4%B5%E0%A4%BE%E0%A4%B8%E0%A5%80-%E0%A4%B5%E0%A5%80%E0%A4%B0%E0%A4%BE%E0%A4%82%E0%A4%97%E0%A4%A8%E0%A4%BE-%E0%A4%B8/

- https://www.specialcoveragenews.in/bihar/names-of-singi-kaili-and-champa-dai-tribal-heroines-neglected-in-history-1159088
- https://hindi.roundtableindia.co.in/?p=9010
- http://sinagidai.blogspot.com/search/label/%E0%A4%B8%E0%A4%BF%E0%A4%A8%E0%A4%97%E0%A5%80%20%E0%A4%A6%E0%A4%88
- https://www.google.co.in/books/edition/Kalam_Ko_Teer_Hone_Do/WTO6DQAAQBAJ?hl=en&gbpv=1&dq=%E0%A4%B8%E0%A4%BF%E0%A4%A8%E0%A4%97%E0%A5%80+%E0%A4%A6%E0%A4%88&pg=PA101&printsec=frontcover
- https://vinayiasacademy.com/?p=914
- https://feminisminindia.com/2021/03/29/jani-shikar-powerful-history-adivasi-women-warriors/
- https://newsmail.in/index.php/opinion-28
- https://feminisminindia.com/2021/03/29/jani-shikar-powerful-history-adivasi-women-warriors/

सीताराम कँवर

भारत को अंग्रेज़ों से स्वाधीनता दिलाने में वीर सेनानी सीताराम कँवर की महत्त्वपूर्ण भूमिका रही है। वह भिलाला समाज से आने वाले एक महान् जनजातीय योद्धा थे। उन्होंने जनजातीय समाज को एक नयी दिशा प्रदान की थी।

वीर सीताराम कँवर ने 1857 की क्रान्ति के दौरान बड़वानी राज्य के नर्मदा पार का क्षेत्र, जो आज निमाड़ क्षेत्र से जाना जाता है, उसमें अंग्रेज़ों के विरुद्ध एक बड़े विद्रोह का नेतृत्व किया था। उन्होंने सतपुड़ा के भील समाज के लोगों को अंग्रेज़ी सत्ता उखाड़ फेंकने के लिए प्रेरित किया। अंग्रेज़ों और उनके सहयोगी राजाओं के लिए वीर सीताराम जी एक विकट शत्रु थे, इसलिए अंग्रेज़ उन्हें विद्रोही कहकर पुकारते थे।

सन् 1857 की क्रान्ति के समय बड़वानी रियासत में खाज्या नायक और भीमा नायक जैसे जननायकों ने मोर्चा सँभाल रखा था। अंग्रेज़ों ने भील नायकों पर अत्याचार करके उनका दमन किया, तब सीताराम कँवर भिलाला ने क्रान्ति की बागडोर सँभाली।

क्रान्तिनायक सीताराम ने भील-भिलालाओं के 3000 क्रान्तिकारियों का एक संगठित दल बनाया, जिसमें उन्होंने होलकर सिपाहियों को भी सम्मिलित किया। वीर क्रान्तिकारी रघुनाथ सिंह मण्डलोई भी सीताराम जी के इस दल का एक हिस्सा थे।

भिलाला जनजाति समाज के नायक वीर सीताराम कँवर

27 सितम्बर सन् 1858 को गवर्नर जनरल के एजेण्ट ने एक पत्र लिखकर मेजर कीटिंग को भारतीय सिपाहियों का नेतृत्व अपने हाथों में लेने को बोला। इसके कुछ ही दिन बाद, 30 सितम्बर 1858 को, सीताराम और उनके साथियों ने खरगौन की ओर कूच कर दिया। क्रान्तिकारियों ने पहले बालसमुन्द चौकी पर अधिकार किया और फिर जामुनी चौकी को लूटने के बाद उसे आग के हवाले कर दिया। इस घटना से बौखलाई अंग्रेज़ सरकार ने दलप्रमुख सीताराम कँवर को पकड़ने के लिए ₹500 के इनाम की घोषणा कर दी।

इस सबसे निश्चिन्त, सीताराम कँवर ने अपना विद्रोह चालू रखा और अकबरपुर क्षेत्र को अपना अगला लक्ष्य बनाया। क्रान्तिकारियों ने संघर्ष के बाद पहाड़ियों के नीचे की दो चौकियों और डाकघर पर अपना अधिकार जमा लिया था। अंग्रेज़ों के आग्रह पर, होलकर राजा ने क्रान्तिकारियों का दमन करने के लिए अपने सिपाही, हाथी और तोपें भेज दीं।

वंड नाम के स्थान पर सीताराम कँवर और उनके साथियों का सामना अंग्रेज़ों और उनके सहयोगियों की सम्मिलित सेना से हुआ। भयंकर युद्ध के पश्चात् अन्त में क्रान्तिकारियों को पराजय का सामना करना पड़ा। अनेक विद्रोही सेनानी हताहत हुए और कुछ बचकर जंगल की ओर भाग गए।

इस युद्ध में कम-से-कम 20 क्रान्तिकारियों ने अपने प्राणों का बलिदान दिया, जिनमें नायक सीताराम कँवर और हवलदार ज्वाला भी शामिल थे। दल के शेष 78 क्रान्तिकारियों को बन्दी

बनाकर कालान्तर में फाँसी दे दी गई।

यह विद्रोह सीताराम जी ने धन-सम्पत्ति या प्रतिष्ठा पाने के लिए नहीं किया था, अपितु उनका उद्देश्य अपने लोगों को स्वतन्त्रता दिलाना था। वह और उनके दल के लोग अंग्रेज़ों के समक्ष झुके नहीं। उनका यह बलिदान देशवासियों के लिए चिरस्मरणीय व प्रेरणादायक है।

वीर सीताराम कँवर के वीरगति को प्राप्त होने के बाद, अक्टूबर 1858 के निकट टाण्डा बरूद के भिलाला नायक रघुनाथ सिंह मण्डलोई ने क्रान्ति की बागडोर थाम ली और विद्रोह की इस ज्वाला को बुझने न दिया।

सन्दर्भ-स्रोत:

- https://www.dilsedeshi.com/biography/sitaram-kanwar-biography-in-hindi/
- https://www.janshakti.co.in/category/itihas-ke-jharokhe/sitaram-kanwar-biography-in-hindi-638537
- https://zeenews.india.com/hindi/india/madhya-pradesh-chhattisgarh/mp/tribal-history-top-leaders-birsa-munda-tantya-bheel-shankar-shah-raghunath-shah-know-ngmp/1027566
- https://www.indianemployees.com/news/details/in-madhya-pradesh-the-tribes-first-blew-the-bugle-of-the-freedom-struggle

तमाड़ विद्रोह
(1782-1821)

तमाड़ के आदिवासियों ने 1782-1821 के बीच 6 बार अंग्रेज़ों से विद्रोह किया। उनके साथ आस-पास के क्षेत्रों के जनजातीय समूहों ने भी इन विद्रोहों में भाग लिया, जिसमें मुख्यतः मिदनापुर, कोयलपुर, ढाढा, छतशिला, जलदा और सिल्ली के लोग थे। विद्रोह का एक प्रमुख कारण सरकार की दोषपूर्ण संरेखण प्रणाली थी। तमाड़ विद्रोह का आरम्भिक नेतृत्व तमाड़ के भोला नाथ सहाय ने किया था।

इस विद्रोह का प्रारम्भ मुण्डा आदिवासियों ने किया। अंग्रेज़ों द्वारा बाहरी लोगों को प्राथमिकता देने तथा नागवंशी शासकों के अत्याचारों से तंग आकर मुण्डा आदिवासियों ने छोटानागपुर के तमाड़ को मुख्य केन्द्र बनाकर 18वीं सदी के अन्त में यह विद्रोह छेड़ा था।

तमाड़ विद्रोह अंग्रेज़ों के विरुद्ध किया गया सबसे लम्बा और हिंसक जनजातीय विद्रोह था, जो 6 अलग-अलग चरणों में सम्पन्न हुआ।

प्रथम चरण (1782-83)

सन् 1782 में रामगढ़, पंचेत तथा बीरभूम के लोग भी तमाड़ क्षेत्र में संगठित होने लगे, जिससे

इस इस विद्रोह को बल मिला। इस प्रथम चरण के विद्रोह का नेतृत्व ठाकुर भोलानाथ सिंह ने किया था। क्षेत्र के नागवंशी शासकों ने इस विद्रोह को दबाने बहुत प्रयास किया गया। किन्तु इसका परिणाम उल्टा हुआ तथा विद्रोहियों ने और भी आक्रामक मुद्रा अपना ली।

इस विद्रोह को आगे चलकर कुछ ज़मींदारों का भी साथ मिला। 1783 के अन्त में अंग्रेज़ अधिकारी जेम्स क्रॉफ़र्ड द्वारा विद्रोहियों को आत्मसमर्पण हेतु विवश किए जाने के उपरान्त यह विद्रोह कुछ समय के लिए शान्त पड़ गया।

द्वितीय चरण (1789)

तमाड़ क्षेत्र में 5 वर्षो की शान्ति के बाद सन् 1789 में विद्रोह की ज्वाला पुनः भड़क उठी। क्रान्तिकारी विष्णु मानकी तथा मौजी मानकी के नेतृत्व में लगभग 3000 मुण्डाओं ने अंग्रेज़ी शासन की नीतियों का विरोध करते हुए कर देने से मना कर दिया।

इस विद्रोह को दबाने हेतु अंग्रेज़ों ने कैप्टन हॉगन को भेजा, किन्तु वह स्थिति पर नियन्त्रण कर पाने में असफल रहा। तत्पश्चात्, विद्रोह को शान्त कराने के लिए एक अन्य अंग्रेज़ अधिकारी लेफ़्टिनेंट कूपर को भेजा गया। कूपर के प्रयासों के बाद यह विद्रोह अगले 4 वर्षों तक शान्त रहा।

तृतीय चरण (1794-98)

सन् 1794 के नवम्बर में यह विद्रोह फिर से भड़क उठा, जिसने 1796 आते-आते व्यापक स्वरूप धारण कर लिया। इस विद्रोह को दबाना अंग्रेज़ों के लिए दुःसाध्य हो गया था।

1796 में राहे के राजा नरेन्द्र शाही द्वारा अंग्रेज़ों का साथ दिए जाने के कारण सोनाहातू गाँव के आदिवासियों ने उनसे रार ठान ली। यह विद्रोह भी तमाड़ के ठाकुर भोलानाथ सिंह के नेतृत्व में प्रारम्भ हुआ था। इसके अतिरिक्त, सिल्ली के ठाकुर विश्वनाथ सिंह, विशुनपुर के ठाकुर हीरानाथ सिंह, बुण्डू के ठाकुर शिवनाथ सिंह एवं जनजातीय नेता रामशाही मुण्डा ने इस विद्रोह में प्रमुखता से भाग लिया। विद्रोही सेनानियों द्वारा राहे के राजा के सम्बन्धियों की हत्या किए जाने के बाद राजा नरेन्द्र शाही भाग खड़े हुए।

कुछ समय बीत जाने पर, अप्रैल 1798 में, कैप्टन लिमण्ड तमाड़ के मुख्य विद्रोही नेताओं को पकड़ने में सफल हुआ। ठाकुर भोलानाथ सिंह और अन्य नेतृत्वकर्ताओं की गिरफ़्तारी के बाद, तमाड़ विद्रोह दुर्बल पड़ गया और फिर धीरे-धीरे स्वत: ही बिखर गया।

चतुर्थ चरण (1807-08)

1807 में दुखन शाही के नेतृत्व में मुण्डा जनजाति के लोगों ने पुनः विद्रोह की चिंगारी सुलगाई। 1808 में कैप्टन रफ़सीज़ द्वारा दुखन शाही को गिरफ़्तार कर लिए जाने के बाद विद्रोह का यह चरण शान्त पड़ गया।

पञ्चम चरण (1810-12)

नवागढ़ क्षेत्र के जागीरदार बख़्तर शाह के नेतृत्व में 1810 में विद्रोह का अगला चरण प्रारम्भ हुआ। इस बार विद्रोह के दमन हेतु अंग्रेज़ी सरकार ने लेफ़्टिनेंट एच. ओडोनेल को भेजा। उसने 1812 में दल-बल के साथ नवागढ़ पर आक्रमण कर दिया। बख़्तर शाह किसी तरह बच निकले और सरगुजा चले गए, जिसके बाद से विद्रोह मन्द पड़ गया।

षष्ठ चरण (1819-21)

सन् 1819 में रुदन मुण्डा तथा कुण्टा मुण्डा के नेतृत्व में एक बार फिर से विद्रोह का शंखनाद हुआ। विरोध के इस चरण में दौलत राय मुण्डा, मंगल राय मुण्डा, गाजी राय मुण्डा, मोची राय मुण्डा, भद्रा मुण्डा, झलकारी मुण्डा, टेपा मानकी, चन्दन सिंह, घूँसा सरदार आदि ने भी हिस्सा लिया था।

तमाड़ के राजा गोविन्द साही द्वारा सहायता माँगे जाने पर अंग्रेज़ अधिकारी ई. रफ़सीज़ ने ए. जे. कोलविन के साथ मिलकर विद्रोह को दबाने का प्रयास किया। इस अभियान के फलस्वरूप रुदन मुण्डा और कुण्टा मुण्डा को छोड़कर सभी प्रमुख विद्रोही नेता गिरफ़्तार हो गए।

कुछ समय बाद, जुलाई 1820 में रुदन मुण्डा तथा मार्च 1821 कुण्टा मुण्डा की गिरफ़्तारी के साथ ही यह विद्रोह समाप्त हो गया।

अपनी जुझारू प्रवृत्ति और बारम्बार विफल होने के बाद भी पुनः-पुनः उठ खड़े होने की विशेषता के कारण तमाड़ के ये विद्रोह आज भी हमारे लिए प्रेरणादायक हैं।

सन्दर्भ-स्रोत:

- https://www.simoticlasses.com/2021/05/tamar-vidroh-1782-1821.html
- https://www.sarkarilibrary.in/2022/03/tamar-vidroh.html
- https://ramakantverma.wordpress.com/jharkhand/movements-of-jharkhand/tamar-revolt/

वीरांगना कालीबाई

भारत को स्वाधीन करवाने हेतु देश में हुई क्रान्ति, जिसके लिए असंख्य वीरों ने अपने प्राण न्यौछावर कर दिए, 1947 में अपने चरम पर थी। राजस्थान का डूंगरपुर भी इस क्रान्ति से अछूता नहीं था। यहाँ अंग्रेज़ों के विरोध के साथ-ही-साथ आदिवासियों में शिक्षा के प्रसार हेतु भी एक आन्दोलन चला, जिसमें माणिक्य लाल वर्मा, वागड़ गांधी, भोगीलाल पण्ड्या व हरिदेव जोशी आदि के नेतृत्व में लोगों ने स्थानीय रियासत व अंग्रेज़ों के विरुद्ध जंग छेड़ रखी थी। इसी जंग में बलिदान होने वाली एक नन्हीं वीरांगना थीं भील कन्या कालीबाई, जो अपने गुरु के प्राणों की रक्षा करने हेतु मात्र 11 वर्ष की आयु में अंग्रेज़ों से भिड़ गई थीं।

वीर बाला कालीबाई का जन्म वर्ष 1936 में डूंगरपुर के रास्तापाल गाँव में एक साधारण निर्धन जनजातीय परिवार में हुआ था।

देश की स्वतन्त्रता प्राप्ति से दो माह पूर्व डूंगरपुर के रास्तापाल गाँव में एक दुर्भाग्यपूर्ण घटना घटी, जिसमें गाँव की एक वीर आदिवासी बालिका कालीबाई, अपने गुरु सेंगा भाई और पाठशाला संचालक नानाभाई खाँट की रक्षा के लिए अपने सीने पर अंग्रेज़ों की गोली खाकर वीरगति को प्राप्त हो गई। इस घटना ने जनजातीय क्षेत्रों में शिक्षा की एक कभी न बुझने वाली अलख जगा दी।

अंग्रेज़ी दासता के कठिन समय के दौरान आदिवासी अंचल में शिक्षा का सन्देश देने वाली वीर बाला कालीबाई की रास्तापाल गाँव में स्थापित प्रतिमा। उन्हें वहाँ शिक्षा की देवी के रूप में पूजा जाता है।

वैसे तो, रियासत के तत्कालीन राजा लक्ष्मण सिंह प्रगतिशील विचारों के थे, जिन्होंने राज्य में अस्पताल व पाठशालाएँ खुलवाई थीं तथा सम्पर्क मार्ग बनवाए थे। इसके अतिरिक्त, उन्होंने जाने-माने स्वतन्त्रता सेनानी माणिक्य लाल वर्मा को सेवा संघ पाठशालाएँ खोलने के लिए वित्तीय सहायता भी दी थी। किन्तु अंग्रेज़ी शासन के आगे वो बेबस हो गए।

शिक्षा के प्रचार-प्रसार हेतु चलाए गए आन्दोलन के अन्तर्गत माणिक्य लाल वर्मा के प्रयत्नों से अनेक पाठशालाएँ चल रही थीं। परन्तु अंग्रेज़ी शासन को यह अस्वीकार्य था, क्योंकि वह आदिवासियों की शिक्षा के विरुद्ध थे। उन्होंने स्थानीय रियासत को इन्हें बन्द करवाने का आदेश दे दिया। रास्तापाल गाँव के पाठशाला संचालक नानाभाई खाँट ने इस आदेश का भरसक विरोध किया। उन्होंने घोषणा की कि जब तक उनके प्राण शेष हैं, तब तक वह अपना यह विद्यालय बन्द नहीं होने देंगे।

इस विरोध से तिलमिलाई हुई अंग्रेज़ सरकार ने स्थानीय पुलिस व मजिस्ट्रेट को जबरन पाठशाला बन्द करवाने भेजा। पुलिस ने नाना भाई खाँट और उनके सहयोगी शिक्षक सेंगा भाई को बन्दूक व डण्डों से पीट दिया। विरोध करने पर नाना भाई को गोली मार दी गई।

इसके बाद अंग्रेज़ सैनिक शिक्षक सेंगा भाई को जीप के पीछे रस्सी से बाँधकर घसीटने लगे। यह दृश्य देखकर सेंगा भाई की शिष्या 11 वर्षीय कालीबाई भील ने अपने गुरु को बचाने के लिए घास काटने वाली दराँती से जीप की रस्सी काट दी। जहाँ गाँव का कोई भी व्यक्ति अंग्रेज़ों

के भय से कुछ भी करने का साहस नहीं कर पा रहा था, वहीं एक छोटी-सी 11 वर्षीय कन्या अतुलनीय शौर्य दिखाते हुए अंग्रेज़ सैनिकों से जूझ पड़ी। तिलमिलाए अंग्रेज़ों ने उस निश्छल बालिका पर भी गोली चला दी, और वीरांगना कालीबाई वीरगति को प्राप्त हुईं।

नायक नानाभाई खाँट, शिक्षक सेंगा भाई और वीर बाला कालीबाई के इन बलिदानों को राजस्थान व देशभर में आज भी श्रद्धा के साथ याद किया जाता है। जनजातीय क्षेत्रों में वीरांगना कालीबाई भील को शिक्षा की देवी के रूप में जाना जाता है।

सन्दर्भ-स्रोत:

- https://hindiheadline.com/national/gave-his-life-but-did-not-let-guruji-die/61220/
- https://jantaserishta.com/local/rajasthan/veerbala-of-rajasthan-desert-is-the-pride-of-rajasthan-veerbala-1314127
- https://hihindi.com/%E0%A4%97%E0%A5%81%E0%A4%B0%E0%A5%81%E0%A4%AD%E0%A4%95%E0%A5%8D%E0%A4%A4-%E0%A4%95%E0%A4%BE%E0%A4%B2%E0%A5%80%E0%A4%AC%E0%A4%BE%E0%A4%88-%E0%A4%95%E0%A5%80-%E0%A4%95%E0%A4%B9%E0%A4%BE%E0%A4%A8/

कोमरम् भीम

कोमरम् भीम एक महान् क्रान्तिकारी, वीर स्वतन्त्रता सेनानी और हिन्दू गोंड जनजातीय समुदाय के नेता थे। उन्होंने हैदराबाद की मुक्ति के लिए हैदराबाद के आसफ़ जाही राजवंश और अंग्रेज़ों के विरुद्ध संघर्ष किया था। कोमरम् भीम का जन्म 22 अक्तूबर 1901 को वर्तमान तेलंगाना राज्य के संकेपल्ली गाँव के एक गोंड परिवार में हुआ था।

कोमरम् भीम का जन्म और पालन-पोषण तत्कालीन चन्दा और बल्लालपुर राज्यों के जनजातीय बस्तियों वाले जंगलों में हुआ था, जो शेष भारत के हिस्सों से बहुत दूर और भिन्न था। इसी कारण से कोमरम् भीम को औपचारिक शिक्षा नहीं मिल सकी। स्थानीय ज़मींदार, व्यवसायी और वनाधिकारी स्थानीय लोगों की सहायता से निर्बल-निर्धनों का शोषण करते थे। इसी कारण से भीम और उनके परिवार को प्रायः एक स्थान से दूसरे स्थान पर स्थानान्तरित होना पड़ता था। कोमरम् भीम बचपन से ही अपने समाज के लोगों पर निज़ाम और अंग्रेज़ों द्वारा होता अत्याचार देखकर व्यथित रहते थे।

बीसवीं शताब्दी के आरम्भ के साथ, गोंड क्षेत्रों में खनन गतिविधियों का विस्तार एवं अंग्रेज़ी सत्ता को सशक्त करने के लिए नये नियमों को लागू किया गया जिसके कारण गोंड समाज के लिए उनका जीवन निर्वाह दुष्कर हो गया। इन नियमों के अन्तर्गत गोंड जनजाति के लोगों की

आजीविका के स्रोत रहे जंगल के क्षेत्रों को सरकार ने ज़मींदारों में बाँट दिया।

वन क्षेत्र ज़मींदारों के अधीन आ जाने के बाद, उन्होंने गोंड समाज के लोगों की खेती की गतिविधियों पर कर लगा दिया। परिणामस्वरूप, अनेक गोंड परिवारों को अपने पारम्परिक गाँवों से पलायन करने पर बाध्य होना पड़ा। इस प्रकार, ज़मींदारों के विरुद्ध प्रतिशोध का भाव बढ़ता गया और विरोध की भावना प्रबल होती गई। जंगलों से पेड़ काटने के लिए जनजातीय महिलाओं, पुरुषों व बच्चों तक को कठोर यातनाएँ दी जाती थीं।

कोमरम् भीम के पिता आदिवासियों के अधिकारों को लेकर मुखर रहा करते थे। जब भीम की आयु केवल 15 वर्ष की थी, तब एक वन अधिकारी (फ़ॉरेस्ट गार्ड) ने उनके पिता की गोली मारकर हत्या कर दी। पिता की हत्या के पश्चात्, कोमरम् भीम ने गोंड समाज के अधिकारों के लिए निज़ाम शासन के विरुद्ध लड़ने का निर्णय किया।

अपने पिता के देहावसान के उपरान्त कोमरम् भीम और उनका परिवार संकेपल्ली से करीमनगर के पास शारदापुर गाँव में स्थानान्तरित हो गया। गोंडों ने वहाँ ज़मींदार लक्ष्मण राव की बंजर भूमि पर निर्वाह खेती शुरू कर दी। इस भूमि का उपयोग करने के बदले ज़मींदार ने उन्हें कर के भुगतान के लिए बाध्य किया।

अक्तूबर 1920 में कोमरम् भीम ने सिद्दीकी साब नामक निज़ामत के एक अधिकारी की हत्या कर दी, जिसे ज़मींदार लक्ष्मण राव ने उनकी फ़सल ज़ब्त करने हेतु भेजा था। इस घटना ने कोमरम् भीम के जीवन को बदलकर रख दिया। सिद्दीकी की हत्या के बाद पुलिस के चंगुल से बचने के लिए कोमरम् अपने अपने मित्र कोंडल व अन्य साथियों के साथ गोंड राज्य चन्दा (वर्तमान चन्द्रपुर, महाराष्ट्र) चले गए। वे वहाँ एक स्थानीय प्रिण्टिंग प्रेस संचालक व प्रकाशक विठोबा के यहाँ ठहरे। विठोबा उस समय क्षेत्रीय रेलवे में ब्रिटिश व निज़ामत विरोधी पत्रिका का संचालन करते थे। विठोबा के साथ रहने के दौरान भीम ने अंग्रेज़ी, हिन्दी व उर्दू भाषाएँ बोलना और पढ़ना सीख लिया था।

कुछ समय बीत जाने पर, विठोबा को पुलिस अधिकारियों द्वारा गिरफ़्तार कर लिया गया, जिससे कोमरम् भीम को अपने साथियों के साथ असम भागने के लिए बाध्य होना पड़ा। वे लोग ट्रेन के माध्यम से असम पहुँचे और वहाँ चाय के बागानों में काम करना शुरू कर दिया। किन्तु वहाँ के किसान भी शोषण से अछूते न थे। भीम ने इस शोषण का विरोध किया और इसी क्रम में वह कई आन्दोलनों का हिस्सा बने। इस दौरान, एक बार उन्हें स्थानीय पुलिस द्वारा गिरफ़्तार कर लिया गया था, जिसके बाद उन्हें 4 साल की सज़ा सुनाकर जेल में डाल दिया गया। मगर कोमरम् भीम वहाँ की जेल से फ़रार हो गए और मालगाड़ी में यात्रा कर वापस हैदराबाद के निज़ाम की

कोमरम् भीम – जनजातीय नायक जिन्होंने दिया था 'जल, जंगल, ज़मीन' का नारा

अधीनता वाले बल्लारशाह लौट आए।

असम में रहने के दौरान कोमरम् भीम को 1922 में अल्लूरी सीताराम राजू के नेतृत्व में हुए रम्पा विद्रोह के बारे में जानने का अवसर मिला। वह अल्लूरी सीताराम राजू से बहुत प्रभावित हुए।

कुछ समय बल्लारशाह में बिताने के उपरान्त भीम अपने परिवार के सदस्यों के साथ काकनघाट चले गए, जहाँ उन्होंने गाँव के मुखिया लच्छू पटेल के लिए काम करना शुरू किया। लच्छू पटेल ज़मीनी विवादों को सुलझाने का काम करते थे। लच्छू पटेल के साथ अपने काम के दौरान अर्जित अनुभवों ने श्रम अधिकार सक्रियता के समय आसिफ़ाबाद एस्टेट के विरुद्ध क़ानूनी कार्यवाही में भीम की सहायता की थी। कोमरम् ने लच्छू पटेल के निज़ाम के साथ एक पुराने ज़मीनी विवाद को सुलझाने में उनकी सहायता की थी, जिससे इन्हें बहुत लोकप्रियता मिली। इस कारण, भीम पर हैदराबाद के निज़ाम शासन की दृष्टि टेढ़ी हो गई।

कुछ समय बाद ही, कोमरम् भीम ने सोमबाई से शादी कर ली और भाबेझरी में जाकर बस गए और वहाँ भूमि के एक टुकड़े पर खेती करके अपनी आजीविका आरम्भ की। फ़सल हो जाने के बाद वन अधिकारियों द्वारा भीम को धमकियाँ मिलने लगीं। "यह राज्य की भूमि है," यह कहकर वन अधिकारियों ने उन्हें वह भूमि छोड़ने का आदेश दिया।

इस मामले में भीम ने निज़ाम से सीधे मिलकर आदिवासियों की शिकायतें उनके सामने रखने की माँग की, किन्तु उन्हें मिलने का समय नहीं दिया गया। धीरे-धीरे, जब निज़ाम के अत्याचार और बढ़ने लगे, तो कोमरम् भीम इस निष्कर्ष पर पहुँचे कि सशस्त्र क्रान्ति ही मुक्ति का एकमात्र समाधान है। इसीलिए उन्होंने अपने साथियों के साथ मिलकर विद्रोह का बिगुल फूँक दिया।

कोमरम् ने भारतीय कम्युनिस्ट पार्टी के साथ मिलकर अपनी एक गुप्त भूमिगत सेना बनाई। इसके अतिरिक्त, उन्होंने आस-पड़ोस के जनपदों में रहने वाले गोंड समुदाय के लोगों को एकजुट करना शुरू किया। गोंड समुदाय के लोग अपने लिए अलग राज्य की माँग कर रहे थे। कोमरम् भीम ने अपने समुदाय के लोगों को इकट्ठा करके एक गोरिल्ला सेना भी तैयार की और 'जल, जंगल और ज़मीन' का प्रसिद्ध नारा देकर जंगलों पर अपना दावा करते हुए निज़ाम के विरुद्ध लोगों को इस आन्दोलन से जोड़ने लगे। देखते-ही-देखते, यह नारा अत्यन्त लोकप्रिय हो गया।

कुछ ही समय में कोमरम् भीम की सेना में बहुत लोग भर्ती हो गए। जनजातीय समुदाय के अतिरिक्त अन्य लोगों ने भी भीम को अपना नेता मानते हुए उन्हें पूरा सहयोग दिया। धीरे-धीरे, निज़ाम की सेना और भीम के लोगों में झड़पें बढ़ने लगीं। भीम ने जोदेघाट (वर्तमान तेलंगाना राज्य) में एक विशाल सभा बुलाई, जिसमें उन्होंने राज्य के 12 पारम्परिक जनपदों के जनजातीय नेताओं को आमन्त्रित किया। ये जनपद थे: अंकुसापुर, बाबेझरी, भीमनगुण्डी, चलबारीडी, जोड़ेघाट, कालेगाँव, कोशागुड़ा, लाइनपट्टर, नरसापुर, पटनापुर, शिवगुड़ा और टोकेनवड़ा।

कोमरम् भीम ने उक्त सभा में इन 12 जनपदों को मिलाकर एक स्वतन्त्र गोंड राज्य बनाने का प्रस्ताव रखा। यह प्रस्ताव एक स्वायत्त गोंडवाना के लिए अपने प्रकार का पहला प्रस्ताव था।

इस प्रस्ताव के बाद, सन् 1928 में, गोंड क्षेत्र में एक विद्रोह उठ खड़ा हुआ। सम्मिलित विद्रोही सेनाओं ने बाबेझर और जोड़ेघाट के ज़मींदारों पर आक्रमण कर दिया। प्रतिक्रियास्वरूप, हैदराबाद के निज़ाम ने भीम को गोंड साम्राज्य का नेता मान्य कर दिया। निज़ाम ने आसिफ़ाबाद के कलेक्टर को उनके साथ बातचीत करने के लिए भेजा और भीम को आश्वासन दिया कि निज़ाम शासन गोंडों को भूमि वापस दे देगा। भीम ने यह कहते हुए प्रारम्भिक प्रस्ताव को अस्वीकार कर दिया कि उन्होंने न्याय की माँग की थी, कृपा की नहीं। उन्होंने गोंडों के लिए

हैदराबाद के टैंक बण्ड पर स्थित कोमरम् भीम की प्रतिमा

क्षेत्रीय स्वायत्तता, वन अधिकारियों और ज़मींदारों के निष्कासन और हैदराबाद राज्य के सभी गोंड बन्दियों की रिहाई की माँग की। भीम की इन माँगों को अस्वीकार कर दिया गया और उनका संघर्ष अगले दशक में छापामार अभियान के रूप में जारी रहा।

यह छापामार अभियान 1928 से 1940 तक चला। निज़ाम ने कोमरम् भीम को पकड़ने के लिए 300 सैनिकों की सेना भेजी, किन्तु भीम की सेना ने उन्हें परास्त कर दिया। कोमरम् भीम वन क्षेत्र से भली-भाँति परिचित थे और उन्हें इसका गहरा ज्ञान था। यही कारण था कि निज़ाम अपनी पूर्ण सैन्य शक्ति लगा देने के बावजूद वहाँ क़ब्ज़ा नहीं कर पाया।

निज़ाम और अंग्रेज़ों ने चारों ओर अपने गुप्तचर लगा रखे थे। ऐसे ही एक गुप्तचर ने एक दिन भीम के ठिकाने का समाचार निज़ाम को दे दिया। समाचार देने वाला व्यक्ति कोई और नहीं, अपितु भीम की गोंड सेना में हवलदार रहा कुरडू पटेल था।

तत्पश्चात्, 1940 की आश्विन पूर्णिमा के दिन निज़ाम के तालुक़दार अब्दुल सत्तार के नेतृत्व

में सशस्त्र पुलिसकर्मियों की कोमरम् भीम और उनके साथियों से मुठभेड़ हो गई। भीम और उनके साथियों को घेर लिया गया और उनसे आत्मसमर्पण करने को कहा गया, किन्तु उन्होंने संघर्ष का पथ चुना। एक ओर निज़ाम की सेना के पास अत्याधुनिक बन्दूकें थीं, तो दूसरी ओर भीम की सेना के पास धनुष-बाण, भाले और कुल्हाड़ी जैसे पारम्परिक अस्त्र-शस्त्र थे। दोनों सेनाओं के मध्य हुए भीषण संघर्ष में कोमरम् भीम समेत 15 योद्धा वीरगति को प्राप्त हुए।

कोमरम् भीम मन्त्रों के जानकार थे। इसी कारण से निज़ाम की सेना को भय था कि कहीं भीम दोबारा उठ खड़े न हो जाएँ। इसलिए वे भीम को तब तक गोलियाँ मारते रहे, जब तक उनका शरीर देखने और पहचानने योग्य नहीं रहा गया। वीर बलिदानियों की मृत देहों को बिना अन्तिम संस्कार किए जला दिया गया। भीम की मृत्यु के बाद उनके दो सहायक भादू गुरु और मारु गुरु ने इस विद्रोह आन्दोलन को आगे बढ़ाया, जो अगले 4 वर्षों तक जारी रहा और 1946 में तेलंगाना विद्रोह में विलीन हो गया।

कोमरम् भीम के बलिदान से आस-पास के क्षेत्रों में और जनजातीय समाज में शोक की लहर दौड़ गई। पूरा जंगल "कोमरम् भीम!" और "भीम दादा!" जैसे उद्घोषों से गूँज रहा था। उस दिन के बाद से आज तक कोमरम् भीम को स्थानीय लोग देवतातुल्य मानते हुए 'पेन' कहकर अपने आराध्य के रूप में पूजते हैं। हर वर्ष अश्वयुजा पूर्णिमा के दिन गोंड समुदाय कोमरम् भीम की पुण्यतिथि मनाता है, और इस अवसर पर उनके जीवन और संघर्ष को स्मरण करने के लिए जोड़ेघाट में एक समारोह का आयोजन किया जाता है।

जोड़ेघाट की पहाड़ी चट्टान पर स्थित 'कोमरम् भीम संग्रहालय'

उनकी मृत्यु के 72 साल बाद, सन् 2012 में, भीम की एक प्रतिमा को टैंक बण्ड, हैदराबाद में स्थापित किया गया। उनके सम्मान में तेलंगाना के असिफ़ाबाद जनपद का नाम बदलकर 'कोमरम् भीम' रख दिया गया है। साथ ही, जोड़ेघाट को एक पर्यटन स्थल के रूप में विकसित किया जा रहा है।

वर्ष 2011 में, आन्ध्र प्रदेश सरकार ने एक बाँध और जलाशय का नाम भीम के नाम पर रखा और इस परियोजना को 'श्री कोमरम् भीम परियोजना' का नाम दिया। वर्ष 2014 में, तेलंगाना राज्य सरकार ने 25 करोड़ रुपयों की लागत से जोड़ेघाट में 'कोमरम् भीम संग्रहालय' बनवाने की घोषणा की। जोड़ेघाट की पहाड़ी चट्टान पर उनका एक स्मारक भी बनवाया गया। संग्रहालय और स्मारक का उद्घाटन वर्ष 2016 में किया गया था।

जल, जंगल व ज़मीन पर अधिकार के लिए आदिवासियों के दशकों से चलते आ रहे संघर्ष में क्रान्तिवीर कोमरम् भीम के आन्दोलन का एक महत्त्वपूर्ण योगदान रहा है। उनका जीवन हम सभी के लिए एक प्रेरणास्रोत है।

सन्दर्भ-स्रोत:

- https://en.wikipedia.org/wiki/Komaram_Bheem
- https://hindi.starsunfolded.com/komaram-bheem-hindi/
- https://www.hmoob.in/wiki/Komaram_Bheem
- https://www.hindi-kahani.in/2020/11/komaram-bheem-jivni-in-hindi.html
- https://hindiholi.com/komaram-bheem-biography-in-hindi-%E0%A4%95%E0%A5%8B%E0%A4%AE%E0%A4%B0%E0%A4%BE%E0%A4%AE-%E0%A4%AD%E0%A5%80%E0%A4%AE-%E0%A4%9C%E0%A5%80%E0%A4%B5%E0%A4%A8-%E0%A4%AA%E0%A4%B0%E0%A4%BF%E0%A4%9A%E0%A4%AF/
- http://adivasiresurgence.com/2018/02/12/%E0%A4%95%E0%A5%8B%E0%A4%AE%E0%A4%B0%E0%A4%AE-%E0%A4%AD%E0%A5%80%E0%A4%AE-%E0%A4%86%E0%A4%A6%E0%A4%BF%E0%A4%B5%E0%A4%BE%E0%A4%B8%E0%A5%80-%E0%A4%A8%E0%A4%BE%E0%A4%AF%E0%A4%95-%E0%A4%9C/
- https://www.dilsedeshi.com/biography/komaram-bheem-biography-hindi/
- https://www.hindi-kahani.in/2020/11/komaram-bheem-jivni-in-hindi.html

वीर सुरेन्द्र साई

वीर सुरेन्द्र साई एक महान् भारतीय क्रान्तिकारी और वीर स्वतन्त्रता सेनानी थे। उन्होंने ब्रिटिश ईस्ट इण्डिया कम्पनी के विरुद्ध लड़ते हुए अपने प्राणों की आहुति दी थी। वीर सुरेन्द्र साई का जन्म ग्राम खिण्डा (सम्बलपुर, ओडिशा) के चौहान राजवंश में 23 जनवरी 1809 को हुआ था। इनका गाँव सम्बलपुर से 30 कि.मी. की दूरी पर था। वह धर्म सिंह की सात सन्तानों में से एक थे। युवावस्था में उनका विवाह हटीबाड़ी के ज़मींदार की पुत्री से हुआ, जो उस समय गंगापुर राज्य के प्रमुख थे। आगे चलकर, सुरेन्द्र साई के घर में एक पुत्र मित्रभानु और एक पुत्री ने जन्म लिया। उनका परिवार सम्बलपुर राज्य के शासक क़बीले का हिस्सा था। वह सम्बलपुर के शासक मधेकर साई के पुत्र अनिरुद्ध साई द्वारा आरम्भ की गई शाखा से सम्बन्धित थे। क्षेत्र के लोग उन्हें प्यार से 'बीरा' (अर्थात् वीर) सुरेन्द्र साई कहते थे।

अंग्रेज़ों के विरुद्ध उनकी क्रान्ति 1827 से ही शुरू हो गई थी, जब वह मात्र 18 वर्ष के थे। यह क्रान्ति 1862 में उनके आत्मसमर्पण तक जारी रही। हालाँकि इसके बाद भी, जब तक कि उन्हें 1864 में गिरफ़्तार नहीं कर लिया गया, उन्होंने क्रान्ति की ज्वाला जलाए रखी। कुल 37 वर्ष की इस क्रान्ति की अवधि के दौरान उन्हें 17 वर्ष हज़ारीबाग़ जेल में रहना पड़ा। इसके बाद

जनजाति समाज से न होने के बावजूद उनके हितों एवं अधिकारों के लिए किए गए कार्यों के कारण सुरेन्द्र साई को कई जगह 'ट्राइबल लीडर' भी कहा जाता है।

उन्हें सुदूर असीरगढ़ पहाड़ी स्थित क़िले में स्थानान्तरित कर दिया गया, जहाँ वह अन्तिम साँस लेने तक बन्दी रहे।

सुरेन्द्र साई एक महान् क्रान्तिकारी होने के साथ-साथ एक प्रेरक नेता भी थे। वह सदैव निर्बल-शोषित जनजातीय लोगों के हितों को लेकर मुखर रहे। उन्होंने देख रखा था कि कैसे सम्बलपुर के कुछ लोग अपनी राजनैतिक शक्ति की स्थापना के लिए अंग्रेज़ों के हाथों की कठपुतली बन चुके थे और आदिवासियों का शोषण में लिप्त थे।

सुरेन्द्र साई जनजाति समाज से नहीं आते थे, किन्तु इसके बाद भी वह उनके अधिकारों के लिए आवाज़ उठाने में सदैव अग्रणी रहते थे। वह आदिवासियों के साथ होने वाले अत्याचारों और शोषण के विरुद्ध थे, इसीलिए जनजाति समाज में भी उन्हें व्यापक समर्थन प्राप्त था। जनजाति समाज के हितों एवं अधिकारों के लिए किए गए कार्यों के कारण उन्हे प्रायः 'ट्राइबल लीडर' (जनजातीय नेता) भी कहा जाता है।

सन् 1827 में, सम्बलपुर के शासक महाराजा मधेकर साई बिना कोई उत्तराधिकारी छोड़े स्वर्ग सिधार गए। राजा का कोई पुत्र न होने के कारण राजगद्दी पर अब राजवंश से आने वाले वीर सुरेन्द्र साई का अधिकार था। किन्तु अंग्रेज़ यह भली-भाँति जानते थे कि सुरेन्द्र साई उनके नियन्त्रण में रहकर शासन नहीं करेंगे। इस कारण से अंग्रेज़ों ने राजा की पत्नी मोहन कुमारी को ही राज्य का प्रशासक बना दिया। मोहन कुमारी बहुत सरल महिला थीं। उन्हें राजकाज की कुछ

ओडिशा के झारसुगुडा स्थित 'वीर सुरेन्द्र साई हवाई-अड्डे' पर स्थापित सुरेन्द्र साई की प्रतिमा

जानकारी नहीं थी। अतः अंग्रेज़ उन्हें कठपुतली की तरह अपनी अँगुलियों पर नचाने लगे।

अंग्रेज़ों की इस धूर्तता से राज्य के सभी ज़मींदार क्षुभित थे। परिणामस्वरूप, मान्यता प्राप्त शासक और अन्यों के बीच संघर्ष बढ़ गया और राज्य में अशान्ति का वातावरण व्याप्त हो गया।

स्थानीय गोंड और बिनजल प्रजा रानी की भू-राजस्व नीति से संतुष्ट नहीं थी, उन्हें लगने लगा था कि राज्य की सत्ता का नियन्त्रण अब पूर्णतः अंग्रेज़ों के हाथों में जा चुका है। रानी मोहन कुमारी लोगों के बीच अलोकप्रिय हो गईं। यह देखकर, ब्रिटिश अधिकारियों ने रानी मोहन कुमारी को सत्ता से हटा दिया और सुरेन्द्र साई को उपेक्षित कर शाही परिवार के वंशज नारायण सिंह को गद्दी पर बैठा दिया, जिस कारण से सुलग रहे विद्रोह को और भी हवा मिली।

सुरेन्द्र साई व उनके निकटस्थ सहयोगियों और गोंड ज़मींदारों ने मिलकर सशस्त्र विद्रोह करने का निश्चय किया। वीर सुरेन्द्र साई के नेतृत्व में संघर्ष एवं प्रतिरोध की गति धीरे-धीरे बढ़ने लगी। इससे अंग्रेज़ अधिकारी चिन्ता में पड़ गए।

सन् 1837 में, जब वीर सुरेन्द्र साई, उदन्त साय, बलराम सिंह तथा लखनपुर के ज़मींदार बलभद्र देव डेब्रीगढ़ में साथ बैठकर कुछ विचार-विमर्श कर रहे थे, अंग्रेज़ों ने अचानक धावा बोल दिया। बलभद्र देव की वहीं निर्ममता से हत्या कर दी गई। शेष तीनों लोग वहाँ से बचकर भाग निकलने में सफल हुए।

इस घटना के बाद भी विद्रोह की गतिविधियाँ थमी नहीं। उधर, गुप्तचरों से प्राप्त सूचनाओं के माध्यम से अंग्रेज़ों ने 1840 में वीर सुरेन्द्र साई, उदन्त साय तथा बलराम सिंह को गिरफ़्तार

कर लिया। तीनों को आजीवन कारावास की सज़ा हुई और सभी को हज़ारीबाग़ जेल में डाल दिया गया।

1857 के स्वाधीनता संग्राम के दौरान 30 जुलाई 1857 के दिन सैकड़ों क्रान्तिवीरों ने हज़ारीबाग़ जेल पर धावा बोला और वीर सुरेन्द्र साई सहित उनके साथियों को छुड़ा कर ले गए। 1857 का यह भारतीय विद्रोह 1858 का अन्त आते-आते ढह चुका था, पर सुरेन्द्र साई ने अपनी क्रान्ति जारी रखी।

उन्होंने सम्बलपुर में लगभग 1500 योद्धाओं की एक लड़ाकू सेना तैयार की थी। 1857 से 1862 की बीच उन्होंने अंग्रेज़ों के विरुद्ध गुरिल्ला युद्ध की नीति अपनाई। अंग्रेज़ों ने उन्हें पकड़ने के लिए हर हथकण्डा अपनाया, किन्तु उन्हें रोक नहीं पाए।

सुरेन्द्र साई ने सम्बलपुर पहुँचकर फिर से अपने राज्य को अंग्रेज़ों से मुक्त कराने के लिए सशस्त्र संग्राम आरम्भ कर दिया। अंग्रेज़ी पुलिस और सुरेन्द्र साई के सैनिकों में प्रायः झड़पें होती रहती थीं। एक दिन अवसर पाकर, अंग्रेज़ों ने विद्रोहियों के पूरे खाद्य-भण्डार को ज़ब्त कर लिया और जीवन के लिए आवश्यक अन्य संसाधनों की आपूर्ति में भी बाधा डाल दी। परन्तु सुरेन्द्र साई व उनके साथियों ने पराजय नहीं स्वीकारी और वे लम्बे समय तक अंग्रेज़ों को छकाते रहे। कभी एक का पलड़ा भारी रहता, तो कभी दूसरे का, पर कुल मिलाकर सुरेन्द्र साई और उनके साथियों ने अंग्रेज़ों को एक रात भी चैन की नींद सोने नहीं दिया।

आगे चलकर, अंग्रेज़ अधिकारी मेजर इम्पे ने हिंसक युद्ध के विचार को छोड़ दिया और ब्रिटिश सरकार द्वारा प्रस्तावित शान्ति व शुभकामानाओं की नीति का पालन किया। सुरेन्द्र साई को लगा कि ब्रिटिश सरकार की सत्यनिष्ठा और नेकनीयत पर विश्वास कर आत्मासमर्पण कर देने में उनकी हार नहीं होगी। हालाँकि, मेजर इम्पे की मृत्यु के बाद स्थितियों में सहसा बदलाव आया और ब्रिटिश प्रशासकों ने सुरेन्द्र नायक के प्रति अपनी शत्रुता को पुनर्जीवित कर दिया।

30 अप्रैल 1862 को सम्बलपुर को नवनिर्मित केन्द्रीय प्रान्तों के अधिकार क्षेत्र में ले आया गया। वीर सुरेन्द्र साई ने इसके तुरन्त बाद आत्मसमर्पण करने का निर्णय किया। हालाँकि, कहा जाता है कि आत्मसमर्पण का स्वांग रचकर उन्होंने अग्रेज़ों को झाँसा दिया था। प्रशासकों ने पाया कि वीर सुरेन्द्र साई के आत्मसमर्पण ने क्रान्ति को समाप्त नहीं किया। तत्पश्चात्, उन्होंने एक षड्यन्त्र रचा और वीर सुरेन्द्र साई और उनके सभी सम्बन्धियों, मित्रों और अनुयायियों पर अचानक धावा बोलकर उन्हें गिरफ़्तार कर लिया।

साई और उनके छह अनुयायियों को बाद में असीरगढ़ पहाड़ी के क़िले में बन्दी रखा गया। साई ने अपने जीवन का अन्तिम हिस्सा यहीं बिताया। 28 फरवरी 1884 के दिन, अपनी

जन्मभूमि से दूर, असीरगढ़ क़िले में सुरेन्द्र साई का देहान्त हो गया। धरती के इस वीर सपूत को उनकी वीरतापूर्ण गतिविधियों के लिए सदैव स्मरण किया जाएगा।

1986 में भारत सरकार द्वारा सुरेन्द्र साई के सम्मान में जारी किया गया डाक टिकट

भारत सरकार ने उनके सम्मान में एक डाक टिकट जारी किया था। सन् 2009 में, ओडिशा सरकार द्वारा इस महान् नेता के सम्मान में राज्य के सबसे पुराने इंजीनियरिंग कॉलेज 'यूनिवर्सिटी कॉलेज ऑफ़ इंजीनियरिंग' का नाम बदलकर 'वीर सुरेन्द्र साई प्रौद्योगिकी विश्वविद्यालय' कर दिया गया।

सन्दर्भ-स्रोत:

- https://en.wikipedia.org/wiki/Veer_Surendra_Sai
- https://www.hmoob.in/wiki/Veer_Surendra_Sai
- https://en.wikipedia.org/wiki/Veer_Surendra_Sai
- https://byjus.com/free-ias-prep/this-day-in-history-jan23/
- https://www.nuaodisha.com/Eminet_Personalities/Veer-Surendra-Sai.aspx
- http://magazines.odisha.gov.in/Orissareview/jan2004/englishpdf/chapter7.pdf

- https://www.aajtak.in/education/history/story/pm-narendra-modi-remembered-freedom-fighter-surendra-sai-an-iim-sambalpur-inauguration-lbse-1186065-2021-01-02
- https://bharatdiscovery.org/india/%E0%A4%B5%E0%A5%80%E0%A4%B0_%E0%A4%B8%E0%A5%81%E0%A4%B0%E0%A5%87%E0%A4%82%E0%A4%A6%E0%A5%8D%E0%A4%B0_%E0%A4%B8%E0%A4%BE%E0%A4%88#gsc.tab=0
- https://www.ias4sure.com/wikiias/prelims/veer-surendra-sai/
- https://classtopper.in/10-lines-about-veer-surendra-sai-in-hindi/
- https://www.jagran.com/odisha/sambalpur-lawyers-association-salutes-matiputra-veer-surendra-sai-22407993.html
- https://www.vskgujarat.com/28-%E0%A4%AB%E0%A4%B0%E0%A4%B5%E0%A4%B0%E0%A5%80-%E0%A4%B8%E0%A4%AE%E0%A5%8D%E0%A4%AC%E0%A4%B2%E0%A4%AA%E0%A5%81%E0%A4%B0-%E0%A4%95%E0%A4%BE-%E0%A4%95%E0%A5%8D%E0%A4%B0%E0%A4%BE%E0%A4%82%E0%A4%A4/
- https://www.chhattisgarhgyan.in/2016/03/veer-surendra-saay.html

टण्ट्या भील

भारत की स्वतन्त्रता के लिए अनगिनत वीरों ने महान् संघर्ष किए हैं और अपने शौर्य की स्वर्णिम गाथाएँ लिखी हैं। मालवा और निमाड़ अंचल के लोकनायक टण्ट्या भील भी एक ऐसे ही वीर क्रान्तिकारी थे, जिन्होंने वर्ष 1878 और 1889 के बीच ब्रिटिश भारत में एक बड़े सक्रिय विद्रोह में भाग लिया था। वह भील जनजाति से आते थे। उन्होंने अपने समयकाल में निर्धन और शोषित आदिवासियों के मन में अंग्रेज़ी शासन के विरुद्ध विद्रोह की ज्योति जलाई। मध्य प्रदेश और छत्तीसगढ़ के जनजातीय वर्गों में आज भी उनकी पूजा की जाती है।

वीर टण्ट्या भील का जन्म 1840 में तत्कालीन मध्य प्रान्त के पूर्वी निमाड़ (खँडवा) की पन्धाना तहसील के बडाडा गाँव में एक भील आदिवासी परिवार में हुआ था। इनके पिता का नाम भाऊ सिंह भील था। टण्ट्या भील का वास्तविक नाम तान्तिया था; प्यार से उन्हें 'टण्ट्या मामा' के नाम से भी बुलाया जाता था। 'टण्ट्या' का शाब्दिक अर्थ झगड़ालू होता है।

टण्ट्या निमाड़ अंचल के घने जंगलों में पले-बढ़े। वह दुबले-पतले और साधारण क़द-काठी के थे। उन्हें बचपन में ही धनुष और तीर-चलाना आ गया था। कालान्तर में उन्होंने बन्दूक चलाना भी सीख लिया। इस प्रकार, वह एक अच्छे निशानेबाज और निपुण तीरन्दाज़ थे। टण्ट्या भील को गुरिल्ला युद्ध में दक्षता प्राप्त थी। 'दावा' या 'फलिया' उनके मुख्य हथियार हुआ करते थे।

1916 में किए गए चित्रण में टण्ट्या मामा उर्फ़ टण्ट्या भील

टण्ट्या की नेतृत्व क्षमता किशोरावस्था में ही दृष्टिगोचर होने लगी थी। युवा होने के साथ वह आदिवासियों के अद्वितीय नायक के रूप में उभरे। उन्हें अंग्रेज़ों से लोहा लेने के लिए आदिवासियों को संगठित कर उन्हें संघर्ष के लिए प्रेरित किया। इस प्रकार, धीरे-धीरे वह अंग्रेज़ों की आँख का काँटा बनते गए।

महान् टण्ट्या भील का वर्णन अंग्रेज़ों ने बड़ी नकारात्मकता से एक अपराधी के रूप में किया है, किन्तु वास्तव में वह एक वीर और साहसी व्यक्ति थे। वह अंग्रेज़ों की छत्रछाया में फलने-फूलने वाले जमाख़ोरों से लूटे गए माल को भूखे-नंगे और शोषित आदिवासियों में बाँट दिया करते थे। इसलिए उन्हें 'आदिवासियों का रॉबिनहुड' भी कहा जाता है। उन्होंने अंग्रेज़ों की शोषणकारी नीतियों के विरुद्ध आवाज़ उठाई और निर्धन आदिवासियों के लिए एक मसीहा बनकर उभरे। ऐसी मान्यता थी कि टण्ट्या के राज में कोई आदिवासी भूखा नहीं सो सकता।

वह केवल अपने शौर्य के लिए ही नहीं, अपितु सामाजिक कार्यों में बढ़-चढ़कर हिस्सा लेने के लिए भी जाने जाते थे। टण्ट्या भील को उनके तेज़-तर्रार तेवरों के चलते कम समय में ही बड़ी पहचान मिल गई थी। उनके विषय में अनेक किंवदन्तियाँ प्रचलित हैं।

टण्ट्या भील की गिरफ़्तारी का समाचार अमेरिका के प्रसिद्ध 'न्यूयॉर्क टाइम्स' के 10 नवम्बर 1889 के अंक में प्रमुखता से प्रकाशित हुआ था, जिसमें उन्हें 'भारत के रॉबिनहुड' के रूप में वर्णित किया गया था।

आदिवासियों के विद्रोह प्लासी युद्ध (1757) के ठीक बाद ही आरम्भ हो गए थे, और उनका यह संघर्ष 20वीं सदी के पूर्वार्द्ध तक चलता रहा। टण्ट्या भील 1857 के स्वातन्त्र्य समर और उसके नायकों से बहुत अधिक प्रभावित थे। 1857 की क्रान्ति के दमन के उपरान्त जनसाधारण पर अंग्रेज़ों के अत्याचार पहले से कहीं अधिक बढ़ गए थे। इन अत्याचारों से तंग आकर टण्ट्या भील ने संघर्ष का मार्ग चुना, जिसमें स्थानीय लोगों ने भी उनका साथ दिया।

कहा जाता है कि टण्ट्या भील को अलौकिक शक्तियाँ प्राप्त थीं। किंवदन्ती है कि इन्हीं शक्तियों के सहारे टण्ट्या एक ही समय में एक साथ सैकड़ों गाँवों में सभाएँ करते थे, और उनकी इन्हीं शक्तियों के कारण अंग्रेज़ों के 2000 सैनिक भी उन्हें पकड़ने में अक्षम थे।

सन् 1870 से 1880 के दशक तक तब के मध्य प्रान्त और बम्बई प्रेसिडेन्सी के 1700 गाँवों में टण्ट्या भील अंग्रेज़ों के विरुद्ध समानान्तर सरकार चला रहे थे। उसी समय, महान्

फाँसी देने के बाद अंग्रेज़ों ने टण्ट्या भील के शव को विद्रोह भड़क जाने के डर से इन्दौर के पातालपानी रेलवे स्टेशन के पास फेंक दिया था। वर्तमान में इसी स्थान के पास उनकी समाधि है।

क्रान्तिकारी तात्या टोपे ने टण्ट्या से प्रभावित होकर उन्हें छापामार शैली में हमला करने की गोरिल्ला युद्धकला सिखाई थी। टण्ट्या भील ने इस कला से अंग्रेज़ों के छक्के छुड़ा दिए।

टण्ट्या ने जीवन का यह मार्ग 1857 के संग्राम के बाद अंग्रेज़ों द्वारा किए गए कठोर उपायों के कारण अपनाया था। उन्हें पहली बार 1874 के आस-पास चोरी और अपहरण के गम्भीर आरोप लगाकर गिरफ़्तार किया गया और एक वर्ष के कारावास का दण्ड दिया गया। फिर सन् 1878 में हाजी नसरुल्ला ख़ान यूसुफ़ज़ई ने उन्हें पुनः गिरफ़्तार कर खँडवा जेल में डाला दिया। इन घटनाओं के पश्चात् ही टण्ट्या भील ने अपने जीवन में उक्त परिवर्तन लाया था।

टण्ट्या भील ने 12 वर्षों तक ब्रिटिश शासन के विरुद्ध सशस्त्र संघर्ष किया। अपने अदम्य साहस और लगनशीलता के कारण वह आदिवासियों और अन्य लोगों के भीतर जलने वाली क्रान्ति की ज्वाला के प्रतीक बन गए। टण्ट्या भील जनता के एक महान् नायक के रूप में उभरकर भील जनजाति का गौरव बन चुके थे।

एक बार टण्ट्या अपनी बहन से मिलने उसके घर गए हुए थे, तब उनके बहन के पति गणपत ने उनके साथ विश्वासघात किया और उनके आगमन की सूचना अंग्रेज़ों तक पहुँचा दी। परिणामस्वरूप, टण्ट्या भील बन्दी बना लिए गए। उन्हें इन्दौर के ब्रिटिश रेजिडेन्सी क्षेत्र की

सेण्ट्रल इण्डिया एजेन्सी जेल में रखा गया था। बाद में उन्हें कड़ी पुलिस सुरक्षा में जबलपुर ले जाया गया।

टण्ट्या की लोकप्रियता का आकलन इस बात से किया जा सकता है कि जब उन्हें गिरफ़्तार करके अदालत में पेश करने के लिए जबलपुर ले जाया गया, तो उनकी एक झलक पाने के लिए जगह-जगह जनसैलाब उमड़ पड़ा था। यह भी कहा जाता है कि वकीलों ने राजद्रोह के मामले में उनकी पैरवी के लिए फ़ीस के रूप में उनसे एक पैसा भी नहीं लिया था।

टण्ट्या भील को भारी बेड़ियों से जकड़कर जबलपुर जेल में रखा गया, जहाँ ब्रिटिश अधिकारियों ने उन्हें अमानवीय रूप से प्रताड़ित किया। उन्हें भाँति-भाँति की यातनाएँ दी गईं। जबलपुर के सत्र न्यायालय ने उन्हें 19 अक्तूबर 1889 को फाँसी की सज़ा सुनाई। 4 दिसम्बर 1889 के दिन इस वीर सेनानी को फाँसी के फन्दे से लटका दिया गया।

अंग्रेज़ी शासन को यह भय था कि भील समुदाय कहीं हिंसक विद्रोह पर न उतर आए, इसीलिए टण्ट्या को फाँसी के देने के उपरान्त उनका शव इन्दौर के पास खँडवा रेल मार्ग पर पातालपानी रेलवे स्टेशन के पास फेंक दिया गया था। जिस स्थान पर उनके लकड़ी के पुतले रखे गए थे, वह स्थान टण्ट्या मामा की समाधि मानी जाती है। आज भी प्रायः ट्रेन चालक टण्ट्या मामा के सम्मान में उस जगह ट्रेन को एक पल के लिए रोक लेते हैं।

हर वर्ष 4 दिसम्बर के दिन टण्ट्या भील को उनके बलिदान दिवस पर स्मरण किया जाता है। टण्ट्या भील की गिरफ़्तारी का समाचार अमेरिका के प्रसिद्ध 'न्यूयॉर्क टाइम्स' के 10 नवम्बर 1889 के अंक में प्रमुखता से प्रकाशित हुआ था, जिसमें उन्हें 'भारत के रॉबिनहुड' के रूप में वर्णित किया गया था।

भारतीय रॉबिनहुड मामा टण्ट्या भील का पूरा जीवन और अन्याय के विरुद्ध उनका संघर्ष आज भी देशवासियों के लिए गौरव का विषय होने के साथ-साथ प्रेरणा का स्रोत भी है।

सन्दर्भ-स्रोत:

- https://www.hindi-kahani.in/2021/11/tantya-bhil-kon-hai-jivni-itihas.html
- https://hindi.webdunia.com/inspiring-personality/tantya-bhil-biography-in-hindi-121120400048_1.html
- https://www.jagran.com/news/national-tantya-bhil-an-idol-of-bravery-the-country-remembering-his-sacrifice-today-jagran-special-22264301.html
- https://www.hindi-kahani.in/2021/11/tantya-bhil-kon-hai-jivni-itihas.html

- https://phondia.com/story-and-history-of-tantya-bhil-in-hindi/
- https://hindi.scoopwhoop.com/artandculture/tantya-bhil-the-warrior-whose-bravery-the-british-gave-him-the-name-indian-robin-hood/
- https://www.drishtiias.com/hindi/state-pcs-current-affairs/tantya-bhil-bali-dan-diwas
- https://www.etvbharat.com/hindi/madhya-pradesh/city/gwalior/jyotiraditya-scindia-meets-jaibhan-singh-pawaiya-for-bjp-mayor-candidate-for-mp-urban-body-election-2022/mp20220610180322943943191
- https://www.hindi-kahani.in/2021/11/tantya-bhil-kon-hai-jivni-itihas.html
- https://en.wikipedia.org/wiki/Tantia_Bhil
- https://hi.wikipedia.org/wiki/%E0%A4%9F%E0%A4%82%E0%A4%9F%E0%A5%8D%E0%A4%AF%E0%A4%BE_%E0%A4%AD%E0%A5%80%E0%A4%B2

तेलंगा खड़िया

छोटानागपुर के अनेक वीर महापुरूषों ने अंग्रेज़ों के शोषण के विरुद्ध स्वतन्त्रता के लिए अपने प्राणों की आहुति दी और बलिदान हुए। तेलंगा खड़िया भी उन वीर महापुरूषों में से एक थे। वह जनजातीय समाज से आने वाले एक महान् भारतीय स्वतन्त्रता सेनानी थे, जिन्होंने छोटानागपुर क्षेत्र में ब्रिटिश राज के विरुद्ध विद्रोह का नेतृत्व किया था। यह विद्रोह मुख्य रूप से जनजातीय समाज के साथ हो रहे अन्याय, अत्याचार और भूमि अलगाव की नीति के विरुद्ध था।

तेलंगा खड़िया का जन्म 9 फरवरी सन् 1806 को झारखण्ड के गुमला जनपद स्थित सिसई प्रखण्ड के मुरगू गाँव में हुआ था। उनके पिता का नाम ठुइया खड़िया तथा माँ का नाम पेती खड़िया था। वह सिरू खड़िया व बुच्ची खड़िया के पौत्र थे। उनका विवाह 1846 में रत्नी खड़िया से हुआ था और उनके एकमात्र बेटे का नाम जोगिया खड़िया था।

तेलंगा के दादा सिरू खड़िया पाहन परिवार से सम्बन्ध रखते थे तथा मुरगू ग्राम के ज़मींदार थे। वह धार्मिक, सरल तथा साहित्यिक विचार के व्यक्ति थे। तेलंगा के पिता, रातू के नागवंशी राजा देवनाथ शाह और गोविंदनाथ शाह के यहाँ भण्डारी के पद पर कार्यरत थे। भण्डारी का कार्य फ़सल को इकट्ठा कर रातू गढ़ पहुँचाने का था।

तेलंगा खड़िया ने छोटानागपुर क्षेत्र में ब्रिटिश राज के विरुद्ध विद्रोह का नेतृत्व किया था। यह विद्रोह मुख्य रूप से जनजातीय समाज के साथ हो रहे अन्याय, अत्याचार और भूमि अलगाव के विरुद्ध था।

तेलंगा प्रायः पिता के साथ रातू के दरबार में जाया करते थे। दरबार में होने वाली चर्चाओं को देख-सुनकर उन्होंने सामाजिक और राजनैतिक विषयों पर गहरी रुचि विकसित कर ली थी। वयस्क हो जाने पर वह अपने क्रान्तिकारी विचार, तर्क कौशल और समाज सेवा के प्रति समर्पण के लिए जाने गए।

तेलंगा बचपन से ही वीर और साहसी थे। वह वाचाल प्रवृति के थे; वाचाल को खड़िया भाषा में 'तेलबंगा' कहा जाता है। इसी कारण उनका नाम तेलंगा पड़ गया। तेलंगा को किसी प्रकार की औपचारिक शिक्षा प्राप्त करने का अवसर नहीं मिल सका।

तेलंगा अस्त्र-शस्त्र चलाना सीख गए थे, और फिर वह अपने लोगों को भी इसकी शिक्षा देने लग गए। वह खेती करने के साथ-साथ अपने साथियों को गदका, तलवार और तीर चलाना सिखाया करते थे। इस प्रशिक्षण के लिए सभी लोग सिसई के मैदान में इकट्ठा होते थे। नित्य प्रतिदिन प्रशिक्षण प्रारम्भ करने से पहले ध्वज के पास पूर्व दिशा की ओर मुँह करके गुरु और

तेलंगा का मानना था कि, "जमीन हमारी, जंगल हमारे, मेहनत हमारी, फ़सलें हमारी, तो फिर ज़मींदार और अंग्रेज़ कौन होते हैं हमसे लगान और मालगुज़ारी वसूलने वाले!"

शिष्य सभी लोग घुटने टेककर धरती माता, सरना माता, सूर्य भगवान्, महादेव और अपने-अपने पूर्वजों को स्मरण कर उनकी आराधना करते थे। तेलंगा के बारे में यह किंवदन्ती फैल गई थी कि उनपर ईश्वरीय वरदान है और वह अंग्रेज़ों की रायफ़ल और बन्दूक की गोली को तलवार से ही रोक लेते हैं।

1850 के आस-पास, देश में अंग्रेज़ी शासन वाले क्षेत्रों में लोगों के प्रति अत्याचार बढ़ना आरम्भ हो गया था। जनता शोषण से तंग आ चुकी थी। परन्तु देशवासियों में एकता का अभाव होने के कारण अंग्रेज़ों की 'फूट डालो और राज करो' की नीति सफल हो रही थी। तेलंगा से अंग्रेज़ों द्वारा किया जा रहा यह अत्याचार और शोषण देखा न गया और उन्होंने अंग्रेज़ी शासन के विरुद्ध आवाज़ उठाने की ठानी।

तेलंगा का मानना था कि, "जमीन हमारी, जंगल हमारे, मेहनत हमारी, फ़सलें हमारी, तो फिर ज़मींदार और अंग्रेज़ कौन होते हैं हमसे लगान और मालगुज़ारी वसूलने वाले! अंग्रेज़ों के पास अगर गोली-बारूद है, तो हमारे पास भी तीर-धनुष, कुल्हाड़ी व फरसे हैं।"

अंग्रेज़ों से लड़ने हेतु तेलंगा गाँव-गाँव जाकर लोगो से सम्पर्क किया करते। इसी उपक्रम में तेलंगा ने गाँवों में जुरी (जोड़ी) पंचायत नाम के संगठन का गठन किया, जो ब्रिटिश शासन के समानान्तर अपनी स्वायत्त शासनव्यवस्था चलाता था।

इस प्रकार गठित 13 जूरी पंचायतें सिसई, गुमला, बसिया, सिमडेगा, कुम्हारी, कोलेबिरा, चैनपुर, महबुआंग और बानो क्षेत्र में फैली हुई थीं। इनकी सहायता से स्थानीय जनों को अंग्रेज़ों

तेलांग खड़िया के पैतृक गाँव मुरगू में स्थापित की गई उनकी प्रतिमा

के विरुद्ध लड़ने के लिए सभी प्रकार के युद्धकौशल का एवं रणनीति बनाने का प्रशिक्षण दिया जाता था। कुछ लोग रणनीति बनाते और शेष विद्रोही जंगल एवं घाटियों में छुपकर गुरिल्ला युद्ध करते। इस प्रकार लगभग 900 से 1500 प्रशिक्षित लोगों की एक सेना तैयार हो गई थी।

सभी जुरी पंचायतो का एक-दूसरे से ताल-मेल बहुत अच्छा था। परिणामस्वरूप, उन्हें ज़मींदारों या अंग्रेज़ों की सेना के आगमन की सूचना पहले ही मिल जाती। फिर संग्राम के लिए तैयार होकर विद्रोही सेना अंग्रेज़ों पर टूट पड़ती और उनकी बलभर धुनाई करती। तेलंगा ने विद्रोह का शुभारम्भ अपने ही मुरगू गाँव से किया, जहाँ उनका जन्म हुआ था। विद्रोही लोग गुरिल्ला युद्ध में अंग्रेज़ों पर हमला करके भूमिगत हो जाते थे। इन गतिविधियों के कारण तेलंगा अब ज़मींदारों एवं अंग्रेज़ों के लिए भय का प्रतीक बन चुके थे।

तेलंगा जानते थे कि अंग्रेज़ी सेना उनके पीछे लगी हुई है, इसीलिए वह अधिकांशतः घर से बाहर रहकर ही संगठन का कार्य किया करते थे। पकड़े जाने के भय से वह अपने घर बहुत कम ही आया-जाया करते थे। उन्हें हाथ आता न देख, अंग्रेज़ों ने उनपर इनाम की घोषणा करवा

दी। लालच में आकर, किसी ने उनके पते-ठिकाने की गुप्त सूचना अंग्रेज़ी सरकार तक पहुँचा दी। एक दिन, जब तेलंगा जुरी पंचायत की बैठक कर रहे थे तब अचानक धावा बोलकर अंग्रेज़ों ने उन्हें बन्दी बना लिया। लोहरदगा में चलाए गए अभियोग के उपरान्त तेलंगा को 14 वर्ष के करवास की सज़ा हुई। पहले उन्हें लोहरदगा जेल भेजा गया और बाद में कलकत्ता स्थानान्तरित कर दिया गया।

किन्तु जेल से छूटने के बाद तेलंगा के तेवर नरम पड़ने की जगह और सख़्त हो गए। उन्होंने 1859 के 'छोटानागपुर लैण्डलॉर्ड एण्ड टेनेसी प्रोसीजर ऐक्ट' का विरोध किया। जुरी पंचायत फिर से जीवन्त हो उठी और युद्ध प्रशिक्षणों का दौर पुनः आरम्भ हो गया। बसिया से कोलेबिरा तक विद्रोह की ज्वाला फैल गयी। बूढ़े तेलंगा 1880 में पुनः एक विद्रोह का नेतृत्व किया जिसे 'खड़िया विद्रोह' के नाम से जाना जाता है।

यह विद्रोह अंग्रेज़ों के लिए एक बड़ा संकट बन चुका था। 23 अप्रैल 1880 को तेलंगा समेत कई प्रमुख विद्रोहियों को अंग्रेज़ी सेना ने घेर लिया। तेलंगा की दहाड़ और उस समय उपस्थित प्रशिक्षित विद्रोहियों से सीधी टक्कर लेने के स्थान पर अंग्रेज़ों ने छल का मार्ग अपनाया। अंग्रेज़ी सिपाही बोधन सिंह ने झाड़ियों में छिपकर तेलंगा की पीठ पर गोली चला दी और वह तत्क्षण ही वीरगति को प्राप्त हुए। तेलंगा की मृत्यु का समाचार सुनते ही क्षेत्र में सन्नाटा छा गया और लोग फूट-फूटकर रोने लगे। तेलंगा के शिष्यों ने उनके मृत शरीर को दक्षिण कोयल के तट पर स्थित सोसो निमटोली में दफ़न कर दिया। इस स्थान को 'तेलंगा टोपा टाँड़' के नाम से जाना जाता है, जिसका अर्थ है 'तेलंगा की क़ब्रगाह'।

तेलंगा की हत्या के बाद उनकी पत्नी रत्नी खड़िया ने अपने पति के अधूरे कार्यों को पूरा किया। वह अपनी सादगी, निष्ठा और सत्यवादिता से लोगों में जिजीविषा का संचार करती रहीं।

तेलंगा का जीवन, उनके क्रिया-कलाप और साहस का परिचय उस समय के लोकगीतों में मिलता है, जो अभी भी प्रचलित हैं। खड़िया भाषा के ऐसे ही कुछ गीतों के अंश का हिन्दी अनुवाद निम्नलिखित है:

1. किधर से सूर्य की किरण जैसे निकला तेलंगा,
   सब जनों की रक्षा किया तेलंगा,
   मुरगू ग्राम से सूर्य की किरण जैसे निकला तेलंगा,
   सब जनों की रक्षा किया तेलंगा,
   कहाँ से पूर्वज आए तेलंगा?

2. महुआ गिरने वाले स्थान पर बैठे तेलंगा,
पामेर से तिब्बत पहाड़, दिल्ली तेलंगा,
दिल्ली से सरना स्थापित कर खेती किए तेलंगा।

तेलंगा का मुख्य सैन्य प्रशिक्षण केन्द्र सिसई के मैदान पर था, जहाँ आज सिसई बाज़ार लगता है। तेलंगा के मारे जाने के बाद खड़िया समुदाय के लोग मुरगू गाँव से पलायन कर गए। कुछ समय के बाद, तेलंगा परिवार एवं उनके सहयोगी गाँव छोड़ कर सिसई थाने के ही एक गाँव घाघरा चले गए और वहीं रहने लगे। आज भी तेलंगा के वंशज घाघरा गाँव में पहनाई का काम कर रहे हैं।

तेलंगा खड़िया एक महान् योद्धा व एक वीर, साहसी महापुरुष थे, जिन्होंने प्रजा को अंग्रेज़ों एवं ज़मींदारों के शोषण तथा अत्याचार से मुक्त कराने के लिए लड़ाई लड़ी और देश की स्वतन्त्रता के लिए अपने प्राणों को होम कर दिया।

सन्दर्भ-स्रोत:

- https://hi.vikaspedia.in/education/91d93e93091692394d921-93093e91c94d-92f/91d93e93091692394d921-915947-936939940926/935940930-92e93993e92a941930942937-92494793290291793e-91693f92f93e
- https://okworldguru.com/telanga-kharia-biography/
- https://hi.unionpedia.org/%E0%A4%A4%E0%A5%87%E0%A4%B2%E0%A4%82%E0%A4%97%E0%A4%BE_%E0%A4%96%E0%A4%A1%E0%A4%BC%E0%A4%BF%E0%A4%AF%E0%A4%BE
- https://www.divyarashmi.com/2021/12/blog-post_319.html
- https://en.wikipedia.org/wiki/Telanga_Kharia
- https://hi.wikipedia.org/wiki/%E0%A4%A4%E0%A5%87%E0%A4%B2%E0-%A4%82%E0%A4%97%E0%A4%BE_%E0%A4%96%E0%A4%A1%E0%A4%B-C%E0%A4%BF%E0%A4%AF%E0%A4%BE
- https://hi.wikipedia.org/wiki/%E0%A4%96%E0%A4%A1%E0%A4%B-C%E0%A4%BF%E0%A4%AF%E0%A4%BE_%E0%A4%B5%E0%A4%BF%E0%A4%A6%E0%A5%8D%E0%A4%B0%E0%A5%8B%E0%A4%B9

थलक्कल चन्दु

अठारहवीं शताब्दी के उत्तरार्द्ध में, दक्षिण के अधिकांश प्रान्तीय राज्यों को मैसूर के शासक हैदर अली और उनके बेटे टीपू से संकटों का सामना करना पड़ रहा था। ब्रिटिश ईस्ट इण्डिया कम्पनी ने टीपू के विरुद्ध लड़ाई में प्रान्तीय राज्यों को हथियार और गोला-बारूद की आपूर्ति की, जिसके बदले में कम्पनी को पूर्व करों का भुगतान किया गया था। ये कर अधिकारियों द्वारा वस्तु के रूप में सीधे लोगों से वसूल किए जाते थे। मालाबार क्षेत्र में काली मिर्च के व्यापार पर एकाधिकार स्थापित करना उनका अन्तिम लक्ष्य था, जिसमें वे बहुत हद तक सफल भी हुए।

देश के दक्षिणी हिस्सों में, पलायकरों या वर्तमान तमिलनाडु के स्थानीय सरदारों ने कम्पनी अर्थात् अंग्रेज़ों की सर्वोच्चता को कभी स्वीकार नहीं किया। पलायकरों और अंग्रेज़ों के बीच दशकों तक युद्ध लड़े गए। वर्तमान केरल के कोट्टायम् साम्राज्य के वीर केरल वर्मा पजहस्सी राजा ने पलायकरों को समर्थन दिया और साथ ही मालाबार क्षेत्र में विद्रोह का नेतृत्व किया।

थलक्कल चन्दु पजहस्सी राजा की सेना के सेनापति थे। वह कुरुचिया जनजाति से आते थे, जो तीरन्दाज़ी में अपने कौशल के लिए प्रसिद्ध थी। उन्होंने 19वीं शताब्दी के दौरान केरल के वायनाड के जंगलों में ब्रिटिश सेना से लड़ाई लड़ी थी। पजहस्सी राजा और उनके सैनिक उन्हें सबसे सक्षम युद्धनेता के रूप में मानते थे। फिर उन्होंने एडाचेना कुंकन के तहत काम करना शुरू

थलक्कल चन्दु कुरुचिया जनजाति से आने वाले पजहस्सी राजा की सेना के सेनापति थे।
वह तीरन्दाज़ी में अपने कौशल के लिए प्रसिद्ध थे।

किया था, जिन्होंने बाद में थलक्कल चन्दु को जनरल के पद पर पदोन्नत किया। एडाचेना कुंकन ने कम्पनी द्वारा निर्धनों के शोषण के विरुद्ध पहला प्रतिरोध 1800 में किया था।

ब्रिटिश ईस्ट इण्डिया कम्पनी द्वारा कृषि उपज पर लगाए गए उच्च राजस्व कर ने वायनाड में किसानों के बीच व्यापक असन्तोष उत्पन्न कर दिया था। ब्रिटिश ईस्ट इण्डिया कम्पनी के एक चपरासी ने कुरुचिया व्यक्ति से धान की माँग की और इस पर उस चपरासी को कुंकन ने मार डाला। इस घटना ने पूरी कुरुचिया जनजाति को एडाचेना कुंकन के साथ हाथ मिलाने के लिए प्रेरित किया, जो पजहस्सी राजा की ओर से ब्रिटिश ईस्ट इण्डिया कम्पनी के विरुद्ध लड़ाई लड़ रहे थे।

11 अक्टूबर 1802 को थलक्कल चन्दु और एडाचेना कुंकन के नेतृत्व में जनजातीय सैनिकों (जिनमें 175 कुरुचिया तीरन्दाज़ भी थे) के एक समूह ने पनामारम् क़िले पर हमला किया। क्रान्तिकारियों ने इस ब्रिटिश क़िले पर अधिकार कर लिया, जो पहले 4 बॉम्बे इन्फ़ैण्ट्री की बटालियन के पास सुरक्षित था। विद्रोही समूह के साथ हुए संघर्ष में क़िले की रखवाली कर रहे 70 सैनिकों की एक पूरी टुकड़ी के साथ कमाण्डिंग ऑफ़िसर कैप्टन डिकिन्सन और लेफ़्टिनेण्ट मैक्सवेल मारे गए। मातृभूमि की गरिमा की रक्षा की लड़ाई में पाँच कुरुचियाओं ने वीरगति प्राप्त की। क्रान्तिकारियों ने क़िले से आग्नेयास्त्र और गोला-बारूद के बक्से ज़ब्त कर लिए।

कुरुचिया और कुरुमा आदिवासियों की सेना का अंग्रेज़ों के साथ टकरावों का क्रम निरन्तर बना रहा। क्रान्तिकारियों के गुरिल्ला युद्ध के अद्वितीय कौशल और अद्भुत चपलता ने अंग्रेज़ों को असहाय बना दिया था। थलक्कल चन्दु द्वारा निर्मित युद्ध प्रणाली इतनी दृढ़ थी कि अंग्रेज़ उसे किसी भी प्रकार भेद नहीं सके। कुरुचिया आन्दोलनकारियों ने वायनाड के उबड़-खाबड़ क्षेत्र से लड़ाई लड़ी। उन्होंने पुलपल्ली में श्री सीता देवी मन्दिर को अपनी गतिविधियों का केन्द्र बनाया और वायनाड को अपने नियन्त्रण में ले लिया।

पजहस्सी राजा और उनकी सेना ने विलिंगटन के ड्यूक आर्थर वेलेजली के विरुद्ध जीत हासिल की, जिसने एंग्लो-मराठा युद्धों में और बाद में वाटरलू की लड़ाई में लगातार जीत देखी थी। यह युद्ध इतिहास में 'कोट्टायम् युद्ध' के रूप में दर्ज है।

अंग्रेज़ों ने चन्दु को पकड़ने के लिए एवं क्रान्तिकारियों का प्रतिरोध रोकने के लिए विश्वासघात का सहारा लिया। धन व भूमि का प्रलोभन देकर कुछ स्थानीय लोगों की सहायता से वे थलक्कल चन्दु को पकड़ने में सफल हुए। 15 नवम्बर 1805 के दिन थलक्कल चन्दु को पनामारम् क़िले में कोली के पेड़ पर लटकाकर फाँसी दे दी गई।

पजहस्सी राजा को थलक्कल चन्दु के साहस और वीरता पर इतना विश्वास था कि उन्होंने एक बार कहा था, "यदि सभी नायर मुझे छोड़ दें, तो भी मैं कम्पनी से लड़ने में सक्षम होऊँगा, बशर्ते मेरे पास यह कुरुचिया हो।" जब चन्दु को पकड़ा गया और फाँसी दी गई, तो एडाचेना कुंकन ने कहा, "मैंने अपना दाहिना हाथ खो दिया है।"

केरल राज्य में काबिनी नदी के तट पर पनामारम् किले के पास स्थित वीर थलक्कल चन्दु स्मारक

थलक्कल चन्दु की स्मृति में पनामारम् में एक छोटा-सा संग्रहालय बनाया गया है। प्रधानमन्त्री नरेन्द्र मोदी के निर्देशानुसार वर्तमान भारत सरकार ने स्वतन्त्रता संग्राम में जनजातियों के योगदान की स्मृति में 10 जनजातीय संग्रहालय स्थापित करने का निर्णय लिया है, जिनमें से एक संग्रहालय केरल के कोझिकोड में थलक्कल चन्दु के नाम पर बनाया जाएगा। यह समस्त कुरुचिया जनजाति के लिए अत्यन्त गौरव की बात है।

सन्दर्भ-स्रोत:

- https://indusscrolls.com/remembering-thalakal-chanthu-the-jan-jati-warrior-from-the-south
- https://www.indianetzone.com/60/thalakkal_chanthu.htm

लुंगथौबु थंगल जनरल

भारत को स्वतन्त्र करवाने हेतु असंख्य वीर योद्धाओं ने अपने प्राणों की चिन्ता किए बिना ब्रिटिश शासन के विरुद्ध युद्ध लड़े। देश की जनता में क्रान्ति की अलख जगा मातृभूमि के लिए बलिदान देने वाले वीरों में मणिपुर के थंगल जनरल का भी नाम है, जिनके साहस और शौर्य की गाथा आज भी कही जाती है। वह जनजाति समाज के एक महान् नायक थे।

थंगल जनरल का जन्म मणिपुर के नागा थंगल क़बीले में हुआ था। 'थंगल' का शाब्दिक अर्थ है सेनापति। उनका पूरा नाम लुंगथौबु थंगल था। वह आगे चलकर 'थंगल मेनजोर' और बाद में 'थंगल जनरल' के नाम से प्रसिद्ध हुए। बचपन से ही थंगल में असाधारण बल था। वह साहसी, चपल व बुद्धिमान् थे; खेलों व शिकार में उनकी विशेष रुचि थी। उनके साहस और वीरता की प्रशंसा पूरा क़बीला करता था।

एक बार की बात है, मणिपुर रियासत के राजा गम्भीर सिंह अपने कुछ साथियों के साथ सामुकोम (साई-कुल) से जंगली हाथी को पकड़ने के लिए आए थे। राजा गम्भीर सिंह ने माकेंग थंगल के खुल्लकपा से अपने लोगों के लिए एक मार्गदर्शक (गाइड) की व्यवस्था करने के लिए कहा। थंगल के खुल्लकपा ने लुंगथौबू को उस दल के मार्गदर्शक के रूप में भेज दिया। जंगली हाथी को पकड़ने के दौरान महाराजा गम्भीर थंगल की बुद्धिमत्ता, साहस व चतुराई देख दंग रह

गए और उन्होंने थंगल की बहुत प्रशंसा की।

महाराजा ने खुल्लकपा और लुंगथौबू के माता-पिता से थंगल को अपने साथ ले जाने का आग्रह किया। उनके परिवार की सहमति मिलने के बाद वह लुंगथौबु थंगल को अपने साथ कोनुंग ले गए। इस प्रकार, लुंगथौबु को एक क्षत्रिय के घर में गोद ले लिया गया।

लुंगथौबु को थंगल से लाया गया था, इसलिए उन्हें 'थंगल' के संक्षिप्त उपनाम से पुकारा जाने लगा। समय के साथ उन्हें मणिपुरी समुदाय ने अपना लिया और उन्हें कंगबाम क़बीले का नाम दिया गया। इस प्रकार, उन्हें 'कंगबाम लैफम-इत्पा' और 'थंगल मेनजोर' के नाम से भी जाना जाने लगा।

थंगल जनरल अपनी मातृभूमि से बहुत स्नेह करते थे; उन्होंने अपना पूरा जीवन मणिपुर की स्वतन्त्रता की रक्षा और उसकी प्रगति के लिए समर्पित कर दिया था। मातृभूमि के प्रति उनके प्रेम को आज भी ऐतिहासिक अभिलेखों में उल्लिखित कुछ घटनाओं से जाना जा सकता है।

1872 में जनरल बलराम सिंह सवाईजम्बा के साथ थंगल जनरल ने लुशाई में अभियान का नेतृत्व किया और वहाँ के तीन बड़े जनपदों पो-इन-स्वे, लिंकखम और थंजान-खुम्मा पर विजय प्राप्त कर 112 गाँव जीत लिए।

मणिपुर राज्य की राजधानी इम्फाल के पैलेस गेट पर स्थित थंगल जनरल की प्रतिमा

थंगल जनरल मणिपुर के चप्पे-चप्पे से परिचित थे और अंग्रेज़ी से अनभिज्ञ होते हुए भी राज्य के किसी भी गाँव को अंग्रेज़ी मानचित्र पर बता सकते थे। 1873 में हुए एक सर्वेक्षण में जब मणिपुर से बर्मा तक बहने वाली नदियों का अनुमान लगाया जा रहा था, तब थंगल जनरल ने एक अंग्रेज़ अधिकारी से कहा था कि लैनियार नदी पूर्व दिशा से बर्मा की ओर बहती है। सर्वेक्षण पूर्ण होने के पश्चात् थंगल जनरल की बात सत्य सिद्ध हुई।

मणिपुर राज्य अंग्रेज़ों के अधीन था और उन्हें कर भी दे रहा था। परन्तु राजा कीर्तिचन्द्र की मृत्यु के उपरान्त युवराज सूरचन्द्र व कुलचन्द्र में सिंहासन के लिए संघर्ष आरम्भ हो गया। बाद में, सेनापति टिकेन्द्रजीत द्वारा समर्थित कुलचन्द्र मणिपुर की गद्दी पर बैठे। थंगल जनरल टिकेन्द्रजीत के साथ मणिपुर की रक्षा के लिए सदैव कन्धे-से-कन्धा मिलाकर चलते थे। उन्हें अपने राज्य में ब्रिटिश शासन का हस्तक्षेप तनिक भी सह्य नहीं था।

अंग्रेज़ों को कुलचन्द्र का राजा बनना बिलकुल स्वीकार नहीं था और वह टिकेन्द्रजीत के बढ़ते प्रभाव को नहीं देख सकते थे। तत्कालीन वाइसरॉय ने अंग्रेज़ अधिकारी क्विण्टन को कुलचन्द्र के साथ समझौता करने भेजा और प्रस्ताव रखा कि उन्हें मणिपुर के राजा के रूप में तब मान्यता दी जाएगी, जब वह टिकेन्द्रजीत को अंग्रेज़ों को सौंप देंगे। राजा कुलचन्द्र ने इस प्रस्ताव को ठुकरा दिया।

वाइसरॉय के आदेश पर, क्विण्टन 22 मार्च 1890 को कर्नल स्केन के 400 गोरखा सैनिकों के साथ टिकेन्द्रजीत को गिरफ़्तार करने के लिए इम्फाल पहुँचा और मणिपुर के महल कंगला पर आक्रमण कर दिया, जो महिलाओं और बच्चों सहित बड़ी संख्या में निर्दोष लोगों की मृत्यु का कारण बना।

उस समय थंगल जनरल ने टिकेन्द्रजीत के साथ सेना का मोर्चा सँभाला। युद्ध में दोनों पक्षों को भारी हानि हुई। अंग्रेज़ों को समझ आ गया था कि वह इस प्रकार से जीत नहीं पाएँगे। अतः दोनों पक्षों के बीच एक शान्तिपूर्ण समझौता कराने के लिए, मुख्य आयुक्त क्विण्टन, राजनैतिक एजेण्ट ग्रिमवुड, कर्नल स्केन और लेफ़्टिनेण्ट सिम्प्सन अगले दिन महल में आए।

महल से वापस लौटते हुए, जब अंग्रेज अधिकारी द्वार की ओर बढ़ रहे थे, उत्तेजित भीड़ ने उनपर धावा बोल दिया। विद्रोही योद्धा पुखराम्बा काजाओ ने आवेग में आकर ग्रिमवुड को भाला मार दिया और लेफ़्टिनेण्ट सिम्पसन भी बुरी तरह घायल हो गया। उत्तेजित भीड़ की माँग पर जनरल थंगल ने ब्रिटिश अधिकारियों को मारने का आदेश दे दिया। कंगलासा के सामने सभी ब्रिटिश अधिकारियों के सिर काट दिए गए।

31 मार्च 1891 को, जैसे ही यह समाचार कलकत्ता पहुँचा, ब्रिटिश सरकार ने मणिपुर रियासत के विरुद्ध युद्ध की घोषणा कर दी। मणिपुर पर क़ब्ज़ा कर लेने के बाद, ब्रिटिश सरकार ने कुलचन्द्र, टिकेन्द्रजीत और थंगल जनरल को बन्दी बना लिया।

एंग्लो-मणिपुरी युद्ध के नायक थंगल जनरल और वीर टिकेन्द्रजीत

कुछ समय बाद, थंगल और टिकेन्द्रजीत को मौत की सजा सुनाई गई। 13 अगस्त 1891 को उन्हें फाँसी पर लटका दिया गया। इस प्रकार, मातृभूमि की रक्षा करते हुए थंगल जनरल बलिदान हो गए। आज भी पूरे मणिपुर और नागालैण्ड में थंगल जनरल के बलिदान को स्मरण किया जाता है।

सन्दर्भ-स्रोत:

- http://e-pao.net/epSubPageExtractor.asp?src=manipur.History_of_Manipur.Historical_War_Manipur.Thangal_General_The_Patriot_By_K_Jayanta
- https://en.wikipedia.org/wiki/Thangal_Naga
- https://blog.mygov.in/patriots-day-remembering-the-fallen-heroes-of-anglo-manipuri-war/
- http://e-pao.net/epSubPageExtractor.asp?src=manipur.History_of_Manipur.Thangal_General_A_descendant_of_the_hills
- http://e-pao.net/epSubPageExtractor.asp?src=manipur.History_of_Manipur.Historical_War_Manipur.Thangal_General_The_Patriot_By_K_Jayanta

तिलका माँझी

वर्ष 1857 में मंगल पाण्डेय की बन्दूक से निकली गोली ने ब्रिटिश सरकार के विरुद्ध विद्रोह का श्रीगणेश किया था। इस विद्रोह को भारतीय स्वतन्त्रता संग्राम का पहला विद्रोह माना जाता है और मंगल पाण्डेय को प्रथम क्रान्तिकारी कहा जाता है। हालाँकि, 1857 की क्रान्ति से लगभग 80 वर्ष पहले बिहार के जंगलों में अंग्रेज़ी शासन के विरुद्ध जंग छेड़ी जा चुकी थी। इस समयकाल में अंग्रेज़ों के विरुद्ध कई विद्रोह हुए, जिनमें से एक विद्रोह की चिंगारी प्रज्वलित की थी एक जनजातीय नायक तिलका माँझी ने, जो वास्तविक अर्थों में भारतीय स्वतन्त्रता संग्राम के प्रथम क्रान्तिकारी थे।

इतिहास में तिलका माँझी का उल्लेख हमें अधिक देखने को नहीं मिलता, यद्यपि कई लेखकों और इतिहासकारों ने उन्हें 'प्रथम स्वतन्त्रता सेनानी' होने का सम्मान दिया है।

तिलका माँझी का जन्म 11 फरवरी 1750 को तत्कालीन बिहार के सुल्तानगंज में तिलकपुर नामक गाँव के एक सन्थाल परिवार में हुआ था। उनके पिता का नाम सुन्दरा मुर्मू था। तिलका का वास्तविक नाम 'जबरा पहाड़िया' था। 'तिलका माँझी' नाम उन्हें ब्रिटिश सरकार ने दिया था।

पहाड़िया भाषा में 'तिलका' का अर्थ गुस्सैल और लाल-लाल आँखों वाला व्यक्ति होता है। साथ ही, वह ग्राम प्रधान भी थे, और पहाड़िया समुदाय में ग्राम प्रधान को माँझी कहकर पुकारा

तिलका माँझी का अधिकांश जीवन जंगलों की गोद में ही बीता था। वह धनुष-बाण चलाने और जंगली जानवरों के शिकार में प्रवीण थे।

जाता है। इसी वजह से उन्हें तिलका (गुस्सैल) माँझी (समुदाय प्रमुख) कहा गया। वह सन्थाल थे या पहड़िया, इसपर आज भी इतिहासकारों में मतभेद है। ब्रिटिशकालीन दस्तावेज़ों में भी 'जबरा पहाड़िया' नाम का तो उल्लेख है, पर 'तिलका' कहीं नहीं मिलता।

तिलका माँझी का अधिकांश जीवन जंगलों की गोद में ही बीता था। वह धनुष-बाण चलाने और जंगली जानवरों का शिकार करने में प्रवीण थे। वह अत्यन्त ही साहसिक और वीर थे; जंगलों में घूमना, पेड़ों पर चढ़ना, घाटियों में भ्रमण करना आदि उनकी नित्य की दिनचर्या का भाग था।

1707 में औरंगज़ेब की मौत के बाद बंगाल मुग़लों के हाथ से छूटकर एक ब्रिटिश सूबा (प्रॉविन्स) बन गया। लगान व कर वसूल करने के लिए जागीरदार और ज़मींदार बैठा दिए गए, जो निर्धनों का शोषण करते और उनपर अत्याचार करते थे। अंग्रेज़ों ने भी जनजातीय समाज का शोषण ही किया, जिसके कारण उनके पास विद्रोह के अतिरिक्त और कोई चारा न बचा।

1765 आते-आते, अग्रेज़ों ने सन्थाल परगना के साथ-साथ छोटानागपुर पर भी अधिकार कर लिया था। इसके बाद बिहार और बंगाल के जनजाति समाज के लोगों से भारी कर वसूला जाने लगा, जिसके कारण उन्हें महाजनों/ज़मींदारों से सहायता माँगने को बाध्य होना पड़ा।

तिलका ने अपनी किशोरावस्था से ही अंग्रेज़ों द्वारा प्रजा पर होने वाले शोषण और अत्याचार को देखा था। निर्धन आदिवासियों की भूमि, खेती व जंगली वृक्षों आदि पर अंग्रेज़ी शासक अपना

तिलका का वास्तविक नाम 'जबरा पहाड़िया' था। पहाड़िया भाषा में 'तिलका' का अर्थ गुस्सैल और लाल-लाल आँखों वाला व्यक्ति होता है। साथ ही, वह ग्राम प्रधान भी थे, और पहाड़िया समुदाय में ग्राम प्रधान को माँझी कहकर पुकारा जाता है। इसी वजह से उन्हें तिलका (गुस्सैल) माँझी (समुदाय प्रमुख) कहा गया।

अधिकार किए हुए थे। पर्वतीय क्षेत्रों में पहाड़ी जनजाति का शासन था। वहाँ पर बसे हुए पर्वतीय सरदार भी अपनी भूमि व खेती की रक्षा के लिए अंग्रेज़ों से लड़ते रहते थे। जबकि पहाड़ों के आस-पास बसे हुए अधिकांश ज़मींदार धन के लालच में अंग्रेज़ी सरकार के पिट्ठू बने हुए थे। इस कारण से, जब भी आदिवासियों और पर्वतीय सरदारों की लड़ाई अंग्रेज़ी सत्ता से हो जाती थी, तो यह ज़मींदार वर्ग अंग्रेज़ी सत्ता का खुलकर साथ देता था।

1770 आते-आते, तिलका माँझी ने अंग्रेज़ों से लोहा लेने की तैयारी की। वह राष्ट्रीय भावना जगाने के लिए भागलपुर में स्थानीय लोगों को सभाओं में सम्बोधित किया करते। वह सभी लोगों को अंग्रेज़ों के सामने सिर न झुकाने एवं जाति और मत-पन्थ से ऊपर उठकर देश के लिए एकजुट होने के लिए प्रेरित करते थे।

इसी दौरान, बंगाल में भयंकर अकाल पड़ा। जनजातीय समाज को लग रहा था कि अकाल की स्थिति को देखते हुए कर कम हो जाएगा, किन्तु इसके उलट अंग्रेज़ों ने कर को दोगुना कर दिया। इस क्रूर नीति से लोग त्राहि-त्राहि कर उठे और अंग्रेज़ों के प्रति उनका रोष नित्य बढ़ता ही गया।

तिलका माँझी ने अपने साथियों के साथ मिलकर बिहार के भागलपुर में रखा हुआ अंग्रेज़ों का ख़ज़ाना लूट लिया। उस ख़ज़ाने को तिलका ने निर्धन आदिवासी लोगों में बाँट दिया। इतिहास

के अनुसार, तिलका माँझी द्वारा अंग्रेज़ों पर किया गया यह प्रथम हमला था। ख़ज़ाना लूटकर बाँट देने के बाद से तिलका की लोकप्रियता नयी ऊँचाइयाँ छूने लगी। वहीं दूसरी ओर, इस घटना से आगबबूला बंगाल के तत्कालीन गवर्नर वारेन हेस्टिंग्स ने 800 लोगों की सेना को तिलका को पकड़ने के लिए भेज दिया।

1778 में 28 वर्षीय तिलका माँझी के नेतृत्व में आदिवासियों ने रामगढ़ कैण्टोनमेण्ट में तैनात पंजाब रेजिमेण्ट पर हमला बोल दिया। इस हमले में आदिवासियों की भव्य जीत हुई और अंग्रेज़ों को कैण्टोनमेण्ट छोड़कर भाग जाना पड़ा।

तिलका माँझी को पकड़ने के लिए कम्पनी सरकार ने अपने अधिकारी क्लीवलैण्ड को मुंगेर, भागलपुर और राजमहल जनपदों का कलेक्टर ऑफ़ रेवेन्यू बनाकर भेजा। क्लीवलैण्ड ने सन्थालों से बात करने के लिए सन्थाली भाषा सीखी। आदिवासियों में फूट डालने के उद्देश्य से क्लीवलैण्ड ने जनजाति समाज से आने वालों को बतौर सिपाही सेना में भर्ती करना शुरू कर दिया। तिलका को भी नौकरी का प्रस्ताव दिया गया, किन्तु तिलका ने उसे स्वीकार न किया, क्योंकि वह अंग्रेज़ों की नीयत समझते थे।

तिलका समाज के सभी लोगों को संगठित करने का प्रयास करने लगे। उन्होंने साल वृक्ष के पत्तों पर सन्देश लिखकर अन्य समुदाय के प्रमुखों को भी भेजा। माटी की रक्षा करने हेतु तिलका को बहुत-से प्रमुखों से जनसमर्थन मिला।

तिलका माँझी और उनके सेनानियों ने 1784 में अंग्रेज़ों के भागलपुर मुख्यालय पर हमला कर दिया। इस लड़ाई में तिलका ने अपने धनुष की सहायता से क्लीवलैण्ड को निशाना बनाया और उसे मार गिराया। क्लीवलैण्ड की मौत से अंग्रेज़ों के होश उड़ गए। उन्होंने कभी सपने में भी नहीं सोचा था कि जंगलों में रहने वाले आदिवासी लोग कुछ ऐसा भी कर सकते है। क्लीवलैण्ड की मौत का समाचार अंग्रेज़ों के लिए मुँह पर थप्पड़ के समान था। इसके बाद कम्पनी सरकार ने तिलका को जीवित या मृत किसी भी स्थिति में पकड़ने के लिए लेफ़्टिनेण्ट जनरल आयुरकोट को भेजा।

तिलका को पकड़ने में अंग्रेज़ों ने अपनी सारी शक्ति झोंक दी थी। उन्होंने अपनी चिरपरिचित 'फूट डालो और राज करो' की नीति से काम लिया। उन्होंने जनजातीय समाज को भड़काना और उन्हें ललचाना शुरू किया। परिणामस्वरूप, एक विश्वासघाती ने तिलका के बारे में गोपनीय सूचना अंग्रेज़ों तक पहुँचा दी।

सूचना का लाभ उठाकर, रात में ही अंग्रेज़ अधिकारी आयुरकोट ने अपनी सेना के साथ तिलका के ठिकाने पर हमला कर दिया। इस हमले में उनके कई साथी बलिदान हो गए, किन्तु तिलका किसी प्रकार से बच निकले। उन्होंने पहाड़ियों में शरण लेकर अंग्रेज़ों के विरुद्ध छापेमारी

जारी रखी। अंग्रेज़ों ने तिलका तक पहुँचने वाले सारे मार्गों को अवरुद्ध कर दिया।

अन्ततः, अन्न और पानी के अभाव में तिलका को पहाड़ों से निकलकर अंग्रेज़ों से लड़ना पड़ा। भीषण संघर्ष के उपरान्त 12 जनवरी 1785 को वह अंग्रेज़ों के हाथों पकड़े गए। तिलका माँझी को अंग्रेज़ों ने घोड़ों से बाँधा और भागलपुर तक उन्हें निर्दयता से घसीटते हुए ले गए। 13 जनवरी 1785 को उन्हें एक बरगद के पेड़ पर लटकाकर फाँसी दे दी गई।

कहते हैं, तिलका उर्फ़ जबरा पहाड़िया ने फाँसी पर चढ़ने से पहले गीत गाया था: "हाँसी-हाँसी चढ़बो फाँसी!" तिलका माँझी के बलिदान से प्रभावित होकर कालान्तर में असंख्य वीर सपूतों ने अपनी पूज्य भारत माता के लिए अपने प्राणों को होम कर दिया। भारत को स्वाधीनता मिलने तक की यात्रा में अनगिनत लोग बलिदान हुए; इन सभी बलिदानियों की गिनती जबरा पहाड़िया उर्फ़ तिलका माँझी से ही प्रारम्भ होती है।

सन् 1991 में, बिहार सरकार द्वारा उनके सम्मान में भागलपुर विश्वविद्यालय का नाम बदलकर तिलका माँझी विश्वविद्यालय रख दिया गया। इसके साथ ही, जहाँ उन्हें फाँसी दी गई थी, उस स्थान पर एक स्मारक का निर्माण करवाया गया। क्रान्तिकारी तिलका माँझी की स्मृति में भागलपुर में कचहरी के निकट उनकी एक प्रतिमा भी स्थापित की गई है।

क्रान्तिकारी तिलका माँझी की स्मृति में भागलपुर के 'तिलका माँझी चौक' पर स्थापित उनकी प्रतिमा

सन्दर्भ-स्रोत:

- https://hi.wikipedia.org/wiki/%E0%A4%A4%E0%A4%BF%E0%A4%B2%E0%A4%95%E0%A4%BE_%E0%A4%AE%E0%A4%BE%E0%A4%81%E0%A4%9D%E0%A5%80
- https://hindi.thebetterindia.com/inspiring-indians/tilka-manjhi-was-the-first-indian-freedom-fighter/
- https://www.dilsedeshi.com/biography/tilka-manjhi-biography-hindi/
- https://jivanisangrah.com/tilka-manjhi-biography-in-hindi/
- https://bharatdiscovery.org/india/%E0%A4%A4%E0%A4%BF%E0%A4%B2%E0%A4%95%E0%A4%BE_%E0%A4%AE%E0%A4%BE%E0%A4%81%E0%A4%9D%E0%A5%80#gsc.tab=0
- https://mathbykhan.in/tilka-manjhi-biography-in-hindi/
- https://hi.upwiki.one/wiki/Tilka_Manjhi
- https://hi.vikaspedia.in/education/91d93e93091692394d921-93093e91c94d92f/91d93e93091692394d921-91593e-90792493f93993e938/92c94d93093f91f93f936-93994191594292e924-915947-91693f93293e92b-91d93e930916902921-91593e-93890291893094d937
- https://www.hmoob.in/wiki/Tilka_Manjhi
- https://amritmahotsav.nic.in/unsung-heroes-detail.htm?281
- https://hindi.news18.com/news/knowledge/is-there-any-currency-note-equipped-with-nano-gps-technology-4319144.html
- https://www.indiatimes.com/hindi/india-news/the-story-of-revolutionary-tilka-manjhi-542960.html
- https://zeenews.india.com/hindi/india/madhya-pradesh-chhattisgarh/mp/tilka-manjhi-of-bihar-first-martyr-of-freedom-know-santhal-revolution-mpsn/1094327

उक्यांग नागवा

उक्यांग नागवा (U Kiang Nangbah) मेघालय राज्य से आने वाले एक स्वतन्त्रता सेनानी और महान् क्रान्तिकारी थे, जिन्होंने अंग्रेज़ों के विरुद्ध हुए विद्रोह का नेतृत्व किया था। वह 'जयन्तिया' जनजाति से आते थे। उक्यांग एक शक्तिशाली एवं बलिष्ठ व्यक्ति थे। उन्हे बाँसुरी बहुत प्रिय थी।

जयन्तिया जनजाति खासी जनजाति का एक उपसमूह है। जयन्तिया लोग मेघालय, पश्चिमी जयन्तिया पहाड़ियों तथा मेघालय के पूर्वी जयन्तिया पहाड़ी जनपद के प्राचीन निवासी हैं, जिन्हें 'प्रार' भी कह जाता है।

18वीं सदी में मेघालय की पहाड़ियों पर अंग्रेज़ों का शासन नहीं था। खासी और जयन्तिया जनजातियाँ वहाँ स्वतन्त्र रूप से निवास करती थीं। इस क्षेत्र में 30 छोटे-छोटे राज्य थे, जो वर्तमान में बाँग्लादेश और सिल्चर का भाग हैं। इन राज्यों का आपस में अच्छा ताल-मेल था। इन्हीं 30 राज्यों में से एक राज्य था जयन्तियापुर। उवीरेन्द्र का ज्येष्ठ पुत्र उस समय जयन्तियापुर राज्य का राजा था, जो अपने मन्त्रिमण्डल की सहायता से राजकाज चलाता था।

अंग्रेज़ों ने यहाँ भी अपनी 'फूट डालो और राज करो' की नीति अपनाई। उन्होंने जयन्तियापुर पर आक्रमण करके उस जगह को पर्वतीय और मैदानी, अर्थात् दो अलग-अलग हिस्सों में बाँट

दिया। साथ ही, ईसाई मिशनरियों की सहायता से जनजातीय समाज के लोगों का मतान्तरण करवाना आरम्भ कर दिया।

पूर्वोत्तर के मेघालय राज्य की जयन्तिया जनजाति के नायक उकयांग नागवा

1835 में, जब अंग्रेज़ों ने जयन्तियापुर पर आक्रमण किया, तो जयन्तिया वीरों ने उनका डटकर सामना किया, किन्तु अंग्रेज़ों की कुटिलता के कारण वे परास्त हो गए। राज्य का मैदानी क्षेत्र अंग्रेज़ों द्वारा छीन लिया गया था। इस स्थिति में जयन्तिया मन्त्रिमण्डल की इच्छा यह थी की राज्य के निवासी पर्वतीय क्षेत्रों में चलकर बस जाएँ। परन्तु प्रशासन चलाने के लिए वहाँ राजस्व अर्जित करने की सम्भावनाएँ अत्यन्त सीमित थीं। इन कठिनाइयों को देखकर, राजा ने राजसिंहासन त्याग दिया। इस पराजय के बाद उक्यांग को जयन्तिया समाज का नेता चुना गया।

जब जयन्तियापुर के मैदानी क्षेत्र में अंग्रेज़ों का अधिकार हो गया, तो उन्होंने पर्वतमालाओं के ऊपर अंग्रेज़ी सत्ता का शासन स्थापित करने के लिए जोनाई की ओर बढ़ना शुरू कर दिया। जोनाई राज्य में जब अंग्रेज़ हार गए, तो उन्होंने कूटनीति से लोगों को ईसाई बनाना शुरू किया। प्रतिक्रियास्वरूप, उक्यांग नागवा ने अंग्रेज़ों के विरुद्ध युद्ध की घोषणा कर दी।

1860 में अंग्रेज़ों द्वारा ₹2 गृह कर (हाउस टैक्स) लगा दिया गया। जयन्तिया समाज ने इस कर का भरसक विरोध किया। उक्यांग नागवा, जो एक श्रेष्ठ बाँसुरी वादक भी थे, जनता से बन्सी की धुन में कहते थे, "वीर जवानो, उठो! जाग्रत हो जाओ! जयन्तिया समाज के लोगो,

अपने भोलेपन को त्यागकर अपने धनुष-बाण व तलवार युद्ध करने के लिए उठा लो!" इस प्रकार वह अपने समाज से तीर और तलवार उठाने का आह्वान किया करते थे।

अंग्रेज़ उनका प्रभाव समझ नहीं पाए, किन्तु स्थानीय लोग संगठित होकर उठ खड़े हुए और हर स्थान पर अंग्रेज़ों को चुनौती देने लगे। इसके बाद अंग्रेज़ों ने कर वसूली के लिए कठोर उपाय अपनाने शुरू किए। परन्तु, "हम अंग्रेज़ी सरकार को कोई कर नहीं देंगे," उक्यांग के इस आह्वान पर कोई भी कर देने को तैयार न हुआ। इसके साथ ही, जोनाई के लोगों पर अंग्रेज़ों के अत्याचार का सिलसिला तीव्र हो गया।

वनवासियों को जेलों में भर दिया, पर उक्यांग नागवा अंग्रेज़ों के हाथ नहीं लगे। वह गाँवों और पर्वतों में घूमकर देश के लिए मर मिटने को समर्पित युवकों को संगठित कर रहे थे। धीरे-धीरे उनके पास एक अच्छी सेना हो गई। इस सेना की सहायता से उन्होंने न केवल जोनाई, अपितु 7 स्थानों पर योजनाबद्ध ढंग से अंग्रेज़ों की टुकड़ियों पर आक्रमण किया और विजय भी प्राप्त की।

वनवासी सेना के वीरों के पास उनके तीर व भाले जैसे परम्परागत अस्त्र-शस्त्र ही थे, किन्तु अपनी कुशल गुरिल्ला युद्धनीति के चलते वे संघर्ष करते रहे। वे शत्रु पर अचानक हमला करते और फिर पर्वतों में जाकर छिप जाते। इस प्रकार 20 माह तक लगातार युद्ध चलता रहा। अंग्रेज़ इन हमलों और अपनी पराजयों से परेशान-से हो गए।

अब वे किसी भी मूल्य पर उक्यांग को जीवित या मृत पकड़ना चाहते थे, जिसके लिए वह एक योजना पर काम करने लगे। इसी दौरान, नागवा का एक प्रमुख साथी उदोलोई तेरकर दुर्भाग्य से अंग्रेज़ी सत्ता के प्रभाव में आकर उनसे जा मिला। अंग्रेज़ों ने धन आदि का प्रलोभन देकर उसे अपनी ओर मिला लिया था। उधर दूसरी ओर, उक्यांग युद्ध में लगे घावों कर कारण घायल थे। उनके साथियों ने उपचार के लिए उन्हें मुंशी गाँव में रखा हुआ था। उदोलोई तेरकर ने यह सूचना अंग्रेज़ों तक पहुँचा दी।

यह सूचना मिलते ही, ब्रिटिश सैनिकों ने साइमन के नेतृत्व में मुंशी गाँव को चारों ओर से घेर लिया। उक्यांग की स्थिति बिल्कुल भी लड़ने योग्य नहीं थी। उनके साथियों ने यथाशक्ति युद्ध किया, किन्तु वह अंग्रेज़ों के सामने टिक न सके। फिर भी, वीर सैनिकों ने आत्मसमर्पण नहीं किया और युद्ध जारी रखकर अपना बलिदान दिया। अंग्रेज़ों ने घायल उक्यांग को पकड़ लिया। उनके सामने यह प्रस्ताव रखा गया कि यदि उनके सभी सैनिक आत्मसमर्पण कर दें, तो उन्हें छोड़ दिया जाएगा। किन्तु स्वाभिमानी वीर उक्यांग नागवा ने इसे स्वीकार नहीं किया और सन्धिपत्र फाड़कर फेंक दिया। अंग्रेज़ों की अमानवीय यातनाएँ भी उनका मस्तक झुका नहीं

पाईं। अन्ततः, 30 दिसम्बर 1862 को कार्बी-आंग्लांग जनपद के पास जोनाई नामक स्थान पर उक्यांग नागवा को सार्वजनिक रूप से फाँसी दे दी गई।

2001 में उकयांग नागवा की स्मृति में भारत सरकार द्वारा जारी किया गया डाक टिकट

कहा जाता है कि जब उन्हें फाँसी पर चढ़ाया जा रहा था, उन्होंने स्पष्ट स्वर में एक उद्घोष किया, “यदि फन्दे से लटकने के बाद मेरा मुँह पूर्व की ओर मुड़ता है, तो हम सौ वर्षों के भीतर ही फिर से मुक्त हो जाएँगे। यदि यह पश्चिम की ओर मुड़ता है, तो हम सदैव के लिए पराधीन हो जाएँगे।” इस घटना के सौ वर्षों के भीतर भारत के स्वाधीन होते ही उनकी भविष्यवाणी सत्य सिद्ध हो गई!

सन् 2001 में उक्यांग नागवा की स्मृति में भारत सरकार द्वारा एक डाक टिकट जारी किया गया। वर्ष 1967 में उनके नाम से जोवाई में एक सरकारी कॉलेज भी खोला गया।

सन्दर्भ-स्रोत:

- https://panchjanya.com/2006/08/01/196101/archive/ra49b419b/

- https://web.archive.org/web/20110716111628/http://meghalaya.nic.in/culture/martyrs.htm
- https://theshillongtimes.com/2021/08/31/remembering-the-brave-hearts-of-mlaya/
- https://www.samacharhub.com/best-biographies-goodreads-on-ukiang-nagva/
- https://vsktelangana.org/dec30-balidan-iwas-of-ukyang-nagwa-of-meghalaya
- https://www.thecore.page/2016/09/ukyaang-naagava-meghaalay-ka-j-IuUri9.html
- https://myind.net/Home/viewArticle/forgotten-heroes-u-kiang-nang-bah-of-meghalaya-part-3
- https://www.indiaculture.nic.in/sites/default/files/pdf/Martyrs_Vol_4_06_03_2019.pdf
- https://en.wikipedia.org/wiki/U_Kiang_Nangbah
- https://hi.wikipedia.org/wiki/%E0%A4%89%E0%A4%95%E0%A5%8D%E0%A4%AF%E0%A4%BE%E0%A4%82%E0%A4%97_%E0%A4%A8%E0%A4%BE%E0%A4%97%E0%A4%B5%E0%A4%BE
- https://hi.wikipedia.org/wiki/%E0%A4%9C%E0%A5%88%E0%A4%A8%E0%A5%8D%E0%A4%A4%E0%A4%BF%E0%A4%AF%E0%A4%BE_%E0%A4%B2%E0%A5%8B%E0%A4%97

यू तिरोत सिंह

तिरोत (तिरोट) सिंह पूर्वोत्तर भारत के राज्य मेघालय से आने वाले एक वीर, साहसिक और महान् स्वतन्त्रता सेनानी थे। वह खासी जनजाति से सम्बन्ध रखते थे और उनका जन्म वर्ष 1802 में हुआ था। उन्हें 'यू तिरोत सिंह' भी कहते हैं, क्योंकि हिन्दी/संस्कृत के 'श्री' की भाँति खासी भाषा में नाम के आगे सम्मानपूर्वक 'यू' लगाया जाता है। तिरोत सिंह ने अंग्रेज़ों द्वारा खासी पहाड़ियों पर नियन्त्रण के प्रयत्नों के विरुद्ध लड़ाई लड़ी थी। उन्होंने बहुत छोटी उम्र से ही क्रान्तिकारी गतिविधियों में भाग लेना आरम्भ कर दिया था। मेघालय के इस वीर योद्धा पर आज पूर्वोत्तर समेत पूरा देश गर्व करता है।

यू तिरोत सिंह मेघालय की खासी पहाड़ियों के नोंगख्लाव (Nongkhlaw) क्षेत्र के प्रमुख थे। उनका पूरा नाम यू तिरोट सिंह सियाम था। वह अपने क्षेत्र के भीतर प्रमुख कुलों के सामान्य प्रतिनिधि होने के के साथ-साथ एक संवैधानिक प्रमुख भी थे।

19वीं सदी का आरम्भिक समय वर्तमान भारत के उत्तर-पूर्वी क्षेत्र में बड़े उथल-पुथल का दौर था। एंग्लो-बर्मी युद्ध, बर्मा की पराजय के उपरान्त यन्दाबो की सन्धि (Treaty of Yandabo) पर हस्ताक्षर हो जाने के साथ ही समाप्त हो गया था, जिस कारण ईस्ट इण्डिया कम्पनी के लिए असम और उत्तर-पूर्व के अन्य क्षेत्रों में प्रवेश का मार्ग सरल हो गया।

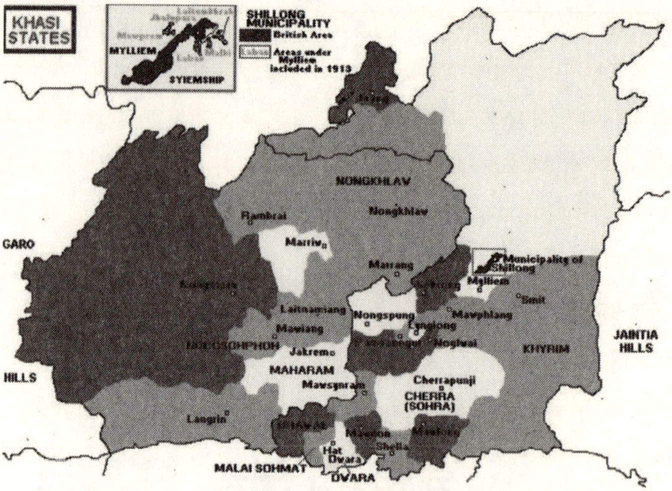

खासी साम्राज्य का मानचित्र

असम में ब्रिटिश शासन के आरम्भिक दिनों में डेविड स्कॉट को कछार (असम में सिलचर) से लेकर दक्षिण में सिलहट (वर्तमान बांग्लादेश) तक की पूरी पूर्वी सीमा तक और उत्तर में सिक्किम तक गवर्नर-जनरल के एजेण्ट के रूप में नियुक्त किया गया था। वह उत्तर-पूर्वी रोंगपुर (वर्तमान गोलपाड़ा और गारो हिल्स) का विशेष सिविल कमिश्नर और सिलहट जनपद में सर्किट और अपील का जज भी था।

भारत के प्रान्तों पर नियन्त्रण बनाए रखने के लिए अंग्रेज़ों की एक मुख्य रणनीति देश भर में सम्पर्क-मार्गों का एक जाल बिछाने की थी। ब्रह्मपुत्र घाटी पर ब्रिटिश नियन्त्रण हो जाने के साथ, स्कॉट ने असम से सूरमा घाटी तक, घने जंगलों के मध्य से परिवहन और संचार का एक सीधा मार्ग खोलने के लिए मार्ग खोजना आरम्भ कर दिया। अंग्रेज़ गुवाहाटी को सिलहट (लगभग 230 किमी) से जोड़ने वाली सड़क बनाना चाहते थे।

क्योंकि प्रस्तावित सड़क को मेघालय से होकर गुज़रना पड़ता, इसलिए स्कॉट ने यू तिरोत सिंह के साथ एक बैठक की, जो संवैधानिक रूप से चुने गए प्रमुखों में से एक थे और नोंगख्लाव प्रान्त के प्रमुख भी थे। नोंगख्लाव वर्तमान मेघालय के पश्चिम खासी हिल्स जनपद के नोंगस्टोइन उप-जनपद में स्थित एक गाँव है, जो शिलॉङ्ग से लगभग 63 किमी और गुवाहाटी से लगभग 101 किमी दूर है। यह मार्ग अंग्रेज़ों द्वारा इसलिए चुना गया था, क्योंकि यह सिलहट के साथ-साथ शेष बंगाल के लिए सबसे तीव्र व सुगम मार्ग साबित होता और इस प्रकार वो देश के अन्य हिस्सों से जुड़ जाता।

तिरोत सिंह खडसॉफ्रा सियामेशिप (Khadsawphra Syiemship) के राजा थे। अंग्रेज़ों के आने से पहले खासी पहाड़ियों में 25-30 छोटे-छोटे राज्य थे। उस समयकाल में खासी राज्य का संविधान पूरी तरह से लोकतान्त्रिक हुआ करता था। इन सभी राज्यों के राजा स्वायत्त और बहुत ही अधिक शक्तिशाली थे। सभी के पास अपना स्वयं का मन्त्रिमण्डल था, जिसकी अनुमति के बिना कोई व्यापार नहीं हो सकता था। किसी भी विवाद की स्थिति उत्पन्न होने पर सभी को उस विषय की चर्चा सदन में करने का अधिकार था और सभी अपना-अपना मत प्रकट कर सकते थे।

तिरोत सिंह एक दूरदर्शी नेता थे और अपनी प्रजा से बहुत स्नेह करते थे। वह सदैव अपनी प्रजा के हितों का चिन्तन किया करते थे; इसलिए जब स्कॉट के नेतृत्व में अंग्रेज़ों ने गुवाहाटी को सिलहट से जोड़ने वाली सड़क बनाने के प्रस्ताव के साथ उनसे सम्पर्क किया, तो उन्होंने इस विचार का स्वागत किया। उन्होंने सोचा कि इस परियोजना में सहयोग करने से उन्हें और उनकी प्रजा को क्षेत्र में मुक्त व्यापार जैसी कई सुविधाएँ मिल जाएँगी, और इसके साथ ही यह मार्ग बन जाने से असम के दुआर (दर्रे) और सूरमा घाटी तक एक व्यापार का मार्ग विकसित होगा।

इस उद्देश्य को ध्यान में रखते हुए, तिरोत सिंह और अन्य प्रमुखों ने 1827 में डेविड स्कॉट के साथ एक दरबार का आयोजन किया। प्रमुखों के बीच गहन चर्चा के बाद, उन्होंने नोंगख्लाव से सूरमा घाटी तक की सड़क के निर्माण के लिए अपनी सहमति दे दी। कुछ ही दिनों में काम शुरू हो गया और शीघ्र ही नोंगख्लाव में बँगले खड़े कर दिए गए। लगभग 18 महीनों तक काम सुचारु रूप से चलता रहा। अंग्रेज़ अधिकारी स्थानीय आदिवासियों के साथ घुल-मिल गए और उनसे सौहार्दपूर्ण सम्बन्ध बनाए रखा।

ब्रिटिश इतिहासकार सर एडवर्ड गैट ने अपनी पुस्तक 'द हिस्ट्री ऑफ़ असम' (1906) में उल्लेख किया है कि अप्रैल 1829 में, नोंगख्लाव में खासियों के बीच एक बड़ी चिन्ता उत्पन्न हो गई थी, जब एक बंगाली चपरासी ने उन्हें अंग्रेज़ों के इस निर्माण के पीछे के गुप्त उद्देश्यों से अवगत कराया। उसने स्थानीय निवासियों को बताया कि सड़क के पूरा होते ही अंग्रेज़ उनपर कर लगाने और उन्हें अपने अधीन करने की योजना बना रहे थे।

तिरोत सिंह ने पुनः दरबार बुलाया और अंग्रेज़ों को नोंगख्लाव खाली करने एवं सन्धि निरस्त के निर्देश दिए। यह निर्णय अंग्रेज़ अधिकारियों के बदले हुए व्यवहार और उनके द्वारा नोंगख्लाव राज्य की जनता पर किए जा रहे शोषण व अत्याचार के कारण एक लम्बी चर्चा के बाद लिया गया था। परन्तु अंग्रेज़ों ने इसपर कुछ विशेष ध्यान नहीं दिया।

मेघालय के महान् स्वतन्त्रता सेनानी यू तिरोत सिंह, जिन्होंने कहा था, "दास राजा बने रहने से बेहतर है स्वतन्त्र रहकर मरना।"

अंग्रेज़ों की ओर से कोई प्रत्युत्तर न आने से तिरोत सिंह क्षुभित हो गए। 4 अप्रैल 1829 को उन्होंने स्वयं नेतृत्व करते हुए अंग्रेज़ अधिकारियों के एक छोटे-से बेड़े पर अचानक धावा बोल दिया। लेफ़्टिनेण्ट बेडिंगफ़ील्ड को मार डाला गया; एक अन्य अधिकारी लेफ़्टिनेण्ट बर्लटन बचकर गुवाहाटी की ओर भाग निकलने के प्रयास में असफल हुआ और वह भी मौत के घाट उतार दिया गया। कालान्तर में सर गैट ने अपने कथन में उल्लेख किया कि हमले से कुछ ही समय पहले स्कॉट के चेरापूँजी के लिए रवाना होने के कारण वह बाल-बाल बच गया था।

सहसा हुए इस घटनाक्रम से चिन्तित होकर, सिलहट और कामरूप से ब्रिटिश सैनिकों को तुरन्त बुलाया गया और विद्रोह का दमन करने के लिए कठोर निर्णय लिए गए। तिरोत सिंह के नेतृत्व में खासियों ने अंग्रेज़ों का कड़ा प्रतिरोध किया। उन्होंने मुख्य रूप से गुरिल्ला युद्धनीति का सहारा लिया और पहाड़ी क्षेत्रों में अग्रेज़ों को छकाते रहे। दुर्भाग्यवश, उनकी सेना के धनुष, तीर व तलवार आदि देशी अस्त्र-शस्त्र अन्ततः अंग्रेज़ों की उन्नत तोपों और युद्धनीति के समक्ष निरर्थक सिद्ध हुए।

संसाधनों के इस स्पष्ट अन्तर के बावजूद, खासी लोगों ने सरलता से हार न मानकर संघर्ष को चार वर्ष तक जारी रखा और अपने पराक्रम से खासी पहाड़ियों को अंग्रेज़ी आधिपत्य के अधीन

नहीं आने दिया। इसके बाद, अंग्रेज़ों ने यहाँ क़ब्ज़ा करने हेतु क्षेत्र की आर्थिक नाकेबन्दी कर दी।

छापामार युद्धशैली का उपयोग कर तिरोत सिंह ने अंग्रेज़ों के दाँत खट्टे कर दिए थे। किन्तु जैसे-जैसे दिन बीतते गए, एक-के-बाद-एक प्रमुखों ने अधीनता स्वीकार करना शुरू कर दिया। आर्थिक प्रतिबन्धों का प्रभाव अब दिखने लगा था। डेविड स्कॉट के बाद आए अंग्रेज़ अधिकारी ओबर्स्टन ने गोआलपाड़ा, सिहबन्दीश, मॉन्स (बर्मा के बन्दूकधारी) और मणिपुरी घुड़सवारों पर अपना आधिपत्य जमा लिया और क्षेत्र की आर्थिक नाकेबन्दी को और भी कड़ा कर दिया। इस बीच तिरोत सिंह भी घायल हो गए और उन्होंने पास की गुफाओं में शरण ली।

एक अंग्रेज़ अधिकारी, जो खासी पहाड़ी के ही मिलयम पोस्ट का कमाण्डर था, उसने पाया कि खासी लोग आर्थिक रूप से दुर्बल हो चुके हैं और तिरोत सिंह को बन्दी बनाने का यही उपयुक्त अवसर है। इसके बाद, 13 जनवरी 1833 को तिरोत सिंह से बातचीत का प्रस्ताव रखा गया और खासी रीति के अनुसार तलवार की धार पर नमक रखकर शपथ ली गई कि अंग्रेज़ उन्हें किसी प्रकार की क्षति नहीं पहुँचाएँगे।

प्रस्ताव मानकर, तिरोत सिंह अंग्रेज़ अधिकारी से बातचीत के लिए मिलयम के लूम मैदान पहुँच गए। अधिकारी ने उनका अभिवादन किया एवं एक बार फिर तलवार की धार से नमक खाकर आश्वासन दिया। परन्तु आशा के अनुरूप, कपटी अंग्रेज़ों ने तिरोत सिंह को धोखा दिया

असम के गुवाहाटी में स्थित अमृत उद्यान में स्थित खासी के प्रमुख तिरोत सिंह सियाम की प्रतिमा

और अपनी योजनानुसार छल से उन्हें बन्दी बना लिया। एक अभियोग चलाने के उपरान्त, तिरोत सिंह को ढाका की जेल में बन्द कर दिया गया था, जहाँ बन्दी रहते हुए ही उनकी मृत्यु हो गई।

ऐसा माना जाता है कि तिरोत सिंह की मृत्यु पेट के किसी रोग से हुई थी और उन्होंने 17 जुलाई 1835 को अन्तिम साँस ली। इसी आधार पर मेघालय सरकार ने 17 जुलाई के दिन को 'तिरोत सिंह दिवस' के रूप में समर्पित किया है। उनके नाम पर कला और साहित्य के क्षेत्र में राज्यस्तर पर 'तिरोत सिंह पुरस्कार' भी दिया जाता है।

तिरोत सिंह की गणना सबसे लोकप्रिय और सम्मानित क्रान्तिकारियों की पंक्ति में की जाती है। उनके साहस व देशभक्ति ने उन्हें मेघालय में एक घरेलू नाम बना दिया। वह मातृभूमि के एक सच्चे सपूत थे, जिनके लिए अपने लोगों का कल्याण ही सर्वोपरि था। नमन है मेघालय की खासी जनजाति को, जिसने एक ऐसे वीर योद्धा को जन्म दिया, जिन्होंने देश की संस्कृति, परम्परा और स्वराज के लिए अपना जीवन होम कर दिया।

सन्दर्भ-स्रोत:

- https://hi.upwiki.one/wiki/Tirot_Sing
- https://en.wikipedia.org/wiki/Tirot_Sing
- https://amritmahotsav.nic.in/unsung-heroes-detail.htm?57
- https://www.livehistoryindia.com/story/people/u-tirot-singh-meghalayas-fight-for-freedom
- https://byjus.com/free-ias-prep/this-day-in-history-jul17/
- https://www.civilhindipedia.com/blogs/blog_post/u-tirot-sing-syiem
- https://www.hmoob.in/wiki/Tirot_Sing
- https://www.chhatrashakti.in/2021/07/17/the-great-freedom-fighter-of-meghalaya-u-tirot-singh-who-said-that-it-is-better-to-die-free-than-to-be-a-slave-king/
- https://en.wikipedia.org/wiki/Treaty_of_Yandabo

उमाजी नाइक

भारत के स्वतन्त्रता संग्राम में जिन देशभक्तों ने अपने प्राण न्यौछावर कर दिए, उनमें से एक अनजान किन्तु अत्यन्त महत्त्वपूर्ण सेनानी हैं महाराष्ट्र के उमाजी नाइक। 19वीं सदी के आरम्भ में अंग्रेज़ों ने भारत पर शासन करना शुरू कर दिया था। इस दौरान, अनेक वीरों ने साहस और वीरता का परिचय देते हुए अंग्रेज़ों का विरोध अनवरत जारी रखा। अनेक क्रान्तिकारियों ने सशस्त्र संघर्ष आरम्भ किए। ऐसा ही एक स्मरणीय सशस्त्र विद्रोह महाराष्ट्र में उमाजी नाइक के नेतृत्व में हुआ। उमाजी ने छत्रपति शिवाजी महाराज के आदर्शों पर अपना स्वायत्त राज्य स्थापित करने के लिए संघर्ष किया था। उन्हें सम्मान से 'विश्व क्रान्तिवीर राजे उमाजी नाइक' कहा जाता है।

उमाजी नाइक रामोशी समाज से आने वाले एक जनजातीय क्रान्तिकारी नेता थे। क्रान्तिवीर उमाजी नाइक का जन्म 7 सितम्बर 1791 को पुणे के भिवण्डी गाँव में हुआ था। उनका बचपन पुरन्दर दुर्ग के परिसर में बीता और उन्हें तलवार व भाला चलाना, घुड़सवारी करना, दण्डपत्ता आदि सिखाया गया। रामोशी जनजातीय समाज के लोग अँधेरे जंगलों में रहा करते थे। इस समुदाय ने अपने पराक्रम से 16 वर्षों तक अंग्रेज़ों की नाक में दम कर रखा था।

17वीं शताब्दी के दौरान रामोशी समुदाय मराठा सेना के गुप्तचर विभाग का हिस्सा था। रामोशी समाज से आने वाले बहिरजी नाइक छत्रपति शिवाजी महाराज के गुप्तचर विभाग के

शिवाजी महाराज के आदर्शों पर, भले ही थोड़े समय के लिए, एक राज्य स्थापित करने हेतु संघर्ष करने वाले क्रान्तिवीर राजे उमाजी नाइक

प्रमुख हुआ करते थे। ऐसा कहा जाता है कि रामोशी लोग शिवाजी की माता जीजाबाई के साथ पश्चिमी घाट के क्षेत्र में आए थे।

सन् 1795 में सवाई माधवराव पेशवा की मृत्यु हो गई। नाना फडणवीस और महादाजी सिन्धिया ने नाना फडणवीस की मृत्यु होने तक मराठा साम्राज्य का संचालन किया। इसी समयकाल में तीसरा आंग्ल-मराठा युद्ध छिड़ा, जिसमें विभिन्न स्थानों पर मराठा संघ ब्रिटिश सेना से पराजित हो गया। सन् 1818 में, कोरेगाँव भीम में पेशवा अन्तिम लड़ाई भी हार गए। फलस्वरूप, अंग्रेज़ों ने मराठों से भारत के एक बड़े हिस्से को जीतकर उसपर नियन्त्रण कर लिया और मराठा साम्राज्य के सभी कर्मचारियों को हटा दिया।

इस घटनाक्रम के बाद, स्वाभाविकतः रामोशी समाज के लोगों ने भी अपनी नौकरी खो दी और वे पूर्णतः वन संसाधनों पर निर्भर हो गए। आगे चलकर, अंग्रेज़ों ने रामोशियों पर अनेक प्रतिबन्ध लगा दिए, जिससे क्रुद्ध होकर उन्होंने अंग्रेज़ों को देश से बाहर निकालने के लिए आन्दोलन का शंखनाद करने की ठानी।

प्रारम्भ में, सतारा के चित्तूर सिंह उनके नेता बने। उनके नेतृत्व में रामोशी समाज ने कुछ दुर्ग जीते। उनके बाद नेतृत्व पुरन्दर के उमाजी नाइक के सबल हाथों में आ गया। उमाजी नाइक और उनके सहयोगी सत्तू नाइक अपने साहस और पराक्रम के लिए प्रसिद्ध थे। दोनों ने मिलकर जनता के शोषण में लिप्त ज़मींदारों का कोष लूट लिया, जिस कारण से उन्हें गिरफ़्तार होना पड़ा। जेल

से छूटते ही उमाजी नायक ने कोतवाल की हत्या कर दी, जिससे अंग्रेज़ों में खलबली मच गई। इस घटना ने अंग्रेज़ों को उग्र होने पर बाध्य किया।

फरवरी 1824 में कड़ी सुरक्षा के बावजूद उमाजी नाइक ने सरकारी ख़ज़ाना लूट लिया। उनका भय इस स्तर पर फैल चुका था कि पुणे के कई हिस्सों से सरकारी कर्मचारियों ने आना-जाना बन्द कर दिया। इसके बाद, उमाजी ने अक्तूबर 1826 में जेजुरी में एक पुलिस स्टेशन पर हमला करके पुलिस अधिकारियों को मार डाला और वहाँ से हथियार एवं गोला-बारूद लूट लिया।

पुणे जनपद के कलेक्टर रॉबर्ट्सन ने ब्रिटिश सरकार को एक रिपोर्ट लिखी, जिसमें उसने कहा, "आम जनता बड़े राजनैतिक बदलावों की प्रतीक्षा कर रही है। ये रामोशी लोग यूरोपीय लोगों के विरुद्ध घृणा की भावना भड़का रहे हैं और उन्हें बाहर निकाल देना चाहते हैं। आम जनता रामोशी लोगों का बहुत समर्थन करती है। नागरिकों में चर्चा है कि युद्ध के मैदान में रामोशियों द्वारा यूरोपीय लोगों को हरा दिया जाएगा और विद्रोही उमाजी छत्रपति शिवाजी की तरह मराठा साम्राज्य को फिर से स्थापित करेंगे।"

आगे चलकर यह बात सत्य भी सिद्ध हो गई। शीघ्र ही, रामोशियों ने उमाजी के नेतृत्व में एक छोटे-से राज्य की स्थापना की। इससे बौखलाए अंग्रेज़ी शासन को उमाजी की गिरफ़्तारी पर ₹5,000 का इनाम घोषित करने का निर्णय लेना पड़ा।

नवम्बर 1827 में रामोशी जनजाति ने अंग्रेज़ों द्वारा हटाए गए लोगों को उनके पद पर फिर से नियुक्त करने का प्रयत्न किया, पर अंग्रेज़ों को इस योजना की भनक लग जाने पर उन्होंने इस मिशन को छोड़ दिया। उमाजी नाइक ने अपना राज्य स्थापित करने के बाद नित्य दैनिक दरबार लगाना आरम्भ किया। उन्होंने अंग्रेज़ों का समर्थन करने वालों को कठोर दण्ड दिए।

उमाजी ने अपने राजकीय पदों में पिछड़ी जातियों को भी यथोचित प्रतिनिधित्व दिया था। वह सदैव जनसाधारण के हितों के प्रति चिन्तित रहते थे। उन्होंने अपना बहुत-सा धन निर्धनों-शोषितों को दान कर दिया था। उनकी इस सहृदयता व प्रजाप्रेम के कारण लोग रामोशियों को शत्रु सेना की गतिविधियों की जानकारी देते रहते थे और आवश्यकता पड़ने पर राज्य के सैनिकों को आश्रय भी देते थे। अंग्रेज़ों को उमाजी की यह लोकप्रियता फूटी आँख नहीं सुहाती थी, इसलिए उन्होंने स्थानीय लोगों को रामोशियों का साथ देने पर गम्भीर परिणाम भुगतने की चेतावनी दे रखी थी और दूसरी ओर वे लोगों को अपने पक्ष में करने के लिए भाँति-भाँति के प्रलोभन भी दिया करते थे।

अंग्रेज़ों ने कैप्टन डेविस व कैप्टन स्पिलर को उमाजी नाइक को पकड़ने में सहायता करने के लिए नियुक्त किया था। उन्होंने कोल्हापुर से जेजुरी के लिए एक सेना रेजिमेण्ट भेजी और लोगों

महान् वीर क्रान्तिकारी उमाजी नाइक

को रामोशियों के विरुद्ध जाने के लिए प्रोत्साहित किया। हालाँकि, इन सबके बावजूद लोगों ने रामोशियों और उमाजी का समर्थन करना जारी रखा।

देखते-ही-देखते, रामोशी आन्दोलन पुणे, सतारा और भोर प्रेसिडेन्सी के अधिकांश क्षेत्रों में फैल गया। विद्रोहियों ने सरकारी राजस्व की लूट जारी रखी। कालान्तर में, रामोशियों ने ब्रिटिश सरकार से शान्ति की माँग करते हुए उनके समक्ष सन्धि का प्रस्ताव रखा।

उमाजी ने अंग्रेज़ों को पत्र लिखकर कहा था, "हमारी सन्धि स्वीकार लो। यदि नहीं मानोगे, तो यह विद्रोह पूरे देश में फैल जाएगा। सतपुड़ा से परशुराम तक ऐसे सहस्रों आन्दोलन उठ खड़े होंगे और तुमलोग असहाय हो जाओगे।"

अंग्रेज़ों द्वारा इस सन्धि प्रस्ताव को ठुकरा दिए जाने के कारण रामोशियों ने पुणे, सतारा, वाई और भोर प्रेसिडेन्सी में अंग्रेज़ों के विरुद्ध संग्राम छेड़ दिया। कोल्हापुर और कोंकण उनका केन्द्र बने। उमाजी ने एक-के-बाद-एक कई लड़ाइयाँ जीतीं। अंग्रेज़ों को आतंकित करने के लिए उन्होंने चार पुलिसकर्मियों के सिर काटकर उनके पास भेज दिए। इस घटना के बाद उमाजी की लोकप्रियता नयी ऊँचाइयाँ छूने लगी। उन्होंने ब्रिटिश सरकार के सबसे योग्य अधिकारी मैल्कम को भी परास्त कर दिया था।

सन् 1829 में उमाजी ने अंग्रेज़ों के साथ एक सन्धि पर हस्ताक्षर किए, जिसके अनुसार अंग्रेज़ों ने उन्हें साकुरदी में 120 बीघा भूमि दी और कई रामोशियों को नौकरी पर रखा। सन्धि के बाद उमाजी सरकारी नौकर बन गए थे, किन्तु उन्हें सन्तोष न मिला। एक वर्ष बाद ही उमाजी ने फिर से अपनी सेना इकट्ठी की और अंग्रेज़ों के विरुद्ध युद्ध में उतर गए। इस बार अंग्रेज़ों ने उमाजी को समाप्त करने की ठानी।

16 फरवरी 1831 को उमाजी ने अपना घोषणापत्र जारी किया, जिसमें लिखा था, "सभी यूरोपीय लोगों को मार डालो। जो लोग उन्हें मारेंगे, उन्हें मेरे नेतृत्व में गठित होने वाली सरकार द्वारा जागीर और उपहारों से सम्मानित किया जाएगा। जिन लोगों को अंग्रेज़ों ने पद से दूर कर दिया था, उनके पास अपने पदों को पुनः प्राप्त करने का बहुत अच्छा अवसर है। जो स्थानीय लोग यूरोपीय सेना में हैं, उन्हें उनके विरुद्ध जाकर हमारे साथ आ जाना चाहिए। जो लोग इसकी अवहेलना करेंगे, उन्हें इस नयी सरकार द्वारा दण्डित किया जाएगा। इसलिए, विदेशियों के ख़ज़ाने लूट लो, उन्हें मार डालो और किसी भी प्रकार का कर मत दो। इस यूरोपीय सरकार के विरुद्ध हिन्दुओं और मुसलमानों को एक हो जाना चाहिए।"

उक्त घोषणा के उपरान्त रामोशियों ने और भी अधिक ऊर्जा के साथ अंग्रेज़ों के विरुद्ध सशस्त्र संघर्ष किए। अंग्रेज़ों और रामोशियों के बीच होने वाली झड़पें कोंकण, और यहाँ तक कि निज़ाम के सीमावर्ती क्षेत्रों तक फैल गईं। परन्तु इसी दौरान, एक विश्वासघाती व्यक्ति नाना रघु चव्हाण द्वारा दी गई गुप्त सूचना के आधार पर अंग्रेज़ों ने 16 दिसम्बर 1831 के दिन उमाजी को पकड़ लिया। अन्ततः, 3 फरवरी 1832 को उन्हें सार्वजनिक रूप से फाँसी दे दी गई। जनसाधारण में आतंक फैलाने के लिए उनके शव को तीन दिनों तक फाँसी पर लटकाकर रखा गया था।

अंग्रेज़ सैन्य अधिकारी कैप्टन मैकिंटोश ने उमाजी नाइक के बारे में लिखा था, "कई प्रभावशाली लोगों ने मुझसे कहा कि उमाजी साधारण व्यक्ति नहीं थे। छत्रपति शिवाजी का दर्शन और आदर्श सदैव उनके साथ चलते थे। वह छत्रपति शिवाजी की भाँति ही बनना चाहते थे और उन्हीं के जैसा साम्राज्य स्थापित करना चाहते थे। उमाजी सभी के प्रिय थे। उनकी चतुराई और वीरता के कारण स्थानीय लोग उन्हें देवतातुल्य और अपना उद्धारकर्ता मानते थे।"

उमाजी नाइक थोड़े समय के लिए ही सही, पर एक छोटा-सा स्वायत्त राज्य स्थापित करने में सफल रहे थे। उनके शौर्य के चलते जनसाधारण में राष्ट्रवाद की भावना जाग्रत हुई। हालाँकि, वे यूरोपियों को भारत से बाहर निकालने में असफल रहे, किन्तु उन्होंने सभी राजाओं और राजप्रमुखों को अंग्रेज़ों के विरुद्ध एकजुट करने का प्राणपण से प्रयास किया। उनका अदम्य साहस व बलिदान लम्बे समय तक देशवासियों को प्रेरणा देता रहेगा।

सन्दर्भ-स्रोत:

- https://www.esamskriti.com/e/History/Indian-History/Umaji-Naik-is-a-freedom-fighter-who-took-on-the-British---1.aspx
- https://dbpedia.org/page/Umaji_Naik
- https://english.newstracklive.com/news/umaji-naik-story-facts-birth-anniversary-shivaji-maharaj-mc23-nu612-ta325-1180955-1.html
- https://hi.wikipedia.org/wiki/%E0%A4%89%E0%A4%AE%E0%A4%BE%E0%A4%9C%E0%A5%80_%E0%A4%A8%E0%A4%BE%E0%A4%88%E0%A4%95
- https://pravingyan.com/2018/10/krantiveer-umaji-naik.html
- https://www.newstracklive.com/news/umaji-naik-story-facts-birth-anniversary-shivaji-maharaj-mc23-nu612-ta612-1462260-1.html

वासुदेव बलवन्त फडके

1857 की क्रान्ति के दमन के पश्चात् स्वाधीनता संग्राम की चिंगारी पुनः भड़काने वाले महान् क्रान्तिकारी वासुदेव बलवन्त फडके का जन्म 4 नवम्बर 1845 को महाराष्ट्र के रायगढ़ जनपद के शिरढोणे गाँव में हुआ था। वह बचपन से एक साहसी, तेजस्वी और बुद्धिमान् बालक थे। उन्हें पर्वतों की सैर करना और जंगलों में घूमना अति प्रिय था। उनकी शिक्षा-दीक्षा महाराष्ट्र के कल्याण और पुणे में पूर्ण हुई। उनके पिता चाहते थे कि वह एक व्यापारी की दुकान में 10 रुपये प्रति माह के वेतन पर एक साधारण-सी नौकरी कर लें, किन्तु फडके आगे पढ़ना चाहते थे। पिता जी से पढ़ाई का व्यय न मिलने पर वह मुम्बई आ गए।

मुम्बई में उनका जीवन बड़ा ही संघर्ष भरा रहा। उन्होंने 20 रुपये माहवार पर एक नौकरी ढूँढ़ी। इसके पश्चात् उन्होंने ग्राण्ट मेडिकल कॉलेज और फ़िनैन केमिस्ट में भी नौकरी की। इसी समय के दौरान उन्होंने विवाह भी किया, किन्तु 28 वर्ष की अल्पायु में ही उनकी पत्नी का देहान्त हो गया। इसके कुछ समय पश्चात् उन्होंने दूसरा विवाह कर लिया और उनकी दूसरी पत्नी उनके लिए एक योग्य अर्द्धांगिनी सिद्ध हुईं।

मिलिट्री अकाउण्ट्स डिपार्ट्मेण्ट में 15 वर्ष तक नौकरी करने के दौरान उन्हें कई स्वतन्त्रता सेनानियों और क्रान्तिकारियों से परिचय करने का अवसर प्राप्त हुआ। इनमें से गोविन्द रानाडे ने

1857 की क्रान्ति के दमन पश्चात् पुनः स्वाधीनता संग्राम की चिंगारी भड़काने वाले महान् क्रान्तिकारी वासुदेव बलवन्त फडके

उन्हें सबसे अधिक प्रभावित किया। उनके भाषणों ने फडके के हृदय में अंग्रेज़ों के विरुद्ध विद्रोह का बीज बो दिया।

सन् 1871 में उनके जीवन में एक बड़ी घटना हुई। फडके जी की माता का स्वास्थ्य दिन-प्रतिदिन बिगड़ने लगा और उनके पास एक तार आया, जिसमें लिखा था, "वासु, तुम शीघ्र ही घर आ जाओ, नहीं तो माँ के अन्तिम दर्शन भी शायद न हो सकेंगे।" इस तार को पढ़कर उन्हें गहरा आघात पहुँचा। वह तुरन्त ही अपने अंग्रेज़ अधिकारियों के पास अवकाश के लिए प्रार्थना पत्र देने गए, किन्तु अंग्रेज़ों का हृदय तो पत्थर से भी कहीं अधिक कठोर था। उन्होंने फडके को अवकाश देने से मना कर दिया और उनका तिरस्कार भी किया।

अवकाश न मिलने पर भी फडके माने नहीं और अपने घर के लिए चल पड़े। किन्तु जब तक वह घर पहुँच पाते, बहुत देर हो चुकी थी। उनकी माता अपने पुत्र वासुदेव को देखे बिना ही स्वर्ग सिधार चुकी थीं। अपनी माता की मृत देह को देखकर फडके की आँखों से अश्रुधार बह निकली। उन्होंने अपनी माता के पाँव छूकर अन्तिम आशीर्वाद लिया और क्षमा माँगी। इस घटना के पश्चात् उनका मन विचलित हो गया और उन्होंने अंग्रेज़ों की नौकरी छोड़ दी।

1875 में, उन्होंने अंग्रेज़ों के विरुद्ध विद्रोह की घोषणा कर दी और महाराष्ट्र के ही कोळी, भील तथा धांगड जनजातियों को एकत्र कर उन्होने 'रामोशी' नाम की एक क्रान्तिकारी सेना का गठन किया। अपनी सेना को हथियारों तथा धन आदि से सशक्त करने के लिए उन्होंने डकैती डालने का निर्णय लिया। धन के लिए उनकी सेना धनाढ्य अंग्रेज़ों व साहूकारों को लूटा करती थी। इन गतिविधियों के कारण फडके की सेना का प्रभाव महराष्ट्र के सात जनपदों तक फैल गया। बलवन्त फडके की सेना का प्रभाव अब चहुँओर हो चुका था, जिससे भयभीत होकर अंग्रेज़ अधिकारियों ने सरकारी भवन में आपातकालीन बैठक बुलाई।

फड़के ने सरकार की शोषणकारी आर्थिक नीतियों की निन्दा करते हुए अपनी प्रसिद्ध घोषणा जारी की और मई 1879 में उन्हें चेतावनी दी। घोषणा की प्रतियाँ गवर्नर, कलेक्टरों और अन्य सरकारी अधिकारियों तक पहुँचा दी गईं, जिससे पूरे देश में सनसनी फैल गई। 20 फरवरी 1879 की रात को फडके ने अपने साथियों विष्णु गदरे, गोपाल साठे, गणेश देवधार तथा गोपाल हरी करवे के साथ मिलकर पुणे से 8 मील दूर उत्तर लोनी के बाहर 200 योद्धाओं की एक सेना तैयार कर ली थी। वह सही समय की प्रतीक्षा कर रहे थे। अवसर पाकर, 13 मई 1879 को मध्यरात्रि में फडके की सेना ने सेंध लगाकर अंग्रेज़ों पर आक्रमण कर दिया। कई अंग्रेज़ अधिकारियों की हत्या कर दी गई तथा भवन को भी अग्नि के सुपुर्द कर दिया गया।

इस घटना के पश्चात् अंग्रेज़ अधिकारियों ने फडके के विरुद्ध विज्ञापन छपवा दिए कि जो कोई भी फडके को जीवित या मृत रूप में उनके समक्ष लाएगा, उसे 50,000 रुपयों का इनाम दिया जाएगा। प्रतिक्रियास्वरूप, दूसरे ही दिन बलवन्त फडके ने अपने हस्ताक्षर के साथ यह विज्ञापन छपवा दिया कि जो कोई भी अंग्रेज़ आधिकारी रिचर्ड का सिर काटकर लाएगा, उसे 75,000 रुपयों का इनाम दिया जाएगा। फडके के ऐसे तेवर देखकर अंग्रेज़ी प्रशासन मेँ हड़कम्प मच गया। तत्पश्चात्, अंग्रेज़ों और फडके की सेना के बीच कई बार मुठभेड़ हुई, किन्तु हथियारों की कमी के कारण फडके कुछ समय के लिए शान्त पड़ गए।

समय बीतने के साथ फडके अस्वस्थ रहने लग गए थे। 20 जुलाई 1879 को वह आन्ध्र प्रदेश के कुरनूल जनपद के ज्योतिर्लिंग श्रीशैलम् मल्लिकार्जुन मन्दिर में विश्राम कर रहे थे, तभी किसी ने उनके यहाँ होने की सूचना अंग्रेज़ अधिकारियों को दे दी। अंग्रेज़ी प्रशासन ने फुरती दिखाते हुए उन्हें गिरफ़्तार कर लिया। राजद्रोह का अभियोग चलाने के उपरान्त उन्हें फाँसी की सज़ा सुना दी गई। किन्तु इसके बाद एक विख्यात अधिवक्ता महादेव आपटे ने उनकी पैरवी की, जिसके परिणामस्वरूप उनकी फाँसी की सज़ा कालापानी की सज़ा में परिवर्तित कर दी गई और उनको अण्डमान की सेल्यूलर जेल में भेज दिया गया।

17 फरवरी 1883 के दिन, कालापानी की सज़ा काटते हुए ही श्री वासुदेव बलवन्त फडके ने अपने प्राण त्याग दिए। फड़के का क्रान्तिकारी जीवन भले ही अल्पकालिक रहा हो, किन्तु उन्होंने भारत की स्वतन्त्रता के लिए सशस्त्र आन्दोलन की आधारशिला रखी, जिसपर चलकर भविष्य के स्वातन्त्र्यवीरों ने भारत को अंग्रेज़ों के चंगुल से मुक्त कराया।

वर्ष 1984 में भारतीय डाक सेवा द्वारा क्रान्तिकारी वासुदेव बलवन्त फडके के सम्मान में जारी किया गया डाक टिकट

दक्षिण मुम्बई में स्थापित क्रान्तिवीर वासुदेव बलवन्त फडके की प्रतिमा

वर्ष 1984 में भारतीय डाक सेवा द्वारा उनके सम्मान में एक डाक टिकट जारी किया गया। उनके बलिदान की स्मृति में दक्षिण मुम्बई में उनकी एक प्रतिमा भी स्थापित की गई है।

सन्दर्भ-स्रोत:

- https://www.janamkatha.com/2020/11/biography-of-vasudev-balwant-phadke-in-hindi.html?m=1
- https://www.google.com/amp/s/hindi.thebetterindia.com/history-pages/freedom-fighter-vasudev-balwant-phadke/amp/
- https://hi.vikaspedia.in/education/93893e92e93e92894d92f-91c94d91e93e928/93093e93794d91f94d93094092f-93894d924930-915947-93893e92e93e92894d92f-91c94d91e93e928/92d93e930924-915947-93894d93592490292494d93092493e-93894792893e928940/93593e938941926947935-92c932935902924-92b92193c915947